서울대 10개 만들기

김종영 지음

한국 교육의 근본을 바꾸다

살림터

서울대 10개 만들기

한국 교육의 근본을 바꾸다

초판 1쇄 발행 2021년 12월 12일
초판 3쇄 발행 2022년 12월 12일

지은이 김종영
펴낸이 김승희
펴낸곳 도서출판 살림터

기획 정광일
편집 조현주, 송승호
북디자인 더디앤씨 www.thednc.co.kr

인쇄·제본 (주)신화프린팅
종이 (주)명동지류

주소 서울시 양천구 목동동로 293, 2215-1호
전화 02-3141-6553
팩스 02-3141-6555
출판등록 2008년 3월 18일 제313-1990-12호
이메일 gwang80@hanmail.net
블로그 http://blog.naver.com/dkffk1020

ISBN 979-11-5930-204-6 03370

*가격은 뒤표지에 있습니다.
*잘못된 책은 바꾸어 드립니다.

'대통영'이 될 당신에게

프롤로그

왜 한국만 교육지옥인가?

'왜'는 학문의 존재 이유다. 학자 집단인 우리는 '왜'를 풀기 위해 존재한다. 탐구가 우리의 임무이자 사명이다. 사회현상은 생각보다 복잡하다. 나는 사회과학자로 평생 살았고 전문학술서 세 권을 출판했다. 세 권 모두 특정한 '왜'라는 질문에 대한 대답이었다. 이 책은 교육지옥에서 벗어나게 해 달라는 사회적 요구에 대한 응답이다. 이 책은 '왜 한국만 교육지옥인가?'라는 질문에 대한 탐구이고, 그 해답으로 '서울대 10개를 만들자'고 제안한다. 여기에는 꽤 긴 논변과 자료가 필요하기 때문에 인내를 가지고 끝까지 책을 읽어 주시길 당부드린다. 내가 '교육계'라는 바닥에 발을 들여놓은 것은 나의 책 『지배받는 지배자: 미국 유학과 한국 엘리트의 탄생』을 출판한 이후다.[1] 이는 한국 지식계와 대학계에 큰 파장을 일으킨 책으로 식자층에는 널리 알려져 있다. 미국 유학파의 헤게모니를 대학의 글로벌 위계 속에서 파헤친 이 책은 한국사회학회 올해의 책, 대한민국학술원 우수도서, 경향신문 올해의 책으로 선정되었다. 이 책의 출판 이후 나는 여러 학문단체와 교육단체의 초청으로 대학/학문 개혁에 대해 발표하고 토론했다. '지배받는 지배자'는 부르디외의 계층이론에서 지식인을 일컫는 말이다.[2] 그에 따르면 현대사회의 지배층은 경제자본을 지배하는 자본가 계층과 문화자본을 지배하는 지식인 계층으로 이루어져 있다.
나는 이를 포스트식민/트랜스내셔널 상황에서 비틀어 미국 유학파 지식인을 '지배받는 지배자'로 명명했다. 한국 대학과 학계를 비판하고 개혁하려는 의도가 담겨 있었다.
여러 대학/학술 관련 단체와 더불어 현 대학/학문 정책에 대해 비판했지만 어떤 '유의미한 변화'도 없었다. 그 이전에도 많은 사람들이 한국 대학, 학문, 교육의 모순을 비판했지만 한국 교육은 바뀌지 않았다. 한국 교육의 현실을 비판한다고 해서 무엇이 바뀌는 것은 아니다. 학문의 세계에서는 미국 박사학위가 없으면 서울 소재의 대학에 자리 잡기가 거의 불가능하며, 한국 대학과 학계는 여전히 학벌 중심의 네트워크가 판치고 있다. 곧 보편의 이윤이 아니라 특수의 이윤이 지배한다.
교수임용 과정에서 영어 논문 출판 중심의 '평가권력의 독점' 때문에 한국 박사, 프랑스 박사, 독일 박사, 일본 박사 등이 대학에서 자리를 잡기가 극도로 어렵다. 학계에 진입하자마자 엄청난 상징 폭력과 견디기 힘든 모욕을 경험한다. '실력주의의 외피'를 쓴 평가가 특정 언어(영어)로 출판되어야 한다는 것은 구조적 불공정과 불평등을 뜻한다. 이를 개혁하기 위해서는 한국 대학과 학계를 상대로 피지배 지식인들의 '집단적 투쟁'이 있어야 한다.
나 자신이 나름 사회활동도 하고 언론에 기고도 하고 논문을 출판하여 대학/학문 개혁에 조그마한 보탬이 되고자 하였다. 수년 동안 '교육계라는 바닥'에 들어가서 어떤 인물들이 어떤 정책과 철학을 가지고 어떤 실천을 하는지를 참여관찰할

1 이 부분에 대한 서술은 김종영, 「검투사로서의 지식인: 지식인의 대서사시, 부르디외」, 『경제와 사회』 124, 2019, 431~432쪽에서 가져왔다.

2 김종영, 『지배받는 지배자: 미국 유학과 한국 엘리트의 탄생』, 돌베개, 2015, 21쪽; David Swartz, *Culture and Power: The Sociology of Pierre Bourdieu*, Chicago: The University of Chicago Press, 1997, p. 223.

수 있었다. 이런 인류학적 접근에서 내가 발견한 놀라운 사실은 한국의 대학과 교육개혁을 절실히 원하는 사람은 극히 드물다는 것이다. 여기에는 여러 이유가 있다. 우선 개혁 의지가 없다. 이너서클 사람들은 지배 지식인 계층이다.
개혁의 필요성과 다급함을 못 느낀다. 또한 어떻게 개혁할지 방법도 이론도 없다. 이런 문제들은 교육학에서도 사회학에서도 가르쳐 주지 않는다. 부르디외, 듀이, 비고츠키, 애플 등의 학자들 책을 읽는다고 답이 나오는 것이 아니다.
한국 교육의 모순에 대해 정말 깊이 고민하고 공부해야만 그 답이 나온다.
끝까지 파고들어서 연구해야만 답이 나온다.
나의 세부전공이 교육사회학과 지식사회학이지만 '교육계'라는 바닥은 나에게 낯선 곳이었다. 나는 상대적으로 교육계의 외부에 위치해 있었고 외부자적 시선을 유지해 왔다. 교육계라는 바닥은 결코 만만한 곳이 아니다. 교육계는 관료 조직, 전문가 조직, 시민운동 조직 등에 속한 수백 명 또는 수천 명이 나름대로의 긴 역사를 가지고 있고 여러 인맥이 얽히고설킨 복잡한 곳이다. 수십 년간 교육계에서 입지를 다진 사람들이 많으며 이들은 치열하게 경쟁하거나 협력해 왔다. 다른 어떤 사회와 마찬가지로 '원수'도 많고 '친구'도 많은 곳이다. 교육계에 원수도 없고 친구도 없는 나는 인류학적 시각을 가질 수 있는 장점이 있었다.
인류학을 한다는 것은 원수는 만들지 않고 친구를 만드는 데 그 방법론적 특징이 있다. 그 집단의 문화를 이해하는 것이 인류학의 목표라면 친구를 만들지 않고서 내부 문화를 깊이 이해할 수 없다. 물론 아웃사이더에서 인사이더로 변하는 과정이 인류학 하기의 과정이다. 나의 '교육계에 대한 인류학'은 학문을 위한 것이라기보다는 '도대체 교육계가 어떻게 돌아가고 있는가?'라는 실천적인 물음에서 시작되었다. 모든 사람들이 문제라고 생각하는 교육을 바꿀 수 있는 주체는 교육계 인사들인데 이들은 한국 교육의 심각한 문제를 바꿀 생각을 하지 않고 있다. 도대체 왜 그럴까? 이 질문에 답하는 것이 이 책의 목표 중 하나다.
교육계 내부를 이해하는 데 긴 시간이 걸렸다. 교육계라는 바닥은 대단히 큰 곳이고 다양한 이해관계, 조직, 사람들이 존재하며 상충하는 해석과 갈등이 존재한다.
한국 교육계에 대한 의견과 평가는 다양하며 때로는 충돌한다는 것을 인정해야 한다. 관점, 의견, 평가, 이해관계가 다양하고 상충하지만 이들은 하나의 사실에 모두 동의한다. "한국은 교육지옥이다." 세계 최고의 사교육비, 세계에서 가장 불행한 아이들, 세계 최저의 출산율이 객관적으로 이를 입증한다. 교육 때문에 국민 모두가 너무 힘들다는 사실에 모두 동의한다.

그렇다면 이런 질문도 가능하다. 다른 나라는 그럼 교육지옥이 아닌가? 광주과학기술원 김희삼 교수의 한·중·미·일 4개국 비교연구에 따르면, 한국 학생들 중 고등학교를 전쟁터라고 말한 학생이 80.8%나 되었다.[3] 반면 중국 학생은 41.0%, 미국 학생은 40.4%, 일본 학생은 13.8%였다. 김 교수는 또한 한국 학생들이 과제를 할 때 협력하지 않는 가장 이기적인 학생들이라는 것을 통계로 보여 주었다. 우리는 학교에서 '시민'이 아니라 '전사'를 기른다. 이 연구가 보여 주는 것은 한국 교육이 정말 지옥이라는 것이다. 교육 여건이 나라마다 달라서 기초적인 교육 여건이 갖추어져 있지 않은 저개발국을 제외한다면 적어도 한국과 비슷한 수준의 나라들, 우리가 경제협력개발기구OECD라고 부르는 나라들에서 교육지옥이라고 불리는 나라는 없다. 따라서 우리는 다음과 같은 질문에 도달한다. 왜 한국만 교육지옥인가?

이 책의 반은 여기에 대한 대답이며, 나머지 반은 이것을 해결하기 위한 대안이다. 한국 교육에 대한 다양한 해석과 의견이 있음을 인정함에도 나는 교육체제를 다른 방식으로 봐야 한다고 주장한다. 사회는 해석과 의견이기도 하지만 이것은 우리 외부에 존재하는 하나의 '물리적 세계'다. 사회학자 뒤르켐은 "사회적 사실Social Fact을 사물Thing처럼 대하라"고 말했다. 뒤르켐에 대한 논쟁은 지난 100여 년간 있었고 뒤르켐이 말한 사회적 사실은 주로 우리의 규범적 세계 또는 도덕 세계를 일컫는다. 이 책에서 다루는 대학체제는 '사회물리적 인프라'라는 점에서 뒤르켐의 관점과는 다르다. 한국 교육의 최대의 문제는 대학서열체제로 인한 '병목'현상 때문에 일어난다.

3 김희삼, 「전쟁터가 된 학교에 협력을 심는 길」, 『나라경제』 11월호, 2017, 40쪽. 이 부분에 대한 설명은 김종영, "'교육개혁' 논쟁 2라운드: 연구를 위한 연구, 그만하자", 한겨레, 2020년 8월 5일에서 가져왔다.

사회'물리적' 세계로서의 한국 교육체제에 대한 이해는 한국인들이 겪고 있는 교육문제에 급진적인 이해를 제공한다. 한국의 교육문제는 사람들의 주관적인 학벌의식이 아닌 지위권력을 독점한 물리적 구조 때문에 발생한다. 곧 한국 교육체제의 가장 큰 문제는 SKY(서울대·고려대·연세대)를 향한 좁은 '고속도로,' 곧 병목현상 때문에 발생한다. 이것은 사회학이 아니라 사회물리학이다. 그렇다면 교육 병목현상을 해결하기 위한 가장 좋은 방법은 무엇인가? 그것은 '고속도로'를 많이 만드는 일이다. 1개 고속도로(서울대)를 10개의 고속도로(서울대)로 만들자는 것이 이 책의 핵심 주장이다. 이렇게 간단한 해결책을 왜 우리는 모두 모르고 있었나? 그것은 한국 교육체제에 대해 끝까지 고민해 보지 않았기 때문이다.

인류학적 시각은 외부자적 관점에서 한 사회 또는 공동체에 대해 종합적인 관점을 제공해 주는 것이 미덕이다. 한국인들은 평생 명문대로 향한 치열한 경쟁과 병목으로 인해 교육과 '과열된 관계'를 맺어 왔다. 결과적으로 교육을 분석적이고 냉정하게 보지 못하는 경향이 있고 자신만의 견해가 강해서 설득하기가 어렵다. 한국 사회에서 교육 분야에 종사하는 사람으로서 나는 이미 외부자가 아니다. 하지만 나는 교육과의 '과열된 관계'에서 빠져나와 최대한 냉정하게 한국의 교육 현상을 분석하고 싶다. '아웃사이더-인사이더'의 이중의 정체성을 동시에 그리고 유연하게 가져야 하는 것이 훌륭한 인류학자 되기의 과정이다.

사회과학은 이해를 목표로 하지만 사회적 고통을 치료하는 것을 목표로 하기도 한다. 이 책의 목표는 교육지옥의 고통으로부터 사람들을 해방시키는 데 있다. 한국인 대부분은 그들이 왜 교육 때문에 아픈지 잘 모른다. 자신의 경험만을 앞세운 경험주의가 판치는 곳에서 교육병을 앓고 있는 사람에게는 분명 의사가 필요하다. 나는 교육계의 전문가들과 관료들이 이 심각한 질병에 대해 아무런 해답을 내놓지 못해 왔다고 생각한다. 나는 이 병을 고치는 처방을 이 책에서 기술한다.

따라서 이 책의 최종 목표는 교육지옥으로부터 학생, 학부모, 선생, 국민들을 탈출시키기 위한 것이며 그 해법으로 '전국에 서울대 10개를 만들자'라는 대단히 단순한 방법을 제시한다. 하지만 이 간단한 해법에 도달하기 위해 나는 복잡한 탐구의 과정을 거쳤다. 이 책을 읽기 전에 당신이 가진 교육에 대한 경험과 편견을 잠시 내려놓기를 바란다. 이 책은 한국 대학의 지위권력의 독점과 공간권력의 독점을 깨기 위한 선전포고다. 교육은 인프라 권력이며 이것은 거대한 힘이다. 한국 교육은 지위권력과 인프라 권력의 독점으로 인한 거대한 괴물이 되었으며, 이에 맞서 전쟁은 수행되어야 한다. 들뢰즈-과타리식으로 말하자면 이 책은 전쟁 기계다. 이 책은 사악한 한국 교육체제에 맞서 강력한 이론적, 정책적 무기를 제공하는 데 그 목적이 있다. 나의 의도를 D. H. 로렌스D. H. Lawrence만큼 잘 표현한 사람은 없다. "낡은 무기들은 썩는다. 새로운 무기들을 만들어라, 그리고 똑바로 쏘아라!" [4]

4 D. H. Lawrence, "Melville's 'Typee' and 'Omoo'", in *Studies in Classic American Literature*, New York: Thomas Seltzer, 1923, p. 200.

1장

당신은 한국교육현실에 맞는 이론을 공부하지 않아 혼돈에 빠졌다

교수님 덕분에 기자 됐어요!: 전사 사회

제자 A - 교수님 덕분에 저 기자 됐어요!

나 - 그래?(놀라움)

제자 A - 언론사 논술시험에 교육사회학에서 배운 게 나왔어요.

나 - 무슨 문제가 나왔는데?

제자 A - '기회는 평등할 것입니다. 과정은 공정할 것입니다. 결과는 정의로울 것입니다'를 논하라는 문제가 나왔어요.

나 - 어떻게 썼는데?

제자 A - '전사 사회'에 대해서 썼어요. 그게 딱 생각나더라구요.

국내 주요 언론사의 기자가 된 제자와 통화를 하고 매우 기뻤다. 수업 시간에 가르친 내용이 이렇게 쓸모가 있을 줄이야! 작성하기 쉽지 않은 문제다. 문재인 대통령의 '기회의 평등, 과정의 공정, 결과의 정의'는 우리 사회에 한 줄기 빛이 된 슬로건이었다. 하지만 이것은 조국 사태를 거치면서 대학생들과 시민들의 조롱거리가 되었다. 교육에서의 불평등, 불공정, 부정의는 여전히 계속되고 있다. 문재인 정부 들어 취업, 진학, 승진 등 많은 부분에서 공정을 외쳤지만 오히려 MZ세대의 반발은 더 커졌다. 마이클 샌델 교수의 『정의란 무엇인가』는 한국 사회에서 베스트셀러가 되었지만 우리는 아직 정의가 무엇이고 어떻게 달성해야 할지 모른다.[5] 오히려 형식적 공정성이 정의를 죽이고 있다. 도대체 정의란 무엇인가? 주요 언론사의 기자가 된 나의 제자에게 합격의 영예를 안긴 '전사 사회'를 통해서 정의가 무엇인지 알아보자.

영국 철학자 버나드 윌리엄스는 유명한 '전사 사회'의 사고 실험Thought Experiment에서 형식적 기회균등의 한계가 무엇인지 보여 준다.[6] '전사 사회'에는 소수의 전사와 다수의 평민, 이렇게 두 카스트밖에 없는데 전사는 모든 사회적 자원과 명예를 가진다. 카스트 제도라서 전사의 자식은 전사로, 평민의 자식은 평민이 된다.

사회개혁가들은 이런 카스트 제도가 잘못되었다고 비판하며 시험을 통해 전사를 선발하자고 주장했고, 이런 주장이 카스트 제도를 없애는 데 성공했다. 이제 전사를 시험으로 뽑자는 주장이 우세해져서 시험을 통해 소수의 전사를 선발하게 되었다. 그런데 이 시험 과정에서 전사 자녀가 훨씬 유리하다는 사실이 발견된다. 왜냐하면 전사들은 자녀들에게 전사가 될 수 있는 더 많은 발달 기회를 제공하기 때문이다.

다시 사회개혁가들은 이것이 잘못되었다고 주장하고 전사계급의 자녀와 평민계급의 자녀 모두에게 학교에 다닐 기회를 주어서 시험을 통해 전사를 선발하게 했다. 결국 모든 계급의 자녀가 '똑같은 기회'를 갖게 되었다. 형식적 공정성도 완전히 확보되었다. 결과적으로 전사의 자녀이든 평민의 자녀이든 전사가 될 수 있는 확률은 똑같아졌다. 우리는 이제 이 사회가 기회는 평등했고 과정은 공정했으며 결과도 정의로웠다고 말할 수 있을까?

시험 방식을 통한 공정한 기회균등의 사회를 정의로운 사회라고 여기는 사람이 많을 것이다. 존 롤즈의 정의론은 크게 두 가지 단계, 즉 '공정한 기회균등의 원리'와 '차등의 원리'로 이루어져 있다.[7] 곧 발달 기회를 포

5 마이클 샌델, 『정의란 무엇인가』, 김명철 옮김, 와이즈베리, 2014.

6 Bernard Williams, "The Idea of Equality", *Philosophy, Politics, and Society*, Second Series, Peter Laslett and W. G. Runciman (Eds.), Oxford: Blackwell, 1962.

7 존 롤즈, 『정의론』, 황경식 옮김, 이학사, 2003, 400~401쪽.

함해서 모든 기회가 균등하게 배분되어야 하며 경쟁의 결과에서 나온 소득과 부의 차이를 완화하기 위해 최소 수혜자에게 최대 이익을 주는 '차등의 원리'를 도입하자는 주장이다. 부연하면 소득과 부를 가진 전사계급에게 세금을 많이 내게 하고 평민계급의 복지에 우선 지급하는 것이 차등의 원리다. 이렇게 사고 실험에서 전사계급과 평민계급의 자녀에게 완벽하게 똑같은 기회를 제공하고, 세금 정책과 복지 정책을 통해 결과의 차이를 줄여주는 정책을 시행한다면 이것이 정의로운 사회일까? 한국인 대부분이 그렇다고 답할지도 모른다.

여기서 소수의 전사계급과 다수의 평민계급 대신에 SKY(서울대, 고려대, 연세대)와 비SKY를 대입해 보자. 우리는 버나드 윌리엄스의 예를 그대로 적용해 볼 수 있다. 현재 SKY와 비SKY에 들어가는 학생들은 동일한 기회를 부여받지 못하고 있다. 계급과 지역에 따라 차별과 배제가 일어난다. 즉 부모의 소득이 높을수록, 서울의 부유한 지역에 살수록 SKY에 들어갈 확률이 높아진다. 공정하지도 정의롭지도 못하다.

그렇다면 버나드 윌리엄스의 '전사 사회'와 같이 우리는 다음과 같은 사고 실험을 해 볼 수 있다. 만약 모든 학생들이 완벽하게 똑같은 발달 기회와 완벽하게 똑같은 합격 확률을 갖고 SKY에 진학할 기회를 완벽하게 똑같이 갖는다면 이것은 정의로운 사회인가? 공정성이 완벽하게 확보되었고 계급, 지역, 젠더, 인종에 관계없이 모든 학생이 SKY에 들어갈 확률이 똑같다. 기회는 평등했고 과정은 공정했으나 결과는 정의로웠을까? 대다수가 그렇다고 답할지 모른다.

곰곰이 생각해 보자. 뭔가가 잘못되지 않았나? 전사 사회가 완벽하게 기회균등을 달성했더라도 그것은 좋은 사회가 아니다! 모든 학생들이 완벽하게 똑같은 확률로 SKY에 들어갔다고 했을 때도 이것은 결코 좋은 사회가 아니다. 이 사회는 정의로운 사회가 아니다. 왜냐하면 전사 사회에서는 전사와 평민의 두 계급만 존재하고 한국 사회에서는 SKY라는 대학이 지위권력을 독점하기 때문이다. 정의의 철학자들이 말하듯이 이런 사회는 너무나 황량하고 사악하다. 정의는 기회균등과 공정보다 더 큰 것이다. 공정과 기회균등은 정의의 부분이며 공정이 정의를 보증하지 못한다.

모든 사람이 완벽하게 똑같은 기회를 갖더라도 전사계급에 의한 독점은 유지된다. 모든 학생들이 완벽하게 똑같은 기회를 갖더라도 SKY 중심의 독점은 유지된다. 곧 정의로운 사회는 다원적인 가치와 다원적인 기회로 축조되어야 하는데 전사 사회는 전사 되기의 단일 가치와 단일 기회로, 한국 교육체제는 SKY 입학하기라는 단일 가치와 단일 기회로 이루어져 있다. 독점이 부정의Injustice의 핵심이다. 곧 독점을 해체하는 것이 정의를 세우는 것이다.

정의로운 사회는 마이클 왈쩌Michael Walzer의 주장처럼 독점을 허용하지 않고 복합적 평등Complex Equality에 도달한 사회다.[8] 자본주의 사회가 부정의한 것은 돈이라는 단일 가치에 의해 모든 사회적 가치의 영역이 지배되기 때문이다. 돈이 학력, 사랑, 지위까지 살 수 있다면 이것은 '돈에 의한 독점'이며 정의로운 사회가 아니다. 마르크스는 이를 대단히 낭만적으로 표현한다.

> 인간이 인간답게 되는 것, 그리고 세계에 대한 인간의 관계가 진정으로 인간적인 관계가 되는 것에 대해 한번 생각해 보자. 이때 사랑은 사랑으로만 교환될 수 있으며, 신의는 신의로만 …… 교환될 수 있다. 예술을 즐기고자 한다면 예술적으로 소양을 갖춘 인물이 되어야만 한다. 다른 사람들에게 영향을 주고자 한다면, 타인들에게 자극을 줄

8 마이클 왈쩌, 『정의와 다원적 평등: 정의의 영역들』, 정원섭 외 옮김, 철학과현실사, 1999.

수 있고 또한 용기를 북돋울 수 있을 영향력을 실제로 가지고 있는 인물이어야만 한다. 만일 당신이 메아리 없는 사랑을 한다면, 다시 말해 당신이 사랑을 받을 만한 인물이라는 것을 사랑으로 명백히 표현했음에도 사랑을 받지 못한다면, 당신의 사랑은 허약한 것이며 하나의 불행이다.[9]

마르크스는 돈으로 평등과 정의를 이룰 수 없으며 사랑은 사랑으로, 신의는 신의로 교환되어야 한다고 말한다. 즉 분배 정의를 주축으로 하는 존 롤즈와 대다수의 정의론자들은 경제적 분배에 중심을 둔 정의론을 펼치지만, 이는 이미 마르크스에 의해 부정된 경제환원론적인 정의관이다. 마르크스의 표현대로 돈이 사랑을 살 수 없다. 따라서 마이클 왈쩌는 다원적인 가치와 다원기회구조를 가진 사회가 정의로운 사회라고 말한다. 단일한 가치의 독점에 의해 단일기회구조로 축조된 사회는 부정의한 사회다. 기회가 완벽하게 평등하더라도 극소수의 학생이 들어가는 SKY 대 다수가 들어가는 비SKY의 구조는 그 자체로 부정의한 것이다. SKY의 독점체제를 해체하는 것이 정의로 나아가는 길이다. 지위권력의 독점이 부정의이며, 따라서 독점적 대학체제를 고쳐야만 정의로운 사회가 된다.

개천용 모델은 왜 틀렸나?: '개천용 학파' 비판

개천용 지수라고 들어 본 적이 있는가? 서울대 경제학과의 주병기 교수가 만들어 내어 언론에 회자된 용어다. 주 교수는 개천용을 "최상위 소득(상위 10%)을 획득한 사람들 중에서 최하위 환경(부모 교육 수준 최저)을 가진 사람들"이라고 정의한다.[10] 개천용 지수가 낮으면 개천에서 용이 나올 확률이 더 높고 그 지수가 높으면 개천에서 용이 나올 확률이 낮다. 주 교수에 의하면 1990년대 중반까지는 세대 간 계층상승이 비교적 공평했는데 그 이후에는 계층상승이 둔화됐다. 그는 "개천용 지수가 가장 낮았던 1992년은 17.50, 가장 높았던 2013년은 39.04를 기록"했다고 밝혔다.[11] 결과적으로 20년이 지나 개천에서 용이 나올 확률은 반으로 줄어들었다.

개천용은 소득을 기준으로 하지만 개인의 소득은 교육 불평등에 기인하는 측면이 강하다. 주 교수는 지역별 '서울대 합격률'을 제시하며 강남 3구 출신 학생들의 서울대 입학 비율이 강북에 위치한 구에 비해 10~20배 높다며 이는 대단히 불공정하다고 주장한다. 그는 대학입시에서 하위 계층 학생들과 중소 도시와 농어촌 학생들이 불리하다는 증거들을 보여 주며 대

9 Karl Marx, *Early Writings (Economic and Philosophical Manuscripts)*, T. B. Bottomore (Ed.), London: C. A. Watts, 1963, pp. 193-194. 마이클 왈쩌, 위의 책, 54쪽 재인용.

10 주병기, 「한국 사회의 불평등」, 2018, 19~20쪽. http://cdj.snu.ac.kr/DP/2016/DP201621.Ju.pdf

11 한국경제, "개천서 용 나기, 26년 새 두 배 힘들어졌다", 2020년 10월 5일.

학입시에서 '지역균형선발', '기회균등선발' 같은 방식을 확대할 것을 주장한다. 또한 사교육을 대체할 수 있는 교육 콘텐츠를 개발하여 대입에서 계층 차이를 극복할 수 있는 방안을 마련해야 한다고 주장했다.[12] 이렇게 해서 개천용을 더 많이 길러 내야 한다는 것이다.

대단히 개혁적으로 들리지 않는가? 그런데 앞 절에서 버나드 윌리엄스의 '전사 사회'를 배운 우리는 갸우뚱할 것이다. 주병기의 제안은 정확하게 말하면 교육독점체제(좁게는 SKY, 넓게는 인서울)를 유지하면서 그 좁은 자리에 사회계층이 낮은 학생들이 더 선발되도록 대입전형을 바꾸자는 것이다. 즉 전사 사회의 독점은 유지하되 평민 중에서 전사가 좀 더 많이 뽑히도록 선발 방식을 바꾸자는 제안이다. 개천(평민계급)에서 용(전사계급)을 더 만들자는 주장이다. 주병기의 개천용 모델은 대학독점체제 안에서 가능한데, 대학이 평준화된 유럽에서는 그런 개념 자체가 없다. 대학독점체제에서만 개천용이 나올 수 있다.

주병기의 연구와 제안은 개혁적인 것 같지만 사실은 대학독점체제를 그대로 유지하는 것을 내포한다. 즉 전사 사회는 유지하되 최대한 공정하게 평민(개천) 중에서 전사(용)를 뽑자는 말이다. 교육개혁을 외치는 거의 모든 한국 국민과 지식인들은 주병기처럼 개천용 모델 또는 전사 사회 패러다임에서 벗어나지 못하고 있다. 전사 사회(또는 SKY)의 독점을 유지하면서 공정성을 높이자고 주장하는 이들은 SKY에 대한 공격을 대단히 못마땅하게 생각한다. 예를 들어 주병기는 '서울대의 독점'에 대한 비판을 '엉뚱한 서울대 때리기'라고 응전하며 신문 칼럼까지 썼다.

> 서울대가 국내 최고 대학이지만 '글로벌 무대에선 이류'라는 비판도 제기된다. 일각에서는 서울대 비대화에서 찾기도 한다. 국민의 세금으로 구성원들의 밥그릇이나 키우고 인사와 행정이 방만하다는 비판이다. 사립대 재정은 갈수록 어려워지는데 서울대만 특혜를 누려 왔

> 고 특권의식과 순혈주의 같은 구태가 혁신을 가로막는 원인이라고 말하기도 한다. 하지만 이런 비판들은 우리 고등교육 문제의 핵심에서 크게 빗나간 엉뚱한 진단이다. 서울대가 재정과 조직을 축소하고 인건비를 감축하며 교수와 행정인력도 줄여야 할 것처럼 이해되는데 이건 세계 일류에서 오히려 멀어지는 길이다.[13]

주병기는 서울대의 독점적 지위를 지키기 위해 고군분투하고 있다. 서울대가 세계 일류가 되기 위해 지위권력의 독점은 유지되어야 하며 어떤 비판도 서울대 세계 일류 만들기를 흔들 수 없다는 것이 그의 주장이다. 그는 명문대 입시를 공정하게 하되 명문대의 독점은 지키겠다는 대단히 모순된 입장을 지녔다. 나는 그가 교육, 불평등, 정의에 대해 끝까지 고민해 보지 않았다고 생각한다. 그의 사고방식은 '전사 사회'에 갇혀 있다.

만약 그가 입시에서 지역균형선발을 원한다면, 그는 왜 교수임용에서 서울대 경제학과 교수들에게 '지역균형선발'을 요구하지 않나? 2021년 10월 기준 서울대 경제학과 교수는 38명인데 그중 미국 박사가 34명, 영국 박사가 3명, 한국 박사가 고작 1명이다. 이것이 과연 공정하고 정의로운 교수진 구성인가? 이것은 독점을 넘어 미국 박사들에 의한 독재다. 서울대 경제학과는 미국 대학의 완전한 식민지다.

'지역균형선발'을 한다면 한국 박사가 최소한 10명쯤은 있어야 하는 게 아닌가. 내가 『지배받는 지배자: 미국 유학과 한국 엘리트의 탄생』을 출판했을 때 가장 열광했던 이들은 서울대 국내 박사들이었다. 미국 유학파

12 주병기, 앞의 글, 31쪽.

13 주병기, "엉뚱한 서울대 때리기", 경향신문, 2019년 12월 11일.

들에게 완전히 지배당해 너무나 억울하다고 나에게 하소연한 이들이 한둘이 아니었다. 그때 나도 참 당황했다. 서울대 국내 박사들이 그렇게 억울할지 나조차 상상치 못했다. 서울대 경제학과 38명의 교수진 중 국내 박사가 단 1명이라면 당연히 억울하지 않겠는가. 한 맺힌 그들을 대신해서 물어보자. 주병기 교수는 서울대 경제학과에서 박사학위를 받은 사람들을 '지역균형선발'로 뽑아야 한다고 주장해야 하지 않나? 내가 서울대 경제학과 웹사이트를 보고 또 하나 놀란 것은 38명의 교수 중 여자 교수가 단 1명이라는 사실이다. 하버드, 프린스턴, 예일 경제학과에 들어가 여자 교수가 몇 명인지 파악 좀 하자. 교수진의 대부분이 미국 박사라면 적어도 미국 대학의 다양성을 흉내라도 내야 하지 않는가.

주병기 교수뿐만 아니라 한국 지식인 대부분이 자신이 가진 독점을 지키면서 공정을 추구하려 한다. 주병기 교수는 버나드 윌리엄스가 지적한 '전사 사회 패러다임'에 갇혀 있다. 영향력 있는 교육사회학자들도 이 패러다임에 갇혀 겉으로는 개혁적인 것처럼 보이지만 사실은 독점체제 유지에 기여하는 연구를 수행하고 있다.

캔자스 대학교의 사회학자 김창환 교수는 불평등 연구의 최고 전문가로 알려졌다. 나는 개인적으로 그의 학문적 열정과 성실함을 깊이 존경하지만 그의 연구 방향에 대해서는 비판적이다. 그는 한국의 교육 불평등에 대해 대단히 탁월한 논문들을 발표했고, 한국 교육사회학계에서 연세대 최성수 교수 등과 더불어 담론을 주도하고 있다. 김창환 교수는 최근 제자와 함께 「입시제도에서 나타나는 적응의 법칙과 엘리트 대학 진학의 공정성」이라는 논문을 한국에서 가장 권위 있는 『한국사회학』이라는 학술지에 실었다.[14]

이 논문이 쓰인 결정적인 배경은 조국 사태다.[15] 사태가 벌어지자 학생부종합전형(학종)에 대한 거센 비판이 일어났고 언론에서는 교육전문가들과 평론가들이 총출동해 정시 대 학종 논쟁을 벌였다. 조국 전 장관과 그의 딸 조민에 대한 비판이 워낙 강력했던 터라 정시를 지지하는 세력이 힘을 얻었고, 교육부는 정시를 늘리는 방향으로 입시개혁안을 발표했다.

김창환·신희연의 연구는 대단히 엄밀하게 통계를 사용하여 상위 계층의 자녀들이 하위 계층의 자녀들보다 어떤 대입유형에도 유리하다는 것을 보여 주었다. 하지만 상위 계층이 가장 유리한 전형은 논술이고, 그다음은 수능, 마지막이 학종이다. 김창환 팀은 이를 정확한 수치로 보여 준다.

> 수능 위주 정시의 상위, 하위 계층의 격차는 17.0% 포인트이고, 내신 위주의 상위, 하위 계층 격차는 12.9% 포인트이다. 논술 위주 수시는 계층에 무관하게 수능이나 내신보다 엘리트 대학 합격률이 높지만, 계층 격차는 27.3% 포인트로 가장 크다. 내신 위주 전형이 하위 계층에게 상대적으로 유리하다는 관점은 지지된다.[16]

이는 수능정시가 공정한 선발의 기제로 선전되어 왔다는 점에서 반론의 근거가 될 수 있다. 공정한 것처럼 보이지만 현실적으로 매우 불공정한 입시경쟁 전반에 대한 근본적 검토를 요구하는 근거로 사용될 수 있다. 그런데 수능정시를 지지하는 학부모들이 이 연구로 인해서 마음을 바꿀까? 천만의 말씀이다. 어떤 연구를 들이밀더라도 한국의 학부모들은 마음을 바꾸지 않는다. 김창환 연구팀뿐만 아니라 다른 많은 연구에서 보여 주듯 중상층 학부모 특히 강남 학부모들은 정시를 선호하며, 그들의 입김이 교육

14 김창환·신희연, 「입시제도에서 나타나는 적응의 법칙과 엘리트 대학 진학의 공공성」, 『한국사회학』 54(3), 2020, 35~83쪽.

15 김창환·신희연, 위의 글, 36쪽.

16 김창환·신희연, 위의 글, 70쪽.

정책에 강하게 반영된다. 이들에게는 과학이고 데이터고 다 필요 없고 내 자식이 명문대에 들어가는 것이 제일 중요하다. 따라서 나는 중상층 학부모들을 교육지옥동맹의 한 부분이라고 생각한다.

김창환 교수는 제대로 한 방 날렸다고 생각했을 것이다. 왜냐하면 그는 증거에 기반을 둔 데이터로 엘리트 대학 진학의 공정성에서 정시가 학종보다 더 불공정하다고 보여 주었기 때문이다. 그는 통계학자로서 숫자에 집착한다. 이는 모든 통계학자의 훈련된 습성이지만 이것이 그들의 상상력과 창의력을 제한한다. 다시 버나드 윌리엄스의 '전사 사회'로 돌아가 보자. 김창환 팀의 연구는 전사(엘리트 대학 진학)가 되기 위한 가장 공정한 방법을 엄밀한 통계로 보여 주었다. 다른 사람들은 나름의 허술한 방법론과 주장을 하고 있었다. 김창환 교수는 전사 선발에서 학종이 그나마 공정하고 그다음은 정시, 마지막이 논술이라고 알려 준다.

무엇이 잘못되었는가? 아무리 엄밀하게 공정한 시합(대입)을 도입하더라도 전사 사회(독점 사회)는 유지된다. 그는 교육정책은 '증거기반 정책수립'이 가장 많이 적용되는 분야라고 주장하며 '객관적 근거'가 있어야 된다고 주장한다.[17] 이는 통계를 기반으로 연구하는 양적 연구자들의 공통된 습성이다. 나는 이들의 엄밀함과 성실함은 존경하지만 이들의 창의성에는 대단히 비판적이다. 아무리 엄밀하고 객관적으로 측정해서 공정한 시합(대입)을 도입하더라도 전사 사회의 독점은 유지된다. 즉 김창환과 주병기를 비롯한 교육 불평등 담론 생산자들은 개혁적인 듯 보이지만 사실 대학 독점체제가 유지되는 데 기여하고 있다. 왜냐하면 '전사 사회 너머를 보는 것'은 이들의 이론과 방법론에 존재하지 않기 때문이다.

이들의 연구가 겉으로 보기에는 개혁적일지 몰라도 그 밑바탕에는 강력한 보수주의가 자리 잡고 있다. 존 샤John Schaar가 지적하듯이 공정성은 '지배적인 제도와 가치'에 대한 공정성이다.[18] 김창환은 서울의 엘리트 대학들(경희대, 고려대, 서강대, 서울대, 서울시립대, 성균관대, 연세대, 이화여대, 중앙대, 한국외국어대, 한양대)[19]에 들어가는 방법을 공정하게 하자고 말한다. 조민이 고려대가 아니라 지방대에 입학했다면 공정성 담론이 일어났겠는가? 따라서 샌델이 이야기하듯이 공정은 정의가 아니다.

교육 불평등 담론을 주도하는 주병기, 김창환, 그리고 많은 통계학자들은 대단히 위험하다. 왜냐하면 이들은 왜곡된 과학주의와 데이터주의에 사로잡혀 대학독점체제 너머를 바라보지 못한다. 이들은 '전사 사회 모델'에 완전히 갇혀서 전사 사회 너머를 바라보지 못한다. 따라서 나는 이러한 일군의 학자들을 '개천용 학파'라고 부른다. SKY 또는 인서울 대학의 독점을 유지한 채 그 좁은 자리에 계층이 낮은 학생들이 더 선발되거나 이들의 계층이동을 돕는 정책을 제시하는 것이 개천용 학파다. 나는 이 책에서 '개천용' 학파를 대학독점 자체를 해체해야 한다는 '대통영' 학파와 대비시킨다. '개천용' 학파가 위험한 것은 이들이 불평등을 교정해야 한다고 외치지만 실상은 대학독점체제를 유지하는 데 기여하고 있기 때문이다. 이는 우리 일반 국민들이 지닌 교육에 대한 지배적인 사고방식이다. 평민(개천)이 전사(용)가 되는 방법을 좀 더 공정하게 만드는 것도 기여라고 볼 수 있지만, 이들은 전사 사회 자체의 독점 때문에 발생하는 교육지옥을 보지 못한다. 결과적으로 개천용 학파는 지배적인 가치와 제도, 곧 대학독점체제를 영속시키는 데 기여한다. 그들이 말하는 공정은 어디까지나 대학독점체제 내에서의 공정이다. 버나드 윌리엄스의 '전사 사회'가 보여 주듯 공정은 정의가 아니다. 독점을 해체해야만 정의가 이루어진다.

17 김창환·신희연, 위의 글, 36쪽.

18 John Schaar, "Equality of Opportunity, and Beyond", in *Nomos IX: Equality*, J. Roland Pennock and John W. Chapman eds., 1967, pp. 230~231.

19 김창환·신희연, 위의 글, 48쪽.

모두 원인과 결과를 혼동하고 있다

한국 학부모와 학생들의 초미의 관심사는 대입이다. 조국 사태는 대입에 대한 비판으로 이어졌고 학종 대 정시 논쟁으로 이어졌다. 한국의 교사, 학원강사, 학부모들은 모두 '공정한 입시'를 원한다. 이것은 '전사 사회'에서 설명하는 '공정한 시합'을 요구하는 것과 같다.

한국인 대부분도 '전사 사회'에 속한 사람들처럼 평평한 운동장에서 공정한 시합을 통해 명문대 입학을 바란다. 이들은 전사 사회의 독점을 문제 삼지 않고 오직 독점적 지위를 확보할 수 있는 공정한 입시에만 매달린다. 나는 이들을 '입시파'라고 부른다. 사실 한국의 교육단체, 전문가, 학부모, 학생 대부분이 입시파다. 따라서 정부가 바뀔 때마다 입시를 바꾸려고 한다. 입시는 대학서열의 종속변수다. 즉 원인이 아니라 결과다. 종속변수인 입시를 가지고 독립변수인 대학체제를 개혁하려니 처음부터 잘못된 방향으로 가 버린다. 이들은 원인과 결과를 혼동하고 있다.

입시파들이 대부분을 차지하니 대학개혁이 될 리가 없다. 왜 전문가, 교육시민단체, 관료들은 입시파가 되었으며 이들에 휘둘릴 수밖에 없는가? 조국 사태도 학종이냐 정시냐의 입시 논쟁으로 끝나고 말았다. 학종이 공정하냐, 정시가 공정하냐를 가지고 양 진영으로 나뉘어 싸웠고 교육부는 학종을 보완하고 정시를 약간 늘리는 쪽으로 정책을 제시했다. 이는 누구도 만족시키지 못한 해결책이었으며 여전히 그 논란은 진행형이다.

왜 우리는 종속변수인 입시에 포획되고 마는가? 당장 자녀의 입시가 중요하기 때문이다. 입시는 가깝고 대학개혁은 멀다. 눈앞에 닥친 입시에 목매는 것은 이해된다. 하지만 장기적인 관점을 가져야 할 전문가, 관료집단, 교육시민단체조차 대부분 입시파이다 보니 대학개혁이 될 리가 없다.

입시가 종속변수인 이유는 매우 분명하다. 정부는 지난 수십 년 동안 입시를 바꾸어 보았지만 한국을 교육지옥에서 구해 내지 못했다. 수시와 정시로 이원화된 한국 입시가 문제이지만 이것이 근본적인 문제는 아니다. 본고사, 학력고사, 수능, 학종, 논술 모두 한국을 교육지옥에서 구해 내지 못했다. 입시가 문제가 아니라는 말이다. 교육부가 고교학점제를 2025년부터 시행한다고 발표했고 교육과정, 평가, 입시가 또 바뀔 테지만 고교학점제가 한국을 교육지옥에서 구해 낼 것이라고 기대한다면 당신은 바보다.

입시가 결정적인 문제가 아니라는 것은 다른 나라들의 입시제도와 비교해 보아도 마찬가지다. 한국의 학생부종합전형(학종)은 서울의 상위권 대학들이 채택하고 있는 입시다. 학종은 원래 미국의 입학사정관 제도를 모델로 했고 한국적 현실에 맞게 여러 차례 수정을 거쳐 한국식 학종이 되었다. 따라서 이런 질문을 던져 볼 수 있다. 학종의 원류인 미국에서도 그 제도가 논란에 휩싸이지는 않았는데, 왜 유독 한국에서 이렇게 큰 문제가 되는가? 미국의 입학사정관 제도가 완벽하지는 않지만, 한국처럼 거대한 사회적 이슈는 아니다. 곧 한국이 교육지옥이 된 이유는 입시가 원인이 아니라는 말이다.

그렇다면 왜 미국에서는 우리와 같은 심각한 문제가 발생하지 않는가? 교육전문가들조차도 잘못 알고 있는 사실이 있다. 미국이 하버드, 예일, 프린스턴과 같은 학교를 정점으로 서열화되어 있다고 믿는데, 미국의 대학도 물론 서열이 있긴 하지만 다원적 서열일 뿐이다. 미국에는 서울대 이상 수준의 대학이 60개 정도 있어 한국처럼 심각한 대입 병목현상이 일어나지 않는다. 미국 부모 대다수가 명문대에 보내기 위해 모든 자원과 에너지를 투자하지는 않는다. 물론 명문대에 들어가려는 미국 학생들과 학부모들의 경쟁도 치열하지만, 이것은 한국처럼 죽기 살기의 문제가 아니다.

좋은 대학이 너무나 많기 때문이다.

어느 고등학생이 사회학과를 선택한다고 가정해 보자. 미국에서 명성이 높은 사회학과는 꽤 많은 편이다. 아이비리그의 대학들에도 명성이 높은 사회학과가 있지만 버클리, 위스콘신, 노스캐롤라이나, 텍사스-오스틴, UCLA, 뉴욕주립대, 애리조나, 오하이오주립대 등 주립대학들에도 매우 우수한 사회학과가 있다. 따라서 한국과 같은 독점이 발생하지 않는다. 물론 명문 대학에 들어가기 위한 경쟁이 갈수록 치열해지고 있지만 학생들과 학부모들이 목숨을 걸지는 않는다. 재수, 삼수는 미국 입시에 존재하지 않는다. 꼭 그 대학에 들어갈 필요도 없고 재수와 삼수를 한다고 점수가 올라가는 것도 아니기 때문이다. 미국은 고교학점제를 기본으로 하고 SAT나 ACT를 보조적 수단으로 사용한다. 따라서 SAT 점수를 올린다고 해서 명문 대학에 입학하는 것이 아니다. 우리와 같은 수능체제가 아니다.

왜 우리는 교육문제에 대해서 이렇게 헛다리를 짚을까? 원인과 결과를 혼동하고 있는 게 중요한 이유이고, 이를 맑게 해소해 줄 이론이 없기 때문이다. 대부분은 자신의 경험을 앞세워서 교육을 말하기 때문에 혼동할 수밖에 없다. 많은 한국인 학부모와 학생들이 여러 이유로 외국에 살면서 다른 국가들의 교육제도를 경험하고 한국 교육을 평가한다. 미국, 독일, 영국, 핀란드, 심지어 네덜란드, 스위스 같은 국가에서 자녀를 기른 사람들이 책을 내거나 블로거를 하는 경우가 허다하다. 이들은 직접 경험해 보고서 한국 사람들의 미국과 유럽 교육에 대한 편견을 지적한다. 이들 중 적지 않은 사람들이 미국과 유럽은 교육 천국이 아니라고 주장하며 한국인이 품고 있는 환상을 깨는 데 일조했다. 천국은 어디에도 없다. 지옥에서 빠져나오는 것이 우리의 미션이다.

지위권력과 창조권력으로서의 대학

우리가 한국 교육에 대해 극도로 혼란스러워하는 이유는 교육사회학과 교육학에 대한 이론을 한국의 현실에 맞추어서 치열하게 공부해 보지 않았기 때문이다. 그들은 충분히 고민하지 않았고 공부하지 않았다. 그들에게는 경험만 있지 이론이 없다. 공부하지 않고 자신의 경험만 앞세우다 보니 교육문제는 항상 뱅글뱅글 돌아 제자리다. 해결의 기미가 보이지 않는다. 여러 가지 경험이나 데이터를 짜 맞추어서 얼렁뚱땅 자신의 입장을 내놓는다. 이런 의미에서 서울대 교육학과 유성상 교수의 글은 인용할 가치가 있다.

> 교육 행위를 하는 많은 사람이 자신의 교육철학을 체계적이고 일관된 방식으로 정의하지도, 심지어 인식하지도 않는다. 즉 교육의 실천적 행위는 보다 큰 인식적 구조와 철학적 개념에서 비롯되지만, 대부분의 사람에게 교육은 자신의 좁은 경험 세계에서 구성되고 실천되는 것 이상도, 그 이하도 아니다.[20]

누구나 교육에 대해 말할 자격이 있고 자신이 겪은 교육 경험은 중요

20 유성상, 「역자 서문」, 마이클 세스, 『한국 교육은 왜 바뀌지 않는가?』, 학지사, 2020, 7쪽.

하다. 하지만 '사회문제'로서의 교육을 이해할 때는 자신의 경험뿐만 아니라 다른 여러 사례, 이론, 경험들을 아울러서 보아야만 한다. 한국 교육문제를 토론할 때 가장 큰 걸림돌은 어떤 체계적인 이론, 인식틀, 철학적 개념에 의존하지 않고 자신의 경험만을 내세우는 것이다. 유성상 교수는 평소 나와의 대화에서 "서울대 교육학과 교수의 말도 학부모들에게 씨도 안 먹힌다"고 한탄한다. 학부모들의 경험에 근거한 단순한 주장은 위험하다. '내가 자식을 서울대 보내 봐서 아는데 말이야', '내가 아이를 미국에서 키워 봐서 아는데 말이야', '내가 아이를 아이비리그에 보내 봐서 아는데 말이야', '내가 독일에서 공부해 보고 아이들도 독일에서 키워 봤는데 말이야', '내가 영국에서 박사를 하고 아이들을 키워 봤는데 말이야' 등 온통 경험주의가 판치고 교육문제를 혼란에 빠뜨린다.

대표적인 예로 서울대를 중심으로 한 한국의 대학서열체제를 비판하며 개혁하자고 주장하면, 미국에서 공부하고 아이들을 키워 본 사람은 당장 반박한다. "미국에도 학벌이 있습니다. 미국 사람들도 아이를 좋은 대학 보내려고 애를 많이 씁니다." 이런 경험주의는 미국에서 공부도 안 해 보고 미국 학교에 아이들을 안 보내 본 사람들에게 상당히 설득력이 있다. '내가 직접 해 봤다'는 논증 방식은 매우 강력한 힘을 지닌다. 미국에도 명문 대학이 있고 여기에 들어가고자 하는 경쟁이 나름대로 치열하지만 미국 학생들은 학원에 다니지 않는다. 방학 때 SAT 학원을 다니거나 수학이나 언어능력을 올리려고 사교육을 받기는 하지만 대부분의 학생들은 학원에 다니지 않는다. 미국에는 전국에 서울대 수준 이상의 대학 60개가 있다. 미국 학부모 대부분이 자식을 하버드, 프린스턴, 예일에 보내려고 집착하지 않는다. 경쟁은 있지만 목숨을 걸지는 않는다. 왜냐하면 자기가 사는 지역에 우수한 대학들이 많기 때문이다. 따라서 미국은 한국식 학벌체제가 절대 아니다. 이러한 교육체계와 시스템에 대한 이해 없이 '미국에도 서울대처럼 하버드, 예일, 프린스턴이 있다'고 하는 것은 오히려 교육개혁을 가로막는 언사다. 전문가들조차도 미국 대학 시스템을 오해하고 있으니 일반인들의 잘못된 인식이 이해는 간다.

곧 당신이 아는 경험적 사실, 당신과 당신 자식의 공부에 대한 경험은 교육문제를 해결하는 데 전혀 도움이 되지 않는다. 오히려 해악이 되는 경우가 많다. 교육 현상은 나라마다 다르고 무척 다양해서 이를 일관된 이론들의 종합으로 이해해야 왜 한국만 교육지옥인지를 이해할 수 있다. 나는 여러 전문가들, 관료들, 교육시민단체의 회원들이 교육사회학에서 가장 기본적인 이론인 '지위경쟁이론'조차 모르는 데 절망했다. 교육은 대단히 방대한 체계이며 교육학과 교육사회학에는 대단히 많은 이론들과 개념들이 있다.[21] 이 많은 이론들을 소개하는 것이 이 책의 목적은 아니므로, 이 책에서 제기하는 문제인 '왜 한국만이 교육지옥이고 이것을 어떻게 풀 것인가?'라는 연구 질문에 적합한 이론들을 종합해야 한다.

한국 교육체제는 최악의 독점체제로 되어 있고 이를 이해하기 위한 이론적 종합이 필요하다. 나는 이를 설명하기 위해 부르디외를 포함한 지위경쟁이론(네오베버주의), 대학사회학의 기술기능론, 그리고 피시킨의 병목사회론을 창의적으로 종합한다.

여기서 핵심은 대학은 지위권력과 창조권력의 합이라는 점이다. 지위경쟁이론에서 다루듯이 대학은 사회적 지위를 부여하는데, 대학체제가 평준화된 유럽(프랑스와 영국 제외)은 학벌을 향한 지위경쟁이 없다. 대학체제가 다원화(미국)된 국가에서는 상위권에서 지위경쟁이 일어나지만, 다

21 교육사회학 분야의 다양한 이론들에 대해서는 김신일, 『교육사회학』(제5판), 교육과학사, 2015를 권한다. 교육부 장관까지 역임한 김신일 교수는 한국의 학벌체제가 큰 문제라고 지적하지만 정작 그는 이를 풀기 위한 어떤 대안도 내놓지 못했다. 그는 한국 대학체제의 모순에 대해서 끝까지 고민해 보지 않았고 이를 해결하기 위한 창의적 연구를 내놓지 못했다. 교육사회학 분야의 권위자인 그의 한계라고 판단된다.

원적 서열체제 덕분에 병목이 심하게 발생하지 않는다. 대학의 지위권력이 독점화된 한국의 경우 SKY 학벌을 향한 극심한 병목이 발생한다.

창조권력으로서의 대학은 새로운 지식, 인재, 산업을 만들어 내는 장소를 뜻한다. 현대의 대학은 '연구중심대학의 승리'로 인해 지위권력에서 창조권력으로 그 지향점을 점점 옮기게 되었다. 1차 대학혁명은 독일의 연구중심대학의 부상으로 발생했으며, 향후 미국과 다른 유럽 국가들의 저명한 대학들은 연구중심대학 모델을 따른다. 19세기 유럽과 미국의 대학들은 상류층에게 교양을 가르치고 사회적 지위를 부여한 지위권력으로 기능했다. 하지만 독일의 연구중심대학과 산업의 결합으로 2차 산업혁명의 거대한 물결이 일어나고 이를 국가가 지원하면서 미국과 유럽의 저명한 대학들도 연구중심대학, 즉 창조권력으로 변모할 수밖에 없었다. 2차 대학혁명은 미국의 연구중심대학에서 일어났으며 이는 3차 산업혁명의 거대한 물결과 연결된다. 대표적인 곳이 스탠퍼드와 버클리가 만들어 낸 실리콘 밸리다. 이 글에서 제시하는 '서울대 10개 만들기 프로젝트'는 독일처럼 대학의 지위권력을 평준화시켜 대학병목을 제거하고, 미국의 연구중심대학처럼 창조권력을 최대한 높이는 방향으로 대학체제를 바꾸자는 것이다.

SKY 지위권력을 향한 투쟁: 지위경쟁이론

지위경쟁이론 또는 네오베버주의는 교육을 중심으로 사회 불평등을 설명하는 학파로서 교육사회학에서 가장 영향력 있는 이론이다. 이 이론의 기원이 되는 막스 베버Max Weber는 사회계층을 계급Class, 지위Status, 당파Party의 세 가지 차원에서 분석하고 계급을 통한 경제적 지배, 지위를 통한 문화적 지배, 당파를 통한 정치적 지배가 사회계층에서 다층적으로 작용한다고 설명한다.[22] 계층 간의 싸움을 베버는 지위경쟁Positional Competition으로 설명하고, 이 지위경쟁은 사회적 폐쇄Social Closure를 동반한다고 설명한다. 가령 명문대 출신의 비명문대에 대한 사회적 폐쇄, 정규직에 의한 비정규직에 대한 사회적 폐쇄, 백인에 의한 흑인과 아시아인에 대한 사회적 폐쇄, 남성에 의한 여성에 대한 사회적 폐쇄 등에서 볼 수 있듯이 사회적 폐쇄는 계급뿐만 아니라 지위, 인종, 젠더 등의 사회적 집단에 의해 광범위하게 일어난다.

베버의 지위경쟁이론과 사회적 폐쇄이론을 계승한 네오베버주의자들은 현대사회에서, 특히 교육이 지위경쟁을 촉발하고 사회적 폐쇄를 광범위하게 동반한다고 주장한다. 랜달 콜린스Randall Collins[23], 프레드 허쉬Fred

22 Max Weber, *Economy and Society*, Guenther Roth and Claus Wittich (Eds.), Berkeley, CA: University of California Press, 1978.

23 Randall Collins, *The Credential Society: A Historical Sociology of Education and Stratification*, New York: Academic Press, 1979.

Hirsch [24], 레이먼드 머피Raymond Murphy [25], 프랭크 파킨Frank Parkin [26] 등의 학자들이 주도한 네오베버주의는 경제적인 성장에도 불구하고 사회 구성원들이 만족하지 못하는 점을 간파하고 교육을 통한 지위경쟁의 중요성을 강조했다. 지위경쟁은 본질적으로 제로섬 게임Zero-Sum Game으로 나의 지위는 상대방의 지위와 관계된다. 이 지위경쟁에서 학위가 우수한 집단이 덜 우수한 집단을 배제하고 특정한 지위와 재화를 독점한다는 것이 네오베버주의 이론의 핵심이다.

네오베버주의의 가장 핵심적인 이론가는 프랑스 사회학자 피에르 부르디외Pierre Bourdieu다. 『구별짓기』 서문에서 밝히고 있듯이 부르디외는 베버의 계급과 지위를 연결시키는 작업을 수행한다고 강조하는데, 그는 가족의 경제자본Economic Capital이 학교를 매개로 문화자본Cultural Capital으로 전환되는 기제를 밝혔다.[27] 특히 부르디외는 프랑스의 그랑제콜이라는 명문 대학이 어떻게 사회적 배제와 차별을 만들어 내는지에 대한 심도 있는 연구를 수행했다.[28] 곧 문화자본의 생산자로서의 대학은 사회적 지위를 최종적으로 부여하는 사회적 기관으로 사회적 불평등의 핵심 기제라고 그는 설명한다.

네오베버주의에서 엘리트 대학을 향한 경쟁은 대단히 중요하다. 전 세계적으로 엘리트 대학에 대한 갈망은 점점 더 강해지고 있으며 경쟁 또한 치열하다. 엘리트 대학이 지위권력을 독점하기 때문에 최근 들어 엘리트 대학으로의 진학은 각국에서 큰 사회문제로 대두되고 있다. 소득이 높아지고 경제가 성장하고 중산층이 늘수록 엘리트 대학에 대한 수요는 폭증한다.

마강래 교수는 한국이 '지위경쟁사회'라는 사실을 꿰뚫어 본다. 그는 프레드 허쉬라는 네오베버주의자의 말을 인용하여 "풍요로운 사회에서 경쟁은 지위를 향한 경쟁이다"라고 탁월하게 표현한다.[29] 허쉬는 물질적 희소성과 사회적 희소성을 나누고, 경제가 발전한 나라에서는 물질적 희소성이 극복되었기 때문에 사회적 지위를 향한 경쟁, 즉 사회적 희소성을 위한 경쟁이 더 치열해진다고 주장한다.

〈그림 1-1〉 한국의 대학진학률 [30] 출처: 통계청

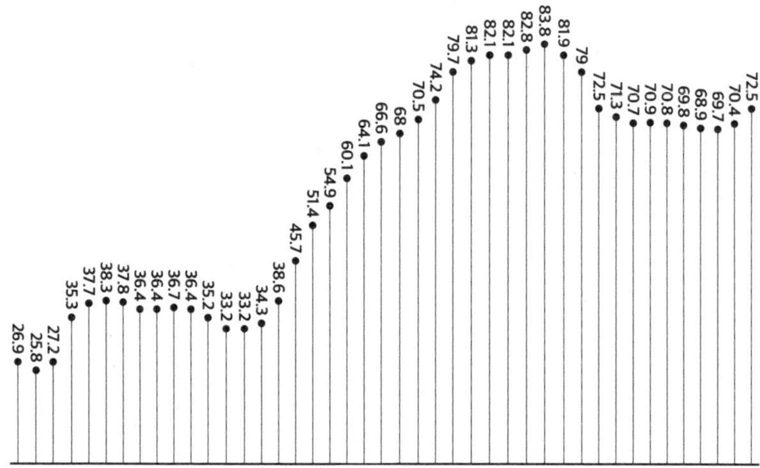

24 Fred Hirsch, *Social Limits to Growth, Cambridge*, MA: Harvard University Press, 1976.

25 Raymond Murphy, *Social Closure: The Theory of Monopolization and Exclusion*, Oxford: Oxford University Press, 1988.

26 Frank Parkin, *Marxism and Class Theory: A Bourgeois Critique*, New York: Columbia University Press, 1979.

27 Pierre Bourdieu, *Distinction: A Social Critique of the Judgement of Taste*, translated by Richard Nice, Cambridge: Harvard University Press, 1984, p. xii.

28 Pierre Bourdieu, *Homo Academicus*, translated by Peter Collier, Stanford: Stanford University Press, 1984.

29 마강래, 『지위경쟁사회』, 개마고원, 2016, 39쪽.

30 e-나라지표. https://www.index.go.kr/potal/main/EachDtlPageDetail.do?idx_cd=1520

선진국에서도 지난 50년간 대졸자는 급격하게 증가했는데 이는 취직뿐만 아니라 지위 향상을 위한 전략이다. 한국 사회가 1인당 국민소득 3만 달러에 도달했지만 왜 우리는 이토록 불행한가? 중장년층들에게 1인당 국민소득 3만 달러는 도달해야만 했던 지상 목표이자 유토피아였다. 아이러니하게 우리는 유토피아가 아니라 헬조선에 도착했다. 지위경쟁사회에서 사람들의 욕망은 SKY와 강남이다. 사회적 지위의 가치는 치솟고 병목현상은 심화되었으며 박탈과 배제는 만연하다. 사회적 지위, 특히 한국에서 학벌은 대단히 중요하다.

대학이 보편화된 단계에서 이제 대학 학위 자체를 둘러싼 지위경쟁의 중요성은 떨어졌다. 〈그림 1-1〉을 보면 한국의 대학진학률은 1970년 26.9%, 1980년 27.2%, 1990년 33.2%였다. 그러다가 대학설립준칙주의가 발표되고 나서 대학진학률이 급작스럽게 상승하는데 1995년 51.4%, 2000년 68%, 2005년 82.1%, 2010년 79%, 2015년 70.8%로, 2020년 72.5%로 지난 25년 동안 급격하게 상승했다. 이 지표는 마틴 트로Martin Trow가 밝힌 보편적 대학교육 단계에 들어선 것임을 보여 준다.

마틴 트로는 대학연구에서 20세기에 가장 영향력 있는 미국 학자 3인 중 한 사람으로 일컬어진다. 다른 두 사람은 『대학의 효용』으로 잘 알려진 캘리포니아대학체제의 설계자이자 총장이었던 클라크 커어 [31]와 대학사회학을 정립한 버클리 대학교 사회학과 교수였던 버턴 클라크이다. 트로는 추후에 대학교육 분야에서 세계적 명성을 얻은 버클리 대학교 대학교육연구소를 설립한 인물이기도 하다. 커어의 『대학의 효용』이 연구중심대학에 초점을 맞추었다면, 트로의 보고서는 전체 대학체제의 성장과 변화를 다루었다는 점에서 그 범위와 파급력이 더 컸다.

트로는 1973년 파리에서 열릴 예정인 OECD 콘퍼런스 발표를 위해 카네기 재단의 후원을 받아 보고서를 작성했는데, 이는 대학사회학의 영역에서 가장 중요한 논문 중 하나가 되었다. 「엘리트 대학체제에서 대중 대학체제로의 변화에서의 문제들Problems in the Transition from Elite to Mass Higher Education」에서 그는 대학의 급격한 성장을 3단계로 나누어서 설명했다.[32] 트로에 의하면 대학교육 단계는 엘리트형(15% 내), 대중형(15~50%), 보편형(50% 이상)으로 나뉘는데, 1973년은 미국과 유럽을 비롯한 선진 서구 국가들의 대학진학률이 대중화 단계였다. 대학진학률이 50%가 넘은 것은 그가 글을 쓴 지 수십 년 이후에 벌어진 일로서 그의 예측은 정확했다. 2018년 기준 25세 미만 인구의 일반대학 교육과 단기대학 교육을 포함한 대학진학률은 OECD 평균 56%, 한국은 84%였다. 〈표 1-1〉은 트로의 대학교육 발달 3단계를 나타낸다.

〈표 1-1〉 트로의 대학교육의 발달 단계[33]

대학교육의 단계	엘리트형	대중형	보편형
해당 연령 중 학생 비율	15%까지	15~50%까지	50% 이상
고등교육의 기회	소수자의 특권	상대적 다수의 권리	만인의 의무
대학진학의 요건	제약적(가문이나 재능)	준제약적(일정의 제도화된 자격)	개방적(개인의 선택의사)
고등교육의 목적 및 주요 기능	인간 형성, 사회화, 엘리트·지배 계급의 정신과 성격의 형성	지식·기능의 전달, 분화된 엘리트 양성과 사회지도층 육성	새로운 넓은 경험의 제공, 산업사회에 적응할 국민의 육성

31 클라크 커어, 『대학의 효용: 연구중심대학』, 이형행 옮김, 학지사, 2000.

32 Martin Trow, *Problems in the Transition from Elite to Mass Higher Education*, Berkeley, CA: Carnegie Commission on Higher Education, 1973.

33 이 표는 대학무상화·대학평준화 추진본부 연구위원회, 『대한민국 대학혁명』, 살림터, 2021, 15쪽에서 정리한 것을 그대로 가져왔다.

여기서 중요한 지점은 2000년대 이후 대학 졸업장의 가치가 대학 학위자의 양적 팽창으로 인해 전반적으로 하락했다는 점이다. 대신 명문대 학위에 대한 선호 현상은 급속하게 증가했다. 이는 위치경쟁이 대학 졸업장에서 '명문대' 졸업장으로 옮겨진 것을 의미한다. 대학교육의 보편화 단계는 한편으로 교육 기회의 상승이라는 점에서 긍정적인 의미를 지니지만, 한국과 같이 명문대의 지위권력이 독점화된 상황에서 명문대 학위에 대한 경쟁은 더욱 치열해진다. 대학에 대한 양적인 기회균등이 이루어지면서 질적인 경쟁이 일어난 것이다. 대학이 보편화되더라도 엘리트 대학의 지위는 유지될 것이라고 트로는 이미 예견했다.

지위재Positional Good에 대한 기념비적 연구를 수행한 허쉬는 "물질재가 풍부하고 지위재의 공급이 고정되어 있다면 지위재의 가격은 상승한다"라고 밝힌다.[34] 대학이 보편화되고 1인당 국민소득이 3만 달러에 이른 상태에서 '명문대 학위'라는 지위재의 공급이 '고정되어Fixed' 있기 때문에 가격이 급격하게 상승한다. 따라서 이 책에서 주장하는 서울대 10개 만들기는 지위경제Positional Economy의 원리에 의해 지위재의 공급을 대폭 확대하여 이 가격을 떨어뜨리는 데 목적이 있다. 추후에 설명하듯이 '서울대 학위의 양적 완화'를 통해 과도한 사교육과 학교에서의 경쟁, 곧 교육적 무기 전쟁Educational Arms Race을 피하자는 뜻이다.

지위재는 "절대적인 가치가 상대방의 위치에 의해 결정될 때" 발생한다.[35] 예를 들어 대학이 평준화된 독일에서는 대학 학위들 가운데서 지위재가 될 수 없다. 왜냐하면 대학 학위의 가치가 동등하기 때문이다. 대학 학위가 서열화된 한국의 경우 명문대 학위에 대한 과도한 요구는 교육적 무기 전쟁을 촉발한다. 지위재에 대한 과도한 경쟁은 학생들의 발달 기회를 저해하는 한편, 지위재를 향한 사교육과 같은 과도한 경제적 부담과 학생들의 장기간의 학업에서 오는 스트레스와 자살과 같은 문제를 발생시킨다.[36]

지위재의 공급이 고정되어 있고 가격이 천정부지로 올라 교육적 무기 전쟁이 일어나고 있는 게 한국의 현실이다. 대학독점체제는 '명문대 학위'를 향한 무한 경쟁을 촉발하여 가계가 사교육을 과도하게 투자하게 함으로써 사회 자체를 불평등한 구조로 만든다. 이런 의미에서 코스키와 라이히는 "교육이 지위재가 되는 정도가 강하면 강할수록, 평등주의가 더욱더 필요하다"고 설명한다.[37] 즉 지위재를 만들어 내는 대학독점체제의 구조적 특징이 사회 불평등을 증가시킨다.

'명문대 학위'의 독점으로 인해 교육적 무기 전쟁은 사교육비 증가로 나타나고, 이것은 한편으로 낭비Waste를 일으키고 다른 한편으로 학부모와 학생들을 착취Exploitation하게 된다.[38] 상대평가로 인한 내신 무한 경쟁은 더욱 어려운 시험문제를 출제하는 경향을 낳고 사교육에 더욱 의존하게 만들며 선행학습을 하게 함으로써 대규모 사회적 낭비가 발생한다. 다른 선진국에서 볼 수 없는 재수, 삼수 비용은 희소한 지위재(명문대 학위)를 차지하기 위한 집단적 낭비로 이어진다.

학부모들의 사교육에 대한 투자는 개인적 차원에서 자녀를 앞서가게 하려는 합리적 행위인 것 같지만 전체적 차원에서는 명문대 학위라는 지위재의 과소 공급으로 사교육 시장에 의해 착취당한다. 왜냐하면 학부모와 학생들은 지위재가 매우 부족한 상황에서 대단히 취약한 위치에 놓이게 되며 다른 대안을 가지고 있지 않기 때문이다. 그들은 고정되어 있는 지위재를 향한 투쟁에서 어쩔 수 없이 '인질'이 된다.

34 Fred Hirsh, 앞의 책, pp. 27~28.

35 Daniel Halliday, "Private Education, Positional Goods, and the Arms Race Problem", *Politics, Philosophy & Economics* 15(2), 2016, p. 152.

36 Daniel Halliday, 위의 글, p. 155.

37 William Koski and Rob Reich, "When Adequate Isn't: The Retreat from Equity in Educational Law and Policy and Why It Matters", *Emory Law Journal* 56(3), 2006, p. 605.

38 Daniel Halliday, 앞의 글, p. 156, 159.

선진국에서 겪고 있는 지위경쟁과 이에 대한 면밀한 관찰과 학습 없이 한국의 많은 사람들이 이제 '학벌'이나 '학위'의 영향력이 줄어들었다고 생각한다. '자본주의' 또는 '돈'이 모든 것을 지배하기 때문에 '학벌'이나 학위의 쓰임새는 현저히 줄었다는 것이다. 이는 대단히 큰 착각 중의 착각이다. 이를 가장 잘 드러낸 사건은 2016년 '학벌없는사회'라는 단체의 해산이다. 18년 동안 이 단체를 운영해 왔지만 별다른 성과를 내지 못하고 이 운동은 중심적인 구성원들도 제 역할을 하지 못해 해산했다. 이들은 한국이 여전히 학벌사회라면서도 권력의 무게가 자본주의로 넘어가서 더 이상 '학벌' 문제에만 치중할 수 없다고 판단했다.

> 학벌사회는 교육에서 비롯하지만 그 본질은 사회 권력의 독점에 있다. 그러나 사본의 독점이 더 지배적인 2016년 지금은 학벌이 권력을 보장하기는커녕 가끔은 학벌조차 실패하고 있다. 학벌과 권력의 연결이 느슨해졌기에 학벌을 가졌다 할지라도 삶의 안정을 유지하기 힘들다. (중략) 학벌사회는 여전히 교육문제의 질곡으로 자리하고 있으나, 더 이상 권력 획득의 주요 기제로 작동하지 않고 있다. 그 긴 시간 학벌없는사회의 이념에 동의하고, 우리 단체를 후원해 주신 많은 분들의 지원에도 불구하고 단체 활동을 중단하게 된 더 현실적인 까닭은 활동을 더 이상 지속할 수 있는 인적인 토대가 고갈되었기 때문이다. 천만씨앗이나 학교 밖 인문학, 월례토론 등의 다양한 활동이 있었지만, 단체 초기부터 함께했던 분들은 활동의 공간을 이전했음에도 새로운 활동가를 세워 내지 못했다.
>
> **- '학벌없는사회' 해산 선언문에서[39]**

당시 영향력 있었던 '학벌없는사회'의 해산은 시민사회에 큰 충격을 주었다. 이 단체 해산의 실질적인 이유는 내부 구성원들의 와해라고 볼 수 있다. 사람이 없으니 조직이 돌아갈 리 없다. 새로운 활동가들은 알바나 직업 전선에 뛰어들어 돈을 벌어야 하니 사회변혁을 위한 시간을 낼 수 없었다.

그런데 이 단체가 해산하면서 학벌이 자본에 종속되어 있고 권력을 보장해 주지 못한다고 주장했다. 학벌보다 노동이 중요하며 학벌이 아니라 자본이 우위에 있다는 말이다. 곧 자본이 독립변수이고 학벌이나 교육은 종속변수라는 뜻이다. 이는 넓은 의미에서 자본주의가 학교를 지배한다는 유사 마르크스주의 교육관이라고 볼 수 있다. 교육과 노동은 분명 관계가 있지만 노동을 우위에 두는 유사 마르크스주의 교육관은 진보진영 내에서 매우 강력하며, 별다른 성찰과 고민 없이 받아들여지고 있다. 이러한 마르크스주의적 교육관은 부르디외 등 많은 학자들이 이미 오래전에 반박했던 시대착오적인 관점이다.

대학입학의 보편화를 예측했던 트로조차도 엘리트 대학들의 위상은 줄어들지 않을 것이라고 보았다. 트로는 대학의 대중화 단계에서조차 엘리트 대학의 위상이 없어지거나 격변하지 않는다고 강조한다. 트로는 "대중화 단계에서 엘리트 대학들은 살아남을 뿐만 아니라 오히려 번성한다. 엘리트 대학들은 대중화 체제 안에서 계속해서 기능한다"라고 말한다.[40] 대학입학의 보편화로 대학입학에서의 양적 기회는 평등해졌으나, 사람들은 질적 기회 곧 명문대로의 입학을 여전히 선호할 것이라고 그는 예측했다. 대학의 보편화 단계에서는 양적 위치경쟁이 아니라 질적 위치경쟁이 심화된다. 특히 명문 대학들이 독점적 위치를 차지하고 있는 한국에서는 더욱 그러하다. 한국에서 학벌은 대단히 중요한 권력이다. 한국 사회에서

39 허프포스트코리아, "'학벌 없는 사회' 단체, 18년 만에 '자진 해산'하다", 2016년 4월 29일.

40 Martin Trow, 앞의 글, p. 19.

성공하려면 SKY 학벌은 필요조건이며, 이것은 이미 여러 통계 자료들에 의해 입증되었다.

경향신문의 조사에 의하면 문재인 정부 2년 동안 청와대, 중앙부처, 4대 권력기관(국정원, 검찰청, 경찰청, 국세청)에 근무하는 장차관, 실장, 국장 등 파워엘리트 중 SKY 출신이 64.2%였다.[41] 이 수치는 이명박 정부 때는 64.8%, 박근혜 정부 때는 50.5%였다. 세계 어느 나라에서도 소수의 학교가 이렇게 막대한 비중의 파워엘리트 집단을 형성하는 곳은 없다. 그러니까 이것은 특정 정권의 문제가 아니라 학벌과 권력 간의 구조적인 문제다. 이는 학부모, 학생, 선생에게 대단히 강력한 신호를 보낸다. 즉 한국 사회의 정상에 오르기 위해서는 SKY를 졸업해야 한다는 신호 말이다.

〈표 1-2〉 최근 5년간 신규 임용 법관 출신 대학 상위 10개 출처: 대법원

순위	출신대	인원수(명)	순위	출신대	인원수(명)
1	서울대학교	239	6	이화여자대학교	13
2	고려대학교	79	7	부산대학교	5
3	연세대학교	50	8	한국과학기술원	5
4	한양대학교	30	9	경북대학교	4
5	성균관대학교	26	10	경찰대학교	4

〈표 1-3〉 2011-2020년 임용 검사 출신 대학 현황(연수원+로스쿨)

대학	인원수(명)	비율(%)	대학	인원수(명)	비율(%)
서울대학교	397	30.03	이화여자대학교	50	3.78
고려대학교	247	18.68	국립경찰대학교	22	1.66
연세대학교	203	15.36	서강대학교	22	1.66
성균관대학교	101	7.64	경북대학교	21	1.59
한양대학교	79	5.98	중앙대학교	20	1.51

신동근 의원이 대법원에서 제출받은 자료에 의하면 최근 5년간 신규 임용된 법관들의 출신 대학 상위 10개 대학에서도 SKY 출신의 숫자는 압도적이었다.[42] 서울대가 239명, 고려대 79명, 연세대 50명, 한양대 30명, 성균관대 26명이다. 이에 반해 지방대 중에서는 부산대 5명, 경북대 4명이다. 5년간 임용된 법관 455명 중 SKY 출신이 80%가 넘는다. 최근 10년간(2011~2020년) 임용된 검사 847명 중에서도 SKY 출신이 전체의 64.1%나 된다.[43] 독점을 넘어 독재라는 표현이 맞다. 즉 지위경쟁이론에서 말하는 극단적이고 야만적인 '사회적 폐쇄Social Closure'가 21세기 민주국가인 한국에서 버젓이 벌어지고 있다. 이러니 학생들은 재수와 삼수를 해서라도 SKY에 들어가고자 발버둥을 친다.

많은 사람들이 학벌은 이제 자본의 시녀가 되었다고, '돈'이 최고지 학벌은 종속변수라고 말한다. 이러한 생각은 일종의 유사 마르크스주의적 교육관이다. 돈만 많으면 학벌 따위는 중요하지 않다는 생각이다. 나의 책 『지배받는 지배자: 미국 유학과 한국 엘리트의 탄생』은 한국에서 최고 부자들이 학벌에 목매는 사실을 밝힌다.[44]

> 한국 주요 기업들의 CEO나 임원에게 미국 학위는 필수적인 문화자본이 되어 가고 있다. 경영 승계가 본격적으로 이루어지고 있는 재벌 후계자들의 학력은 이를 여실히 보여 준다. KBS 뉴스 보도에서 경

41 경향신문, "문재인 정부 2년, 파워엘리트 'SKY 쏠림' 심화", 2019년 5월 8일.

42 파이낸셜뉴스, "최근 5년간 신규 임용 법관 중 절반은 서울대 출신", 2020년 10월 5일. 〈표 1-2〉는 이 기사에서 가져왔다.

43 법률저널, "최근 10년간 임용 검사 1,322명, 출신 대학을 보니…", 2020년 11월 25일. 〈표 1-3〉은 이 기사에서 가져왔다.

44 김종영, 앞의 책, 222쪽.

영 능력을 평가하기 위해 선정한 11명의 재벌 후계자 중 10명이 미국 유학파였는데, 그 면면은 다음과 같다. 삼성 이재용(하버드대 경영학 박사과정 수료), 현대자동차 정의선(샌프란시스코대 경영학 석사), 롯데 신동빈(컬럼비아대 경영학 석사), 한진 조원태(서던캘리포니아대 경영학 석사), 금호 박세창(MIT 경영학 석사), 대림 이해욱(컬럼비아대 응용통계학 석사), OCI 이우현(펜실베이니아대 경영학 석사), 효성 조현준(예일대 정치학 학사).

한국 최고의 부자들은 SKY를 넘어 세계 최고의 학위라고 평가받는 미국 학위를 추구한다. 곧 이들에게 학벌은 대단히 중요하다. 왜냐하면 첫째, 글로벌 기업의 리더로서 인정받기 위해서는 우수한 학벌을 가져야 한다. 소위 '문화적 헤게모니' 없는 재벌은 직원들과 기업을 이끌 수 없다. 둘째, 재벌들끼리의 사교집단은 상당 부분 미국 문화와 영어로 이루어진다. 즉 한국 최고의 부자들은 미국에 집이 있고 아이들을 미국에서 교육시키며 학벌에 대단히 큰 에너지를 쏟는다. 부르디외가 말하듯 한 인간의 능력은 경제자본(돈)뿐만 아니라 문화자본(학위)과 사회자본(연줄)의 종합으로 구성되어 있다.[45] 한국 최고의 부자라고 하더라도 돈만으로 되지 않는다. 학위(문화자본)를 통한 네트워크(사회자본)를 갖추어야만 이너서클이 된다. 따라서 자본이 최우선이고 모든 것이라는 유사 마르크스주의적 사고는 교육학과 교육사회학에서 이미 수십 년 전에 반박된 낡은 사고방식이다.

연구중심대학의 승리: 대학사회학의 기술기능론

지위경쟁이론에 대한 이해 없이 한국의 대학서열체제를 이해하는 것은 불가능하다. 사회적 지위는 '상대적'인 것이며 이는 일종의 제로섬 게임이다. 한국이 1인당 국민소득 3만 달러가 넘었는데도 헬조선이 된 가장 중요한 이유 중 하나는 서울이라는 공간권력과 SKY라는 학벌권력의 독점체제에서 기인하는 강도 높은 경쟁과 이 경쟁에서 탈락한 패배감 때문이다.

하지만 지위경쟁이론이 보충해야 할 지점은 사회적 지위를 부여하는 대학이 얼마나 독점적으로 구조화되어 있는가이다. 베버주의 지위경쟁이론과 부르디외의 문화자본론이 전 세계적으로 어필하는 것은 세계 어디서도 지위경쟁이 존재하기 때문이다. 예를 들어 계급구조가 자본가와 노동자로 이분화되어 있다고 할지라도 정규직이라는 노동자의 지위와 비정규직이라는 노동자의 지위는 다르다. 따라서 지위경쟁이론에 의해서 노사 갈등뿐만 아니라 노노 갈등도 충분히 설명될 수 있다.

전 세계적으로 지위경쟁이 존재하지만 왜 한국만 이렇게 극단으로 치닫는가라는 문제에 봉착한다. 이는 한국의 대학체제가 독점체제의 끝판왕이라는 점과 연결된다. 다른 나라에도 지위권력인 대학이 불평등을 만들어

45 Pierre Bourdieu, "The Forms of Capital", in John Richardson(ed.), *Handbook of Theory and Research for the Sociology of Education*, Westport: Greenwood Press, 1986, pp. 241~258.

내지만 불평등을 만들어 내는 정도는 국가마다 다르다. 가령 프랑스는 엘리트 학교인 그랑제콜이 전국적으로 분포되어 있지만, 독일 대학은 평준화로 프랑스보다 대학이 지위권력을 독점하지 않는다. 지위경쟁이론은 대학이 국가별로 어떻게 구조화되어 있는지에 관심을 기울이지 않는다.

지위경쟁이론이 주로 학위의 문화적 가치를 강조한다면 기술기능이론은 학위의 경제적 가치를 강조한다. 대학은 사회적 지위를 부여할 지위권력일 뿐만 아니라, 창조권력으로서 경제적 생산성을 높여 직업을 결정하는 데 중요한 역할을 한다. 따라서 기술기능이론은 인적자본론을 포함하고 있는데, 대졸자가 고졸자보다 대학을 통해 가치 있는 기술이나 지식을 익혀 회사에서 더 높은 생산성을 보인다고 설명한다. 창조권력으로서의 연구중심대학은 학문자본이 집중된 곳으로 학생들에게 더욱더 가치 있는 기술과 지식을 가르친다. 뿐만 아니라 스탠퍼드와 실리콘 밸리의 예에서 볼 수 있듯이 대학 자체가 일자리와 경제를 창출한다. 대학은 학문의 전당인 동시에 지식경제의 엔진이다. 따라서 현대의 대학은 '연구중심대학의 승리'로 요약될 수 있다.[46]

연구중심대학의 기원은 19세기 독일 대학으로 거슬러 올라간다. 20세기 초까지만 해도 독일 대학은 세계 최고 수준이었으며, 이를 바탕으로 독일은 급속한 과학기술 발전과 경제성장을 이루었다. 미국의 연구중심대학은 독일 대학을 모델로 19세기 말부터 만들어졌으며 1, 2차 세계대전을 거치면서 급격하게 성장했다.

2차 대전 전후로 미국의 연구중심대학은 유럽에서 헤게모니를 빼앗아 오는데, 미국의 연구중심대학에 자극을 받은 세계의 대학들은 거의 모두 이 모델을 따르게 된다. 연구중심대학이 막대한 경제적 가치를 창출하기 때문에 각국은 앞다투어 연구중심대학에 대대적인 지원을 하고 있다. 따라서 지위경쟁이론이 설파하는 대학의 문화적 지위와 기술기능이론이 설파하는 대학의 창조적/경제적 지위를 동시에 파악해야만 엘리트 대학의 위치를 알 수 있다.

우리가 아는 거의 대부분의 명문 대학들은 연구중심대학이다. 하버드, 버클리, 옥스퍼드, 케임브리지, 스탠퍼드, 칼텍, 일리노이, 텍사스-오스틴, 미시간 등의 대학들은 전부 연구중심대학이다. 왜 연구중심대학이 교육중심대학이나 직업중심대학보다 상위에 랭크되는가? 새로운 지식을 개발하고 세계를 바꾸는 창조권력이기 때문이다.

가장 많이 회자되는 사례는 스탠퍼드 대학교다. 스탠퍼드 대학교 교수진의 연구에 의하면 스탠퍼드 졸업생들이 세운 회사는 39,000개이고 이 회사들은 540만 개의 일자리를 창출했으며 1년에 3,100조($2.7 Trillion)의 매출을 올리고 있다.[47] 스탠퍼드 졸업생들이 세운 유명한 회사에는 구글, 시스코, 휴렛-팩커드, 나이키, 야후, 갭, 찰스 스왑, 넷플릭스, 엔비디아 등이 있다.

창조권력으로서의 연구중심대학의 승리를 스탠퍼드만큼 잘 입증하는 대학도 없다. 실리콘 밸리는 3차 산업혁명을 이끌었으며 전 세계 기업, 대학, 국가의 최고 모델이 되었다. 스탠퍼드 대학교가 없었다면 실리콘 밸리도 없었을 것이다. '지식경제'에서 가장 중요한 인재들을 스탠퍼드가 길러냈기 때문이다.

나는 종종 한국 정부의 고위 관료들을 만나서 이야기할 기회가 있는데 이들의 교육에 대한 인식은 대단히 고리타분하고 후진적이다. 이들은 '대학은 사양 산업'이라는 인식이 강하며 대학에 투자하려 하지 않는다. 대학

46 Randall Collins, *The Sociology of Philosophies: A Global Theory of Intellectual Change*, Cambridge, MA: Harvard University Press, 1998, p. 783.

47 Charles Eesley and William F. Miller, *Impact: Stanford University's Economic Impact via Innovation and Entrepreneurship*, 2017. Available at SSRN: https://ssrn.com/abstract=2227460 or http://dx.doi.org/10.2139/ssrn.2227460

은 사양 산업이 아니라 한국의 미래가 걸린 미래 산업이다. 문제는 미래 산업의 중심인 연구중심대학을 한국이 얼마나 많이 보유하느냐는 것이다. 미국대학체제가 세계 최고가 된 가장 중요한 이유는 탁월한 연구중심대학을 세계에서 가장 많이 갖고 있고 이들이 전국적으로 퍼져 있고 서로 경쟁하기 때문이다.

연구중심대학은 탁월한 교수진, 연구실, 도서관, 체육관 등 방대한 인프라를 기반으로 하기에 대단히 비싸다. 예를 들어 스탠퍼드 대학교의 1년 예산(2020~2021)은 7조 6,000억 원($6.6 Billion), 하버드는 6조 2,000억 원($5.4 Billion), 예일은 4조 9,000억 원($4.27 Billion), MIT는 4조 5,000억 원($3.9 Billion), UC 버클리는 3조 4,000억 원($3.0 Billion), 일리노이-어바나는 3조 4,000억 원($3.0 Billion), 텍사스-오스틴은 3조 4,000억 원($3.0 Billion), 위스콘신-매디슨은 3조 9,000억 원($3.4 Billion) 등이다. 미국의 연구중심대학 중 유명한 사립대는 5조 원 내외, 주립은 3조 원 내외다. 이를 한국의 대학들과 비교해 보면 흥미로운 점을 발견할 수 있다.

서울대의 1년 예산을 다른 해외 대학과 비교한 자료를 인용해 보자. "서울대가 분석한 비교 자료에 따르면 2018년 기준 서울대의 총 재정은 1조 5,000억 원으로 도쿄대(2조 1,020억 원), 싱가포르국립대(2조 7,245억 원), UC 버클리대(3조 4,586억 원) 등에 미치지 못한다."[48] 서울대는 한국 최고의 연구중심대학이다. 서울대 관계자는 해외 대학과 비교하여 서울대 예산이 부족함을 언론에 호소하고 있다. 서울대가 세계 최고의 대학이 되기 위한 목표라는 점을 염두에 둔다면 이는 어느 정도 설득력이 있다.

대학의 연구능력을 중심으로 보는 Academic Ranking of World Universities(ARWU, 2021년 발표 기준)에 의하면 하버드 1위, 스탠퍼드 2위, MIT 4위, UC 버클리 5위, 예일 11위, 위스콘신-매디슨 31위, 텍사스-오스틴 41위, 일리노이-어바나 55위다. 서울대 관계자가 비교하는 도쿄대는 24위, 싱가포르국립대는 75위다. 반면 한국의 서울대는 101~150위, 연세대, 고려대, 성균관대, 한양대는 201~300위, 경희대는 401~500위, 중앙대는 701~800위다. 이런 지표들이 명확하게 보여 주는 것은 그 학교의 수준이 바로 돈이라는 사실이다. 물론 그 학교의 명성과 실력은 돈 이외에도 아카데믹 전통(지표 구성상 노벨상 수상자를 많이 보유한 대학들이 유리하다. 가령 비슷한 예산이라도 노벨상 수상자를 많이 보유한 도쿄대가 싱가포르국립대보다 순위가 높다), 공대와 의대 보유 여부(지표 계산상 공대와 의대 교수들의 연구 생산성이 다른 분야보다 높다), 구성원의 실력(비슷한 예산이라도 실력이 월등한 교수진을 보유한 대학의 순위가 높다) 등이 영향을 미치지만 대학의 명성과 실력을 결정짓는 가장 중요한 요소는 바로 예산이다. 스탠퍼드의 예산은 서울대의 5배, 하버드의 예산은 서울대의 4배, 버클리의 예산은 서울대의 2.3배이기 때문에 서울대가 이들 대학 수준을 넘어서기는 불가능하다. 이 책에서 주장하듯이 서울대 10개를 만들려면 나머지 9개 대학에 서울대에 버금가는 예산을 투자해야 한다. 연구중심대학에는 막대한 예산이 필요하다.

서울대와 비교하여 지방거점국립대의 예산은 얼마인지 살펴보자. (2020년 기준): 부산대 7,844억 원, 경북대 5,806억 원, 전남대 5,289억 원, 전북대 5,189억 원, 강원대 4,186억 원, 충남대 4,133억 원, 충북대 3,664억 원, 제주대 2,907억 원, 경상대 2,619억 원.[49] 서울대 예산은 부산대보다 1.96배, 전남대보다 2.91배, 경상대보다 5.88배 많다. 상황이 이러할지니 지방대가 연구중심대학이 되는 것은 현재의 예산 수준으로는

48 매일경제, "서울대 해외서 제대로 평가 못 받아… 재정 1조 늘려 톱10 경쟁", 2020년 7월 1일.

49 국공립대의 예산은 대학알리미(academyinfo.go.kr)로부터 가져왔고 사립대의 예산은 한국사학진흥재단 대학재정알리미(uniarlimi.kasfo.or.kr)에서 가져왔다.

불가능하다. 연세대·고려대와 비교해도 지방거점국립대와는 평균적으로 3배 정도 차이가 난다. 따라서 전국의 모든 학생들이 서울의 명문대로 진학하는 이유는 명확하다. 그것은 대학 예산의 차이이며 이것은 명성과 실력의 차이로 여실히 드러난다. 한마디로 지방대는 전혀 매력적이지 않은 곳이다.

우리의 목표는 서울대와 같은 연구중심대학 10개를 전국에 만드는 것이다. 이 책에서 제시하는 대안은 연구중심대학 10개로 구성된 캘리포니아대학체제를 벤치마킹하는 것이다. 이 대학체제는 UC 버클리, UCLA, UC 샌디에이고, UC 샌프란시스코 등 세계적인 명문 주립대들로 이루어져 있다. 이들은 공립이지만 미국의 어느 사립대학보다 명성이 뒤떨어지지 않는다.

캘리포니아대학체제의 설계자는 『대학의 효용』의 저자이자 총장이었던 클라크 커어Clark Kerr다. 마틴 트로는 커어를 "20세기에 가장 탁월한 대학 총장"[50] 이라고 평가했고 과학사회학자 조나단 콜Jonathan Cole은 커어 총장이 "미국 대학의 이념에서 가장 중요한 진보를 만들었다"[51] 라고 평가했다. 도대체 커어의 기여는 무엇이었나? 그것은 '캘리포니아 아이디어'를 대학체제에 현실적으로 적용시킨 데 있다.[52] 1960년대는 2차 대전 이후 평등과 기회의 가치가 팽배한 낙관주의가 지배했다. 캘리포니아 아이디어는 탁월성, 공공성, 기회와 접근의 평등을 동시에 성취하자는 개념이었다. 캘리포니아대학체제는 공적인 연구중심대학을 캘리포니아 전역에 구축함으로써 '학문적 탁월성'을 이루었을 뿐만 아니라 주 정부가 이 대학들의 재정을 지원함으로써 '대학의 공공성'과 '기회와 접근의 평등'을 성취했다. OECD는 캘리포니아대학체제가 기회의 평등을 성취했을 뿐만 아니라 연구, 교육, 직업훈련 모두를 훌륭하게 수행했다고 평가했다.[53]

한국 대학체제와 캘리포니아대학체제의 차이점은 이제 확연하게 드러난다. 거점국립대에서 서울대만이 연구중심대학으로 학문적 탁월성을 유지하는 데 반해, 나머지 9개 대학은 비연구중심대학으로 학문적으로 탁월하지 못하다. 한국 대학체제가 서울대 중심의 피라미드 구조라면 캘리포니아대학체제는 전 지역에 10개의 연구중심대학을 만듦으로써 기회와 접근의 평등을 이루었다. 캘리포니아대학체제는 전 세계 국가들이 모델로 삼지만 한국 대학체제는 비효율적, 반공공적, 반경쟁적인 체제로서 세계 최악의 대학 모델이 되었다.

50 Martin Trow, *From Mass Higher Education to Universal Access: The American Advantage*, Research and Occasional Paper CSHE 1.00, Berkeley, CA: Center for Studies in Higher Education, University of California Berkeley, 2000, p. 138.

51 Jonathan Cole, *The American University: Its Rise to Preeminence, Indispensable National Role, Why it Must Be Protected*, New York: Public Affairs, 2009, p. 145.

52 John Douglass, *The California Idea and American Higher Education: 1850 to the 1960 Master Plan*. Stanford, CA: Stanford University Press, 2000.

53 John Douglass, 위의 책, pp. 311~312.

교육의 사회물리학(Socio-Physics): 병목사회론

왜 한국만 교육지옥인가? 그 이유는 아주 간단하다. 모든 학생들이 서울에 위치한 SKY에 입학하기를 원하기 때문이다. SKY가 사회적 지위를 보장해 주며 나머지 지방대들은 예산이 너무 적고 지위가 낮기 때문에 모두 서울로 향한다. 도로는 대단히 좁은데 모든 차들이 그 도로로 가기를 원한다. 곧 한국의 교육지옥은 대학병목현상 때문에 발생한다. 당신이 학벌의식이 있든 없든 상관없이 굴러간다. 이것은 고속도로와 같아서 극심한 병목현상 때문에 대입에서 과열 현상이 발생하고, 우리는 교육과 매우 과열된 관계를 갖게 된다. 처음부터 끝까지 머리를 굴려야 하며 끼어들기(부정행위), 과속(선행학습), 샛길 찾기(다양한 대입 전략)가 판친다. 고속도로를 하나만 만들어 놓고 모든 차들을 그쪽으로 가라고 하니 탈이 날 수밖에 없다. 이것은 사회학이라기보다는 차라리 물리학이다. 정확하게 말해서 사회적 지위를 얻기 위한 고속도로가 하나밖에 없기 때문에 이것은 사회물리학Socio-Physics이다.

한국인은 병목사회에 살고 있다. 병목사회란 "사람들이 건너편에 펼쳐진 광범위한 기회에 도달하기 위해 통과해야만 하는" 지점이 좁은 사회를 의미한다.[54] 기회균등의 관점에서 병목사회론은 공정성의 문제만이 아니라 기회를 분배하고 통제하는 구조적 특성에 초점을 둔다. 버나드 윌리엄스의 '전사 사회'의 설명처럼 우리 대부분은 '공정한 시합'에 관심을 기울이고 다양한 기회구조를 만들어 줄 생각을 하지 못한다. 개천용 학파는 '공정한 시합'에 관심을 기울이고, 서울대 10개 만들기는 '다원기회구조'에 관심을 기울인다. 만 18세에 치르는 한 번의 시험이 인생의 중요한 경력이나 직업을 결정하는 것은 한국과 같은 '중요한 시험 사회'의 특징이다. 이 사회는 '단일기회구조'를 가지는데, 이것은 '전사 사회'와 유사하다.

> 중요한 시험 사회는 당연히 전사 사회와 여러 가지 공통점이 있다. 사람들이 서로 다른 목표를 추구한다 하더라도, 모두 다 중요한 시험에 노력(그리고 자녀에게 줄 수 있는 모든 유리한 조건)을 집중시킨다. 모든 가능성이 이 시험의 결과에 좌우되기 때문이다. 이런 시험은 내가 말하는 이른바 '병목', 즉 높이 평가되는 광범위한 목표를 성공적으로 추구하기 위해서는 반드시 통과해야 하는 기회구조의 좁은 지점의 극단적인 사례이다.[55]

SKY의 지위권력 독점은 단일기회구조를 형성하고 이는 중요한 시험 사회를 만든다. 이를 극복하려면 대학체제 자체를 '다원기회구조'로 만들어야 한다. 따라서 이 책의 목표인 서울대 10개 만들기는 어떻게 기회를 다원적으로 구조화시킬 것인가라는 문제에 천착한다. 이러한 목표는 "어떻게 기회를 균등화할 수 있는가, 또는 기회가 균등한 상태를 어떤 식으로 정의해야 하는가라"는 질문보다 더 범위가 넓다.[56] 왜냐하면 이는 '기회균등'이 아니라 '기회구조의 균등'을 목표로 하기 때문이다.

기회구조의 관점에서 대학이 직업과 소득을 결정하는 가장 중요한 사회적 기제이기 때문에 우리는 이 책에서 대학이라는 병목에 초점을 둔다.

54 조지프 피시킨, 『병목사회』, 유강은 옮김, 문예출판사, 2016, 12쪽.

55 조지프 피시킨, 위의 책, 32쪽.

56 조지프 피시킨, 위의 책, 27쪽.

병목사회는 곧 독점사회를 의미하는데, 기회를 얻기 위해 그 좁은 지점이 구조적으로 독점되어 있기 때문이다. 가령 한국에서 좋은 직장을 잡으려면 서울의 명문대를 나와야 하고, 이때 이것은 일종의 병목이자 독점으로 작용한다.

병목체제에서 엘리트 대학의 지위권력 독점은 교육 불평등을 낳는 핵심적인 기제가 된다. 현대사회가 대학을 통한 지위권력의 독점이라는 보편적인 현상을 겪고 있지만, 그 정도에는 차이가 있다. 가령 독일, 핀란드, 네덜란드, 스웨덴 등의 유럽 국가에서는 대학이 평준화되어 있어서 엘리트 대학의 병목이 발생하지 않는다. 따라서 국제비교를 통해 대학이 제공하는 기회구조가 단일한지 아니면 다원적인지를 파악하는 것은 기회구조를 더 넓히기 위한 대학개혁 구상에 중요하다.

기회구조로서의 대학병목체제는 분석적으로 대학병목, 공간병목, 시험병목, 계급병목, 그리고 직업병목으로 나뉠 수 있다. 〈표 1-4〉는 이를 체계적으로 정리한 것이다.

〈표 1-4〉 대학병목체제의 구조

병목의 종류	병목의 문제점	설명
대학병목	지위권력의 독점	엘리트 대학의 집중 정도: 대학체제의 독점화(한국식), 다원화(미국식), 평준화(유럽식)
공간병목	공간권력의 독점	엘리트 대학의 지리적 집중
시험병목	평가권력의 독점	줄 세우기 교육: 상대평가 기반의 내신, 표준성취시험(수능)
계급병목	계급권력의 독점	대학병목을 통과하기 위한 수단으로서의 돈 (사교육비와 대학등록금)
직업병목	직업권력의 독점	정규직, 고임금을 받기 위한 노동시장과 학위와의 관계

대학병목은 엘리트 대학들의 지위권력 독점으로 인해서 생긴다. 현대 사회에서 대학 학위는 사회 구성원에게 지위재Positional Good를 제공하며, 특히 엘리트 대학은 학생들에게 상대적으로 높은 사회적 지위를 부여하기 때문에 이들이 지위권력을 독점한다고 볼 수 있다. 가족들과 학생들은 명문 대학에 진학하기 위해 지위경쟁에 뛰어든다. 하지만 이 지위경쟁은 국가마다 다르게 나타나는데 가령 한국에서는 SKY에 들어가기 위한 치열한 경쟁(독점화)이 유년기부터 시작된다. 미국은 엘리트 대학의 전국적 분포로 인해(다원화) 지위경쟁이 한국보다 훨씬 덜하며, 독일은 대학이 평준화되어 있기 때문에 특정 엘리트 대학 입학을 위한 경쟁이 없다(평준화).

공간병목은 엘리트 대학이 특정한 도시 또는 지역에 몰려 있는지 여부다. 한국은 엘리트 대학 80%가 서울에 집중되어 있는데, 미국, 영국, 프랑스, 독일은 전국적으로 퍼져 있다. 공간병목은 부동산 가격과도 밀접하게 연관되어서 학군이 좋은 동네일수록 부동산 가격이 비싸다.

한국이 그 정도의 차이가 가장 심한 편이다. 가령 세계의 금융 중심가는 그 도시에서 가장 부동산이 비싼데, 한 예로 미국의 뉴욕 금융가가 위치한 맨해튼Manhattan이나 영국 런던의 금융가인 시티오브런던City of London은 그 도시에서 가장 부동산이 비싼 지역이다. 하지만 한국은 학원이 밀집한 목동이 금융가가 위치한 여의도보다 집값이 비싼데, 이는 한국에서 교육이 부동산에 얼마나 큰 영향을 끼치는지를 보여 주는 예다. 엘리트 대학의 공간적 분포는 교육을 통한 지위경쟁에서 강력한 사회적 폐쇄Social Closure로 작동한다. 가령 서울처럼 생활비가 비싸고 엘리트 대학 진학을 위한 사교육비가 많이 드는 경우 공간병목이 극심하다고 볼 수 있다.

엘리트 대학은 주로 도시에 위치하는데 도시는 발전을 위해 인재를 끌어모으는 자석이다. 『도시의 승리』의 저자 에드워드 글레이저는 세계적인 도시의 공통점은 거의 존재하지 않지만 단 하나의 공통점이 있는데 그것은 탁월한 인적 자본과 대학의 보유라고 말한다.[57] 한국의 경우 탁월한 인적 자본과 대학의 소재지가 서울이라는 점에서 다른 국가들보다 공간병목이 극심하다. 공간병목은 또한 대학 졸업 후 임금이 높은 직장의 공간적 위치와도 결부된다. 이런 직장들이 특정 지역에 집중되어 있다면 공간병목이 더욱 심해진다.

시험병목은 시험제도 자체가 대학 진학이라는 기회로 가는 데 어느 정도의 병목으로 작용하는지에 따른다. 대입제도는 내신성적과 대입시험으로 나뉘며 내신성적에서 미국, 영국, 독일, 프랑스는 절대평가를 하고 한국은 유일하게 상대평가를 한다. 상대평가의 문제점은 학생의 학력 수준과 관계없이 상대적 위치에 따라 일렬로 세우는 것이다. 그러므로 한국의 상대평가 내신은 극심한 시험병목을 유발한다. 대입시험은 한국이 수능, 미국은 SAT 또는 ACT, 유럽은 논술시험이다. 한국 수능이 고등학교 전 과정을 배워야만 풀 수 있는 표준성취시험인 반면, 미국의 SAT나 ACT는 이 과정을 거치지 않아도 풀 수 있는 IQ 테스트와 비슷한 표준능력시험이다.[58] 유럽은 논술시험을 통과하면 입학할 수 있어 의대와 법대 등과 같은 인기 학과가 아니라면 비교적 쉽게 대학에 진학할 수 있다. 따라서 국가별로 내신성적과 대입시험을 중심으로 시험병목의 심각성 여부를 알 수 있다.

계급병목은 부모의 사회경제적 지위(또는 계급)가 자녀의 대학입시와 대학 진학에 얼마나 불평등하게 나타나느냐의 문제다. 부모의 경제자본이 자녀의 문화자본(학위)으로 전환되는 논리는 부르디외를 비롯한 네오베버주의에서 수십 년 동안 밝혀 왔다. 계급병목은 대학 진학을 위한 교육비 특히 사교육비와 대학등록금을 통해 알 수 있다. 한국은 한 해 사교육비가 30~40조 원에 달해 세계 1위다. 대학등록금의 경우 미국, 영국, 한국은 높은 액수를 가족과 학생에게 부담시키고 프랑스와 독일은 무료에 가깝다.

직업병목은 정규직 고임금을 받는 노동시장과 학위의 관계를 말한다. 한국에서는 대기업 정규직의 임금이 중소기업 비정규직보다 월등히 높으며, 이러한 직장은 주로 서울에 위치하고 서울 명문대의 학위를 요구한다.

전 세계적으로 대졸자는 고졸자보다 평균 40% 내외의 임금을 더 받는다. 대학 학위자가 상대적으로 높은 임금을 받는 것은 보편적인 현상이다. 여기서 중요한 점은 고졸자나 전문대학 학위자도 중산층의 생활을 영위할 수 있는 노동시장의 질과 구조이다. 대학병목체제를 아래와 같이 국제비교를 통해 살펴보면 왜 한국이 세계 최악의 교육체제인지가 드러난다.

〈표 1-5〉 대학병목체제의 국제비교

국가	대학병목	공간병목	시험병목	계급병목	직업병목
한국	상	상	상	상	상
미국	중	하	하	중	중
영국	중	중	중	중	중
프랑스	중	하	하	중	하
독일	하	하	하	하	하

한국 대학의 극심한 병목을 해결하려면 그 처방이 복합적이어야 한다. 대학병목과 공간병목을 해소하기 위해서 '서울대 10개 만들기'라는 대안을 제시한다. 각 지역에 서울대 수준의 대학이 있으면 이는 서울로 독점된 교육 인프라를 전국 각지에 분산시킬 수 있다. 이렇게 된다면 대학교육의 탁월성과 기회와 접근의 평등을 동시에 이룰 수 있다. 시험병목의 해소를 위해서는 현행 상대평가로 이루어지는 내신을 절대평가로 바꿀 필요가 있다. 선진국 대부분이 절대평가를 시행하여 학생들의 관심과 수준에 맞는

57 에드워드 글레이저, 『도시의 승리』, 이진원 옮김, 해냄, 2011, 395쪽.

58 김영석, 『한국의 교육: 모순의 근원과 대안』, 경상대학교출판부, 2017, 166쪽.

다양한 교육과정을 제공하고 있다. 계급병목의 해소를 위해서는 사교육비 감소와 대학무상교육을 제안한다. 사교육비는 정부가 인위적으로 조정할 수 없고 이해 당사자들이 많아 정책 설계를 하기가 쉽지 않다. 하지만 대학무상교육은 한국의 경제 규모로 보았을 때 정치적 결단만 있으면 바로 시행할 수 있다. 직업병목은 탁월한 직업교육의 제공과 노동시장 구조의 변화로 이루어질 수 있다. 따라서 나는 다음과 같은 복합적 처방을 제시한다.

〈표 1-6〉 교육다원체제를 위한 핵심 처방 패키지

병목의 종류	핵심 처방	목표
대학병목	서울대 10개 만들기	대학의 상향평준화, 학벌체제 타파(지위권력의 민주화), 창조권력의 다원화와 극대화
공간병목	서울대 10개 만들기	지역균형발전, 접근과 기회의 평등, 지역혁신체제 구축
시험병목	절대평가 학점제	교육과정과 시험평가의 다원화, 학교 내 경쟁 약화, 학생 발달 기회의 다원화
계급병목	대학무상교육	젊은 세대를 위한 보편적 복지, 교육의 평등 실현, 미래 세대와 경제를 위한 투자
직업병목	탁월한 직업교육, 전문대 무상교육	학위에 따른 노동시장 차별 개선, 노동시장의 양극화 해소, 전문기술직의 지위 향상

위의 핵심 처방 패키지에서 나는 '서울대 10개 만들기'에 초점을 맞춘다. 이전의 개혁안은 '최대주의자' 전략을 취했는데, 너무 많은 것을 고쳐야 했기 때문에 정치권과 시민사회에서 엄두를 내지 못했다. 또한 이런 광범위한 개혁에는 이해관계가 너무나 많이 얽혀 있어 이해 당사자들을 설득시키기 어렵다. 특히 나는 이 책에서 대학입시와 대학개혁을 완전히 분리시켜 대학입시에 대한 해결책을 제시하지 않는다. 누누이 강조하듯이 '입시'를 끌어들이는 순간 대학개혁은 수렁에 빠진다. 왜냐하면 입시를 둘러싼 이해관계가 첨예해서 이것을 논의하는 순간 각자가 단기적 이해관계에 빠

져 대학개혁의 방향을 좌초시킬 가능성이 크기 때문이다. 가령 계층과 지열별로 학부모의 학생부종합전형, 수능정시, 학생부교과전형에 대한 선호도가 다르다. 강남 일반고 학부모는 정시 확대, 강남을 제외한 일반고 학부모는 학종, 지방 학부모는 학생부교과 확대를 선호해서 입시개혁에 손대는 순간 수많은 이해 당사자들의 이전투구가 벌어진다.

이 책에서 단호하게 말하듯이, 입시는 원인이 아니라 결과이기 때문에 나는 결과에 대해서 손을 대지 않는다. 대학개혁 후에 입시를 개혁해야 한다. 대학개혁 전에 입시를 다루는 것은 대학개혁을 수렁으로 빠뜨리는 길이다. 또한 입시파는 대학을 지위권력으로만 보고 창조권력으로 보지 못하는 외눈박이 대학관을 가졌다. 서울대 10개를 만드는 것은 단지 지위권력의 평준화뿐만 아니라 연구중심대학이라는 창조권력을 전국적으로 다원화시키는 데 그 목적이 있다.

서울대 10개 만들기를 전면에 내세운 것은 교육개혁가들이 내놓는 정책이 무슨 뜻인지 언론, 정치인, 시민사회가 도무지 알아듣지 못한다는 점 때문이다. 나는 전략적으로 이 개혁을 좀 더 쉽게 시민, 정치권, 언론에 전달하기 위해서 '서울대 10개 만들기'라는 직관적이고 호소력 있는 정책을 제안한다. 나는 무엇보다도 모든 문제를 풀려고 하지 않고 가장 중요한 문제를 풀려고 이 책을 쓴다. 가장 중요하고 어려운 이 문제, 즉 대학서열체제가 해소되면 나머지 부분들도 자동적으로 비교적 쉽게 해결될 것이라고 예상하기 때문이다. 이 책은 서울대 10개 만들기 정책에 집중하되, 보조적으로 대학무상교육에 대해 별도의 장 하나를 구성한다. 전자는 특정한 학생들과 대학들에 혜택이 가는 문제이지만 대학무상교육은 모든 학생과 대학에 혜택이 가기 때문이다. 따라서 이 책은 대학개혁의 원투펀치로 '서울대 10개 만들기'와 '대학무상교육'을 제시한다.

2장

교육지옥은 대학병목체제 때문에 발생한다

대학체제의 세 가지 모델: 평준화, 다원화, 독점화

세계 여러 나라는 역사, 구조, 문화가 다른 만큼 대학체제도 모두 다르다. 이 책의 중심 주제인 '왜 한국만 교육지옥인가?'라는 물음에 대한 답은 '대학병목체제 때문'임을 1장에서 설명했다. 이제 이를 좀 더 구체적으로 설명하고자 하는데, '대학통합네트워크'에 대한 오해를 바로잡아야 하기 때문이다.[59] 대학통합네트워크는 유럽식 대학 모델, 특히 프랑스의 파리 대학 모델을 따르는 것으로 알려졌다. 그래서인지 전문가, 일반인, 언론인 사이에 극심한 혼란이 발생했다. 왜냐하면 프랑스 고등교육은 평준화된 대학(유니베르시테)과 엘리트 고등교육기관인 그랑제콜로 이분화되어 있기 때문이다. 따라서 대학통합네트워크 반대자들은 계속해서 그랑제콜을 언급하면서 지난 17년 동안 대학통합네트워크를 비판해 왔다. 결론적으로, 이 책에서 제안하는 '서울대 10개로 구성된 대학통합네트워크'는 프랑스 대학 모델이 아니다. 이것은 10개의 연구중심대학으로 이루어진 캘리포니아대학체제University of California System, UC System를 벤치마킹한 것이다. 캘리포니아대학체제는 지위권력의 상향평준화와 창조권력의 다원화를 가장 잘 보여 주는 모델이기 때문이다.

이 책은 대학체제를 크게 유럽식 평준화 모델, 미국식 다원화 모델, 한국식 독점화 모델로 나눈다. 나는 이를 베버식의 이념형Ideal Type으로 취급한다. 이념형은 특정 관점을 가지고 무수히 다른 사례들의 분석을 위해 특정한 부분을 강조하는 분석적 구성물이다.[60] 이념형은 현상을 실천적으로 이해할 때 유용한데 특히 비교사회학적 측면에서 현상의 독특한 특성을 이해할 때 유용하다. 즉 '대학서열'의 관점에서 서열의 유무, 경직성, 편재성을 기준으로 위와 같은 세 가지 이상형을 제시한다. 가령 서열화는 한국과 미국에 있지만 이것이 특정 지역의 몇 개 대학에 의해 완전히 피라미드식으로 형성되어 있는지의 여부를 기준으로 한국은 독점화 모델, 미국은 다원화 모델로 분류된다. 대학서열 자체가 없거나 서열은 있지만 그 경직성이 미미하다면 평준화 모델로 볼 수 있다. 독일과 핀란드를 비롯한 다수의 유럽 국가들은 대학서열이 없으므로 평준화 모델이라고 볼 수 있다. 프랑스는 일반대학(유니베르시테)은 평준화되어 있지만 그랑제콜이라는 엘리트 대학 그룹이 따로 존재하는 유일한 국가로 '예외주의' 형태다. 이는 평준화 모델이 아니며 일종의 위계적인 다원화 모델로 해석될 수 있다.

유럽은 수십 개의 나라로 구성되어 있고 이들은 대부분 대학평준화 국가다. 프랑스는 예외적으로 이원화된 대학교육체제를 유지하고 있으며, 영국은 다원주의에 가깝지만 옥스브리지의 독점이 강한 다원화된 모델이라고 볼 수 있다. '서울대 10개 만들기'는 평준화 전략보다는 다원화 전략에 가깝다. 현실적으로 전국의 모든 대학을 독일과 핀란드처럼 평준화하기는 불가능하기 때문이다. 물론 대학병목을 없애기 위해서는 독일처럼 완전 평준화하는 것이 이상적이다. 하지만 우리는 역사 속에서 구축되어 온 거대한 대학 인프라의 힘을 간과해서는 안 된다. SKY 중심의 대학 인프라는 수십 년간 이어져 왔고, 피라미드식 대학체제를 짧은 시간 내에 평준화하는

59 이제까지 대학통합이나 연합에 대해 국립대 통합네트워크, 국립대 연합체제, 대학 연합체제, 대학 공유체제, 상생대학네트워크 등의 말이 사용되었다. 이 책에서 제안하는 '서울대 10개로 구성된 대학통합네트워크'는 사립대에 문호가 개방되어 있고 연합보다는 통합을 목표로 한다. 따라서 이 책에서는 '대학통합네트워크'라는 말을 사용한다.

60 Max Weber, *Methodology of Social Sciences*, translated and edited by Edward Shils and Henry Finch, London: Routledge, 2017.

것은 불가능함을 인정해야 한다.

하지만 이 책에서는 독일, 핀란드와 같이 대학무상교육을 제안하고 있고, 이는 미국대학체제와 다르다. 이 책의 주요 목적인 병목 제거를 위한 두 가지 전략인 '서울대 10개 만들기'와 '대학무상교육'은 미국식 다원화 모델(특히 캘리포니아대학체제)과 유럽식 대학무상화 정책을 혼합한 것이다. 나의 이런 정책적 제안을 좀 더 깊이 알아보기 위해서는 이상형으로 제시된 유럽식 평준화 모델, 미국식 다원화 모델, 그리고 한국식 독점화 모델을 비교적인 관점에서 이해해야 한다.

유럽식 평준화 모델

독일, 핀란드, 스웨덴, 노르웨이, 덴마크, 스위스, 오스트리아, 벨기에, 네덜란드, 스페인, 이탈리아 등 영국과 프랑스를 제외하면 대부분의 유럽 국가에서는 대학들이 평준화되어 있다. 이 중에서 어느 나라 대학이 가장 먼저 떠오르는가? 한국적 현실에서 가장 먼저 떠오르는 나라는 대학이 평준화되었으면서도 세계적인 명성과 우수한 과학기술을 보유한 독일의 대학이다. 그렇다. 독일은 대학이 평준화되어 있으며 학벌이 없기 때문에 어느 대학을 들어가도 상관없다. 학벌사회가 아니다. 그런데도 독일의 과학기술은 세계 최고 수준이다. 코로나19 백신의 원천기술 개발로 유명한 바이온텍BioNTech이라는 회사는 독일 과학자들이 만든 회사다. 우구르 사힌과 외즐렘 튀레지 부부는 mRNA 백신 개발로 독일뿐만 아니라 전 세계의 영웅이 되었다. 이들은 mRNA 백신 개발 공로로 카탈린 카리코(2021년 래스커상 수상)와 함께 향후 노벨상 수상이 점쳐지고 있다.[61] 사힌은 독일 쾰른 대학교에서 박사학위를 받았고, 튀레지는 독일 자를란트 대학교에서 박사학위를 받았다.[62]

61 New York Times, "Covid Vaccine Pioneers and Others Win 2021 Lasker Awards in Medicine", 2021년 9월 24일.

62 최근 이 세 사람은 독일의 가장 영예로운 의학상 수상자로 지명되기도 했다. Deutsche Welle, "BioNTech Founders Win Top German Medicine Award", 2021년 9월 21일.

한국인들에게 독일 교육은 미스터리다. 대학서열도 없고, 대학등록금도 없고, 특권 학교도 없는데 어떻게 세계에서 가장 우수한 학문을 발전시킬 수 있었을까? 대학사회학의 창시자 버턴 클라크Burton Clark는 현대 대학의 모델이 독일임을 밝히고 미국 대학의 성공 원인이 독일의 연구중심대학 모델을 따른 것이라고 강조한다. 그는 연구중심대학의 출현을 혁명이라고 표현한다.

> (독일의 대학에서) 훔볼트주의라는 이름으로 역사적으로 행해진 활동들은 대학을 혁명적으로 변화시켰다. 12세기의 볼로냐와 파리에서 20세기의 스탠퍼드와 도쿄로 펼쳐진 서구의 대학사 800년 동안, 다른 어떤 변화도 현대의 연구중심대학이 출현하고 발전한 것에 견줄 수는 없다.[63]

미국 학자인 클라크가 말하는 대학의 역사 중 가장 중요한 순간은 900년 전 옥스퍼드를 세운 때도 아니고, 385년 전 하버드를 세운 때도 아니었다. 그것은 연구를 중심으로 교육을 통합해야 한다는 빌헬름 폰 훔볼트의 아이디어를 독일의 대학들에 적용시킨 때였다.

연구중심대학은 일반 한국인들에게 대단히 낯선 말이다. 한국 교육운동에서 가장 중요한 주체는 교사이며 이들은 수십 년 동안 교육개혁을 위해 노력했다. 나는 교육운동을 하는 많은 교사를 만나 보았지만 이들 중 연구중심대학에 대해서 이해하는 사람은 드물었다. 초중등 교사인 이들은 어떤 대학이 우수한 대학인지에 대한 기본적인 아이디어가 없었다. 연구중심대학이라는 개념은 자신을 교육평론가라고 지칭하는 일군의 전문가들에게도 없었다. 이들은 대학을 지위권력, 곧 학벌을 주는 곳으로 보는 경향이 강하며 대학을 창조권력으로 보지 못한다.

이 책에서 비판하는 입시파와 개천용 학파의 공통된 문제점은 대학을 지위권력으로만 파악한다는 것이다. 내가 앞 장에서 말한 창조권력으로서의 연구중심대학은 지위경쟁이론과 더불어 한국의 대학개혁을 위해서는 반드시 알아야 하는 개념이다. '서울대 10개를 전국에 만들자'는 말은 한국에 10개의 연구중심대학을 만들자는 말이며, 지위권력의 상향평준화뿐 아니라 창조권력의 다원화를 목표로 하기 때문이다.

클라크는 왜 미국 대학이 독일 대학의 모델을 받아들였는지에 대해 대단히 인상적인 설명을 한다. 20세기 초까지만 해도 세계에서 유럽 대학, 특히 독일 대학이 제일 우수했으며 미국 대학들은 그야말로 별 볼 일 없었다. 어떤 유럽 학자는 '미국에서 학문이라는 것을 할 수 있을까'라는 회의까지 품었다. 미국 대학이 독일 대학의 모델을 받아들인 것은 1만 명에 가까운 미국 학생들이 독일 대학으로 우수한 교육을 받으러 유학을 갔기 때문이다.[64] 내가 전공으로 하는 사회학도 마찬가지다. 미국 사회학을 만들었다고 하는 시카고학파라 불리는 사람들이나 하버드에서 구조기능주의를 완성시킨 탤컷 파슨스도 독일 유학파였다. 독일 대학원에서 훈련받은 미국 학자들은 미국으로 돌아와 연구에 기초한 교육을 전문화한 연구중심대학을 만들었다. 듣보잡이었던 미국 대학에서 연구중심대학 혁명이 일어났고, 20세기 미국의 글로벌 헤게모니는 미국 대학의 글로벌 헤게모니와 함께 부상했다.

> 미국의 대학교육체제는, 초기 식민지 시대 이래 약 250년간 지배적이었던 칼리지 시대에서 유니버시티 시대로 몇십 년 사이에 급속도

63 버턴 클라크, 『연구중심대학의 형성과 발전』, 고용 외 옮김, 문음사, 1999, 5~6쪽.

64 버턴 클라크, 위의 책, 7쪽.

로 변화하였는데, 이 변화는 가히 미국 대학의 혁명이라고 할 수 있는 것이었다. 연구에 가장 많은 투자를 한 대학들은 최고봉이 되었으며, 일류의 유력한 분야가 되었다. 20세기 후반에, 크게 발전한 거대한 대학들은 모든 학문을 걸쳐서, 사회과학은 물론 인문과학과 예술에 있어서도, 가장 높은 단계의 고등교육은 연구와 밀접한 연관을 맺어야만 하고 맺고 있음이 틀림없다는 확고한 신념에 그 어느 때보다 더욱 사로잡혀 있다.[65]

한국인들은 경쟁주의에 사로잡혀 있다. 경쟁을 하면 이긴 자와 진 자가 나오기 때문에 서열이 생기는 것은 당연하다는 일차원적인 생각에 머물러 있다. 그렇다면 평준화가 되면 경쟁이 사라지나? 독일 대학의 평준화는 전혀 그렇지 않다는 것을 보여 준다. 학벌이 아닌 학문 그 자체의 우수함으로 경쟁을 하기 때문이다. 곧 '지위권력'을 획득하기 위한 경쟁이 아니라 '창조권력'을 획득하기 위한 경쟁이다. 평준화되었으니 실력으로 앞서야만 하며, 이것이 진정한 의미의 경쟁이다. 나는 독일 학자들이 대학이 평준화되었기 때문에 공부를 게을리한다는 말을 들어 본 적이 없다. 반대로 독일 학자들은 너무나 열심히 공부를 해서 늘 감탄스럽다. 오히려 서열화가 완벽하게 이루어진 한국 대학 교수들이 공부를 열심히 하지 않는다. 대학서열체제에서는 공부를 열심히 하든 게을리하든 소속된 대학의 서열에 따라 그 사람이 평가되기 때문이다. 정치권, 언론, 학계에서는 대학서열 순서대로 교수를 부를 뿐 실력대로 부르는 것은 아니다. 오히려 정치권이나 언론에 불려 가는 사람 중 실력이 대단한 사람은 손에 꼽힌다. 그것은 부르디외가 말하듯 한국 대학과 학문 세계는 자율적인 장이 아니라 학벌과 권력에 의해 작동되는 타율적인 장이기 때문이다. 따라서 평준화되었다고 경쟁이 없고, 서열화되었다고 경쟁을 한다는 것은 사실적으로도 논리적으로도 맞지 않는 말이다. 오히려 대학이 서열화되어 있으면 그 지위권력의 독점으로 인해 지대 추구 행위가 광범위하게 일어나고 경쟁을 방해한다. 이것이 한국의 대학이 겪고 있는 현실이다.

2021년 기준 독일 대학은 총 422개인데 그중 학문중심의 연구대학이 182개, 실무·현장·행정 중심의 전문기술대는 240개이다. 한국에 널리 알려진 대학은 하이델베르크 대학교(설립연도 1386년), 라이프치히 대학교(1409년), 프라이부르크 대학교(1457년), 뮌헨 대학교(1472년), 마르부르크 대학교(1527년), 예나 대학교(1558년), 프랑크푸르트 대학교(1914년), 베를린자유대학교(1948년) 등이다. 독일은 역사적으로 분권화되었던 지역들이 통일된 나라이므로 각 주마다 좋은 대학들을 키웠다. 곧 중앙집권적인 한국이나 프랑스와 달리 역사적으로 다원적인 대학체제가 수백 년 동안 뿌리내릴 수 있는 토양이 있었다. 이것은 미국대학체제와 역사적 맥락이 비슷하다. 유럽 이민자들이 미국 동부로 이주해 동부에 먼저 대학들이 세워졌지만, 미국이 서쪽과 남쪽으로 영토를 확장하고 각 지역마다 분권이 이루어졌기 때문에 미국은 각 주마다 우수한 대학을 설립하려고 노력했고 지금도 그러하다.

독일 대학은 평준화되어서 어느 대학을 들어가도 상관없다. 즉 대학서열과 학벌주의가 전혀 없다. 흥사단 교육운동본부에서 일하시는 P 선생님은 2020년 흥사단 창립 기념 세미나에서 자신이 괴테 프랑크푸르트 대학교를 졸업했다고 소개했다. 그러면서 그 이야기를 하면 한국 사람들은 자신이 독일의 명문대를 나왔다고 착각한다면서 웃었다. 독일의 대문호 괴테가 프랑크푸르트에서 태어났기 때문에 대학 이름이 그렇게 붙여졌다. 독일의 다른 대학보다 훨씬 늦은 1914년에 설립되었는데, 프랑크푸르트 대학

65 버턴 클라크, 위의 책, 8쪽.

교에서 괴테 프랑크푸르트 대학교로 이름을 바꾼 것은 1932년이었다. 사회과학자들에게 널리 알려진 프랑크푸르트학파의 아도르노, 호르크하이머, 프롬, 벤야민, 마르쿠제, 하버마스 등은 20세기 사상사에 큰 획을 그었다. 한국인들은 이런 명성 때문에, 또 괴테라는 세계적인 대문호의 이름이 붙여진 덕분에 이 대학을 명문 대학이라고 착각한다. 물론 프랑크푸르트 대학교가 좋은 대학임은 틀림없지만, 대학이 평준화되었으니 한국과 같은 의미의 명문 대학은 아니다. 독일 학생들은 자신의 전공에 맞는 대학이면 어느 곳을 가도 된다.[66]

대학평준화와 무상화, 높은 경쟁력, 과학기술 수준 때문에 독일대학체제는 한국인들에게 부러움의 대상이다. 최근 독일교육체제의 강점을 널리 알린 사람은 중앙대 김누리 교수다. 그는 영향력 있는 TV 프로그램에 나와서 독일 교육에는 한국 교육에 있는 네 가지 고질적인 문제가 없다고 말하며 국민적인 인기를 누렸다. 첫째, 대학서열이 없다. 둘째, 대학등록금이 없다. 셋째, 명문고등학교와 같은 특권 학교가 없다. 넷째, 한국식 대학입시가 없다. 물론 사교육이라는 것도 없다. 독일에서 박사학위를 받고 중앙대에서 가르치는 김 교수의 독일 교육 예찬론은 전 국민적 반향을 일으켰다. 교육지옥에서 고통받는 한국도 독일처럼 교육을 바꾸자는 여론이 형성되었다. 독일은 대학병목현상이 일어나지 않는 이상적인 국가다.

프랑스대학체제의 예외주의와 한국 대학개혁 비전의 대혼란

독일, 핀란드, 노르웨이, 덴마크, 스위스, 이탈리아, 스페인 등 유럽의 나라들은 프랑스와 영국을 제외하면 대부분 평준화를 유지하고 있다. 프랑스대학체제는 버턴 클라크가 '예외주의'라고 일컬을 정도로 대단히 특이하다.[67] 대학체제가 엘리트 직업준비를 위한 학교인 200여 개의 그랑제콜과 일반대학(유니베르시테)로 나뉜다. 프랑스 대학은 평준화되어 있지만 그랑제콜이라는 엘리트 기관이 그 상위에 존재하는 것은 세계 어느 나라도 채택하고 있지 않은 대학체제다.

대학통합네트워크를 주장하는 많은 사람이 파리 대학의 평준화를 예로 들어 한국 대학을 평준화시켜야 한다고 주장해 왔다. 파리 대학은 1968년 혁명을 거친 이후에 평준화를 거쳐 파리 1대학부터 파리 13대학으로 나뉘었다. 이전에 가장 명성이 높은 소르본 대학교는 이제 파리의 한 대학일 뿐이다. 따라서 대학통합네트워크는 파리 대학처럼 서울대를 포함한 국공립 대학들을 평준화시키자고 주장했다. 가령 서울대를 서울1대, 강원대를 서울2대, 충북대를 서울10대 등으로 이름을 바꾼다면 평준화가 이루어질 것이라는 주장이다.

66 독일에서도 인기 있는 의학, 약학, 수의학, 법학, 경제학 등의 학과들은 시험 성적에 의해서 선발한다. 유럽의 몇몇 나라에서도 성적 위주로 학생을 선발하기는 하지만 대학이 서열화되어 있지는 않다.

67 버턴 클라크, 앞의 책, 16쪽.

아직도 대학통합네트워크를 파리 대학의 개혁처럼 이해하는 사람들이 많다. 대학통합네트워크 지지자들은 한국 대학체제를 프랑스식 대학체제로 바꾸자는 말이 아님을 명확하게 밝히지 않았다. 이것은 반대론자에게 거센 공격의 빌미를 제공했다. 결과적으로 많은 사람이 프랑스에도 그랑제콜과 같은 엘리트 대학이 있다며 대학통합네트워크를 끈질기게 공격했다. 대학통합네트워크론자들은 파리 대학의 형식적 모델만을 가져온 것이지 프랑스대학체제 자체를 가져온 것이 아니다. 물론 프랑스대학체제는 그랑제콜을 제외하면 평준화다.

프랑스대학체제의 문제는 68혁명 이후에도 엘리트 대학인 그랑제콜에 대한 개혁을 단행하지 않았던 데 있다. 프랑스 혁명이 일어난 1789년에 대학은 폐지되었다. 당시 혁명가들은 특권과 신분의 상징인 대학의 지위권력을 없애 버림으로써 민주사회를 이루려고 생각했다. 하지만 그들이 세우려던 새로운 국가도 전문가를 필요로 했고 이 전문가를 기를 수 있는 새로운 학교가 그랑제콜이었다. 토목학교, 군사학교, 광산학교 등 소수의 전문직업학교가 생겨났고, 그들이 국가에 고용되어 전문적인 역할을 수행했다. 이러한 그랑제콜은 연구를 수행한다기보다 국가나 기업의 특정 업무를 수행하는 전문직업학교의 성격을 띤다. 현재 200여 개의 그랑제콜이 프랑스 전역에 분포되어 있는데 종합대학에 비해 소규모로 운영된다.

문제는 68혁명이 일어나고 프랑스는 전격적으로 대학평준화를 단행했지만, 그랑제콜은 그대로 두었다는 점이다. 따라서 대학체제의 이원화 또는 '예외주의'가 그대로 유지되었다. 또한 대학보다는 그랑제콜에 더 많은 투자를 함으로써 대학은 초라해지고 그랑제콜이라는 엘리트 대학에 교육자원이 집중되는 문제가 발생했다.

> (68혁명 이후) 중등교육과 고등교육 둘 다에서 개혁이 비엘리트적 기관에 적용되었다. 예를 들어 중등교육에서 가장 중요한 기관인

> 그랑제콜 준비반을 건드리지 않았다. …… 매우 선호되는 자리로 학생들을 이끄는 황금빛 길에서의 그 학교들의 지위는 예전처럼 탄탄했다. 프랑스 고등교육의 진정으로 엘리트 영역인 그랑제콜에도 마찬가지다. 프랑스 고등교육을 면밀히 조사할 때 나타난 소란과 저항이 그랑제콜에서는 전혀 없었으며 이 학교들은 1968년 고등교육 지침법에 언급되지도 않았다.[68]

대학통합네트워크론자들은 좁은 범위에서 파리 대학을 모델로 삼았지 프랑스대학체제 전체를 모델로 삼지 않았다. 한국의 대학개혁론자들에게는 대학병목을 해소하기 위해 평준화로 이루어진 프랑스 일반대학과 시험병목을 해소하기 위해 바칼로레아라는 대입자격고사의 결합이 이상적으로 보였다. 하지만 반대자들은 프랑스에도 엘리트 대학인 그랑제콜이 엄연히 존재한다고 수없이 공격했다. 따라서 대학개혁 진영에서 대혼란이 일어났다.

프랑스 고등교육체제는 대단히 불평등한 체제로 진화하여 숱한 문제를 안고 있다. 2018년 기준 프랑스 대학생 수는 270만 명 정도이며, 5% 내외의 학생들이 그랑제콜에 입학한다. 대표적인 그랑제콜 중 에콜 폴리테크닉의 경우 전문직 종사자의 자녀가 3분의 2, 노동자 자녀는 단 1%에 그쳤다. 국립행정학교는 하위층 자녀들의 입학 비율이 9%에 그친 반면, 전문직 자녀의 비율은 68.8%나 되었다.[69] 게다가 그랑제콜 학생들은 학업 기간인 3~4년 동안 준공무원 신분으로 약 200~250만 원의 월급이 제공되는 반

68 버턴 클라크, 앞의 책, 138쪽. 이 구절은 클라크가 프랑스 대학교육에 정통한 기 니브(Guy Neave)의 말을 인용한 것이다.

69 김지영, 「프랑스 교육 불평등에 대한 공간적 접근」, 『IDI 도시연구』 15, 2019, 208~209쪽.

면, 일반대학(유니베르시테)의 학생들은 46%가 학업과 일을 병행하고 있다.[70] 이는 학업 격차와 소득 격차를 동시에 발생시키는 불평등한 시스템으로, 프랑스 내에서 지식인들의 고등교육체계에 대한 비판은 날로 거세지고 있다. "국립대만 아니면 된다!"든지 "평등한 대중교육의 대명사였던 국립대학이 꼭두각시를 제조하는 기관으로 전락"했다든지 하는 비판들이 최근 수년간 일어났다.[71]

결론적으로, 한국의 대학개혁론자들은 프랑스 모델의 일부분만 차용하여 그 아이디어를 얻었고 전체적인 시스템을 모델로 내세운 것이 아니었다. 따라서 여기서 혼란과 논쟁이 발생했다. 프랑스 대학(유니베르시테)이 평준화되었다는 말은 맞지만 그 위에 존재하는 그랑제콜 때문에 프랑스 대학체제는 평준화체제라고 할 수 없다. 이 책에서 제시하는 대학개혁 모델은 프랑스대학체제가 아니라 캘리포니아대학체제를 따른다.

영국대학체제의 특이성과 문제점

영국 하면 가장 먼저 떠오르는 대학은 옥스퍼드와 케임브리지다. 이 두 대학은 세계에서 가장 오래된 대학 중 하나일 뿐 아니라 세계 최고 수준의 대학이다. 옥스퍼드는 1096년에, 케임브리지는 1209년 세워졌다.[72] 옥스브리지라는 합성어는 윌리엄 새커리William Thackeray의 1849년 소설인 『펜데니스Pendennis』에서 처음 쓰였다.[73]

옥스퍼드 출신은 정치에서 두각을 나타냈고, 케임브리지 출신은 과학에서 두각을 나타냈다. 영국 역사상 100여 명의 수상 중에서 옥스퍼드 출신이 28명, 케임브리지 출신이 14명이다. 약 40%의 국가 최고 지도자가 옥스브리지 출신이었다. 옥스퍼드는 케임브리지보다 정치 지향적인데 보리스 존슨, 테라스 메이, 데이빗 카메론, 토니 블레어 등 최근의 수상들도 옥소니언Oxonian이다. 반면 케임브리지는 110명의 노벨상 수상자를 배출했고 옥스퍼드는 55명을 배출했다. 옥스퍼드는 유럽에서 3번째, 케임브리지는 4번째로 오래된 대학으로 이 기나긴 역사와 명성의 축적으로 영국에

70 김지영, 위의 글, 202쪽.

71 김지영, 위의 글, 200, 203쪽.

72 옥스퍼드 대학교는 1096년부터 학생들을 가르친 기록이 있으며 1167년 헨리 2세가 영국 학생들의 파리 대학에서의 수강을 금지한 후부터 급속하게 발전했다.

73 Peter Sager, *Oxford&Cambridge: An Uncommon History*, London: Thames&Hudson, 2003, p. 11.

서 누구도 넘볼 수 없는 독점적인 위치를 차지했다.

현대의 연구중심대학이 되기 전 옥스브리지는 중세의 대학이 대부분 그렇듯이 성직자를 양성하는 교육기관이었다. 영국에서 19세기에 런던 대학교와 더람 대학교가 세워지기까지 옥스브리지는 대학기관으로서는 독점적인 위치를 차지했다. 이 두 대학은 18세기 중반까지만 해도 신입생 300~500명 정도의 매우 작은 대학이었고 학부 중심의 교육을 가르쳤다.[74] 옥스브리지는 학사 중심의 기숙사체제 대학이었으며 교육중심대학으로서 19세기에 대학의 주도권을 쥐게 된 독일의 연구중심대학과는 다른 방향으로 가고 있었다.

영국대학체제의 전환에 큰 영향을 미친 것은 18세기와 19세기에 스코틀랜드에서 일어난 전문가 중심 대학의 출현이었다. 에딘버러, 애버딘, 글래스고, 세인트앤드루스와 같은 스코틀랜드 대학들은 전문가 교수 중심의 대형 강의가 주를 이루며 사상계에 큰 반향을 불러일으켰다. 경제학의 애덤 스미스, 철학의 데이비드 흄, 수학에서 콜린 매클로린 등의 출현은 영국에서 스코틀랜드 대학들이 연구혁신의 중심이 되는 계기가 되었다.[75] 옥스브리지는 이런 스코틀랜드 대학의 부상으로 인해 전문교수체제와 종합대학의 면모를 갖춘 대학으로 발전했다.

영국 대학의 다른 변모는 19세기 후반과 20세기 초반에 설립되었던 소위 '빨간 벽돌 대학교Red Brick University'의 설립이었다. 옥스브리지와 같은 석조 건물보다 가격이 싸고 외관이 실용적으로 보인다는 의미에서 이름 붙여진 이 대학들은 새로운 산업도시에 주로 세워졌다. 버밍엄 대학교, 리버풀 대학교, 맨체스터 대학교, 리즈 대학교, 셰필드 대학교, 브리스틀 대학교 등 다양한 대학이 세워졌는데 흔히 영국의 명문 대학 그룹이라고 일컬어지는 러셀 그룹에 속한 대학이 많다.

영국의 명문대들은 흔히 골든트라이앵글이라고 부르는 지역에 있어 일종의 공간병목을 일으킨다. 옥스퍼드, 케임브리지, 런던의 삼각지대에 세계적인 명문 대학들이 위치하기 때문에 그렇게 불린다. 옥스브리지의 절대적인 위치에도 불구하고 영국에는 세계적인 명문 대학이 많다. 2021년 기준 Academic Ranking of World Universities에 의하면 케임브리지 3위, 옥스퍼드 7위, 런던 대학교 17위, 런던임페리얼칼리지 25위, 맨체스터대 35위, 에든버러대 38위, 킹스칼리지 런던 47위, 브리스틀대 78위 등 세계 100위 대학에 8개가 속해 있다. 전통적인 옥스브리지뿐만 아니라 스코틀랜드의 대학, 빨간 벽돌 대학 등 우수한 대학들이 그나마 전국적으로 퍼져 있는 편이다. 즉 한국보다는 공간병목과 대학병목이 심하지 않다.

영국대학체제의 문제는 미국에 비해서 대학이 소규모 칼리지 중심으로 운영된다는 점이다. 학생 수가 상대적으로 적어 수천 명 수준에 이르는 대학들이 대부분이며 학생이 수만 명인 학교는 상대적으로 적다. 무엇보다 학부 위주의 칼리지 중심으로 연구중심대학보다는 교육중심대학에 가깝다. 하지만 2차 세계대전 이후 영국의 우수한 대학들도 미국의 연구중심대학 모델로 변모했다. 미국 대학은 시장주의가 강한 반면 영국 대학은 국가통제가 심해 우수한 학자들을 끌어들이기 힘들고 연구에 대한 추동력을 발휘하기가 상대적으로 힘들다.

또한 영국은 미국과 함께 세계에서 가장 비싼 대학등록금을 유지하고 있다. 흔히 학자들은 사회구조를 설명할 때 영미 시스템과 대륙 시스템으로 나뉘는 경향이 있다. 영미 시스템은 시장에 의해 주도적으로 이루어지는 반면 대륙 시스템은 국가의 복지체제에 의해 대학이 운영된다. 영국을 제외한 유럽 대륙은 등록금이 없거나 매우 적은 데 비해 영국의 대학은 등

74 버턴 클라크, 앞의 책, 81쪽.

75 버턴 클라크, 앞의 책, 83쪽.

록금이 비싸서 교육의 계급화 문제가 꾸준히 제기되어 왔다.

결론적으로, 영국과 프랑스의 그랑제콜을 제외한 유럽 대륙 대다수는 평준화 지역이기 때문에 한국처럼 대학병목현상이 일어나지 않는다. 영국과 프랑스의 대학체제 또한 한국처럼 SKY 중심의 지위권력의 독점과 공간권력의 독점이 극심하게 발생하는 것은 아니다. 한국이 부러워하는 평준화 지역은 독일과 핀란드 같은 나라로 대학등록금이 없고 지역적으로 우수한 대학들이 퍼져 있는 곳이다. 평준화 모델은 한국 대학체제가 지향해야 하지만 극단적 독점체제에서 평준화로 바로 전환하기는 불가능하다. 따라서 그 대안적 체제로 다원체제를 이해하기 위해 미국식 다원화 모델을 살펴볼 필요가 있다.

미국식 다원화 모델

한국인들이 가장 오해하고 있는 대학 시스템은 단연 미국이다. 해외 이민자 중에서 한국인이 가장 많이 사는 곳이 미국이며 자녀를 미국에서 길러 본 사람도 많고 미국에서 유학한 교육학 박사도 많고 전체적으로 미국 유학파가 국내 대학의 헤게모니를 잡고 있다. 그만큼 미국 대학에 대한 정보와 경험이 넘쳐나는 동시에 미국대학체제에 대한 오해 역시 넘쳐난다.

가장 흔한 오해는 미국 대학 시스템도 한국 대학 시스템과 마찬가지로 피라미드 구조로 되어 있다는 생각이다. 하버드, 예일, 프린스턴이 피라미드의 꼭대기에 있으며 나머지는 그 아래에 위치한다고 생각하는 것이다. 미국 학생들도 한국 학생들처럼 기를 쓰고 아이비리그에 들어가기 위해 공부한다는 환상이 바로 전형적인 오류다.

우선 미국 학생과 학부모들은 한국처럼 아이비리그에 들어가려고 기를 쓰지 않는다. 물론 아이비리그 입학 경쟁은 심하지만 사회 전체적인 분위기는 그렇지 않다. 왜 그럴까? 미국은 한국과 같은 피라미드 구조의 대학 독점체제가 아니다. 아이비리그는 하버드, 예일, 프린스턴, 컬럼비아, 펜실베이니아, 다트머스, 코넬, 브라운 이렇게 8개 대학을 가리키는데, 이들 모두가 미국 최상위 대학은 아니다. 흔히 하버드, 예일, 프린스턴을 빅3라 부르며 아이비리그 중에서는 최상위에 속한다.

미국도 한국처럼 대학이 피라미드처럼 서열화되어 있다고 착각하는 교육전문가들이 대부분이다. 미국에는 서울대 수준 이상의 대학이 60여 개 있다. 서부의 스탠퍼드, 버클리, UCLA, UC 샌디에이고, UC 샌프란시스코, 칼텍, 워싱턴 주립대학(시애틀), USCUniversity of Southern California 같은 대학은 동부의 아이비리그에 버금갈 만큼 명성이 높다. 물론 명성자본의 입장에서 먼저 세워진 하버드, 예일, 프린스턴이 좀 더 높을지도 모르지만 그렇다고 이것이 한국처럼 절대 우위를 말하는 것은 아니다. 중부에는 시카고대, 노스웨스턴대, 워싱턴대(세인트루이스), 미시간대, 일리노이대, 위스콘신대, 미네소타대, 퍼듀대 등 세계적 명성의 대학이 존재하고 이들은 동부의 아이비리그가 발전시키지 못한 공학 분야에서 세계 최고의 명성을 이룬 곳이 많다. 미국 남부에는 라이스, 밴더빌트, 텍사스-오스틴, 노스캐롤라이나, 듀크, 플로리다, 에모리 등의 세계적인 대학들이 있다.

미국에서도 학생들이 명성 있는 대학에 진학하려고 경쟁한다. 하지만 한국처럼 전체 학생이 SKY에 들어가고자 하는 집단적 열망은 없다. 우수한 대학들이 너무나 많기 때문이다. 미국에 재수나 삼수가 없는 이유다. 따라서 미국 대학들은 서열이 있기는 하나 이것이 다원적으로 이루어져 있다. 사회학만 보더라도 하버드, 예일, 프린스턴의 학과가 우수한 편이지만, 절대적인 우위를 점하는 것은 아니다. 버클리, 위스콘신, UCLA, 노스캐롤라이나, 미시간, 오하이오주립대, 텍사스-오스틴, 워싱턴주립대, 미네소타대 등 여러 주립대에도 탁월한 사회학 프로그램이 있다. 즉 우수한 사회학 프로그램이 다원적인 경쟁을 펼치고 있으며, 어느 대학의 사회학과를 나오더라도 본인의 실력에 따라 성공할 수 있는 길은 열려 있다. 이러한 미국식 다원화 모델 때문에 미국은 대학병목현상을 겪지 않는다.

이 책의 주요 입장은 한국 대학체제를 당장 유럽식으로 평준화하기는 불가능하기 때문에 우선 다원화 모델로 전환하는 것을 목표로 한다. 이미 역사적으로 100여 년 동안 형성된 서울대 중심의 서열체제를 곧바로 전국적으로 평준화하기는 힘들다. 일제강점기부터 해방 때까지 한국에는 1924년에 세워진 경성제국대학밖에 없었고 이는 현재 서울대의 전신이다. 서울대는 100여 년 동안 절대적인 입지를 누려 왔고 누구도 넘볼 수 없는 '인프라 권력'을 오랜 세월 축적했다. 따라서 한국의 모든 대학을 서울대 수준으로 하는 것은 불가능할 뿐만 아니라 바람직하지도 않다.

여기서 한 가지 짚고 넘어갈 것은 150년 전만 해도 하버드를 포함한 미국 대학들은 별 볼 일 없는 대학들이었다는 것이다. 현재의 미국 대학이 세계 최고 수준으로 올라오기까지는 대학의 방향에 대한 무수한 논쟁, 두 차례의 세계대전, 연방정부의 지원, 대학과 산업의 연결 등의 과정을 거쳤다. 앞서 설명했듯이 19세기 대학의 중심은 독일이었으며 이것은 훔볼트주의에 입각한 연구중심대학의 설립이었다. 19세기 중반까지만 해도 미국 대학들은 학사학위만 수여한 교양교육 중심이었다.

독일 대학의 부상에 자극을 받은 하버드대 교수 조지 티크너George Ticknor는 1825년 자신이 유학했던 독일의 괴팅겐 대학교를 모델로 하버드 대학교의 개혁안을 내놓았다. 하지만 티크너의 개혁안은 많은 저항에 부딪혔다. 하버드는 19세기 중반까지만 해도 지역의 작은 대학에 불과했다. 하버드의 개혁을 단행한 사람은 1869년부터 40년 동안 하버드 대학교 총장을 맡았던 찰스 엘리어트였다.[76] 하버드의 화학 교수였던 엘리어트는 학교 내분으로 교수직을 그만두고 독일과 프랑스 대학들을 방문하여 대학의 발전상을 면밀히 관찰했다. 그는 2년 동안 유럽에 머물면서 유럽 대학의 조직과 운영을 연구했다. 화학과 교수였기 때문에 그는 독일의 화학연구와 화학산업의 연계와 발전에 깊은 인상을 받았다. 19세기 미국 대학들은 여전히 고전과 교양교육에 몰두했고, 새롭게 부상하는 사회의 산업화에 대한 요구를 반영하지 않은 교과과정을 운영하고 있었다. 과학과 기술을 가르치는 대학들은 소수였고 미국 대학은 여전히 성직자들이 지배하는 시대에 뒤

76 클라크 커어, 앞의 책, 33~34쪽.

처진 곳이었다.

유럽에서 돌아온 엘리어트는 〈월간 애틀랜틱〉이란 잡지에 '새로운 교육The New Education'이란 제목의 글을 발표하면서 미국 대학의 대대적인 개혁을 주장했다. 그의 글은 보스턴의 산업계와 사업계의 마음을 움직였고, 그는 35세의 젊은 나이에 미국의 가장 오래된 대학 하버드의 총장이 되었다. 그는 하버드를 교양중심대학에서 연구중심대학으로 바꾸기 위해 40년 동안 개혁을 단행했다.

19세기 미국 대학들은 유럽 대학, 특히 독일 대학의 부상에 자극을 받았지만 변화에 저항했다. 예일은 대표적으로 이런 변화를 거부한 곳이었는데, 1828년 예일 교수회의 보고서는 "아무것도 하지 않겠다"고 선언할 정도였다. [77] 다른 대학들도 개혁에 저항했고 옛날 방식의 교육을 고집했다. 여기서 송곳같이 미국의 대학개혁을 주도한 것은 연구중심대학을 표방하며 1876년 설립된 존스홉킨스였다. 이러한 움직임은 미국 대학계를 강타했으며 이를 주도한 다니엘 길맨 총장은 위대한 영웅으로 칭송받았다. 엘리어트 총장은 길맨의 길을 따랐고 하버드를 연구중심의 종합대학으로 발전시켰다. 연구중심대학으로의 급격한 전환이 19세기 말과 20세기 초에 미국에서 일어났다. 이 일화는 하버드를 비롯한 미국 대학들조차도 150년 전에는 별 볼 일 없는 대학들이었으며 대학개혁을 위해서는 시대의 흐름에 맞는 비전, 리더십, 자원이 필요하다는 점을 일깨워 준다.

한국식 독점화 모델

다른 나라들과 비교해 봐도 한국 대학체제처럼 '승자독식주의'가 판치는 곳은 없다. SKY에 의한 피라미드 구조로 완전한 지위권력의 독점이다. 한국 교육학자들이 요즘 가장 많이 언급하는 대학체제는 핀란드다. 핀란드는 세계에서 가장 높은 교육 수준을 유지하면서 가장 평등한 교육체제를 갖추고 있다. 한국 학자들 중 핀란드 교육을 말하지 않는 사람은 드물다. 문재인 정부의 국가교육위원회 설립도 핀란드 모델을 따른 것이다. 그만큼 핀란드는 한국의 교육전문가, 관료, 일반 시민들에게 이상적인 교육국가다. 하지만 핀란드의 대학체제가 평준화되어 있다는 사실을 아는 사람도, 강조하는 사람도 드물다. 핀란드 학생들은 어떤 대학에 들어가도 상관없다. 유럽식 평준화 모델을 채택하고 있기 때문이다. 이런 점에서 교육학자 이길상 교수의 지적은 인용할 가치가 있다.

> 요즘 우리나라의 많은 교육자들이 동의하는 교육 선진국이며 모두가 부러워하는 복지국가를 대표하는 것이 북유럽의 핀란드이다. 핀란드의 인구는 우리나라 인구의 1/10 수준이고, 수도 헬싱키 인구 또한 서울 인구의 1/10 정도이다. 이 나라의 교육은 모두 무상이다. 초등부터 대학까지 학부모의 학비 부담이 없다. 13개의 국립 종합대학교가

77 클라크 커어, 앞의 책, 34쪽.

> 있는데 가장 큰 대학은 수도 헬싱키에 있는 헬싱키 대학교다. 그런데 핀란드에서 헬싱키 대학교에 입학하기 위한 발악 수준의 경쟁은 물론 일반적인 입시경쟁조차 찾아볼 수 없다. 헬싱키 대학교에 입학하기에 유리한 고등학교 형태가 따로 있다거나, 헬싱키 대학교에 입학하는 데 유리한 교육 환경을 가진 지역이 따로 존재하지도 않는다. 왜 그럴까? 핀란드와 우리나라의 차이는 서열화된 대학의 존재 유무 하나밖에는 없어 보인다. 헬싱키 대학교의 등록 학생 수는 3만 4,000~3만 5,000명에 이른다. 우리나라 수도 서울에 있는 최고의 국립(법인)대학교인 서울대학교보다 학생 수가 6,000~7,000명 정도 더 많다. 인구 비례를 적용해 보면 핀란드 학부모들이 느끼는 대입 스트레스는 서울대학교 학생 수가 35만 명이었을 때 우리나라 학부모들이 느끼는 것과 유사한 수준일 것이다. 인구 100만 명의 수도 헬싱키에는 헬싱키 대학교 외에도 학생 2만 명의 탐페레 대학교와 1만 8,000명의 알토 대학교가 있으며, 이들 세 국립 종합대학 간 서열은 존재하지 않는다. 중점 분야에 차이가 존재할 뿐이다. 헬싱키에 있는 세 개의 국립 종합대학교 전체 입학생 수와 인구 차이를 고려한다면 이는 마치 서울대학교 입학생을 매년 7만 명 정도 뽑는 것과 유사한 것이다.[78]

핀란드 교육을 극찬하는 사람들이 대부분 헛다리를 짚고 있는 것은 이길상 교수가 지적한 바로 그 부분이다. 대학서열이 없어서 핀란드 학생들은 독일 학생들과 마찬가지로 어느 대학에 들어가도 된다. 이런 단순한 사실에 대한 인식 없이 핀란드 교육을 찬양하는 것은 대단히 어리석은 짓이다.

1장에서 언급했듯이 한국식 독점화 모델은 쇠사슬과 같이 단단히 얽혀 있어 학생들과 전 국민을 노예화시킨다. 우선 1차적으로 서울대, 2차적으로 SKY, 3차적으로 인서울에 의한 독점은 대단히 강고하다. 독점의 위험성은 이것이 비효율적일 뿐만 아니라 반경쟁적인 데 있다. 독점은 병목과 같은 말이며 이 병목을 통과하기 위해 가족은 전 자원을 투입하게 되는데, 이는 사교육비와 부동산 가격 폭등과 연결된다. 『병목사회』의 저자 피시킨은 이런 사회를 '사악한 사회'라고 말한다.

앞 장에서 설명했듯이 대학병목(독점)체제는 대학병목, 공간병목, 시험병목, 계급병목, 직업병목으로 나뉜다. 우선 대학병목은 엘리트 대학의 수와 관련된다. 한국과 같은 엘리트 대학 수가 적은 나라는 독점체제다. 미국은 엘리트 대학 수가 100여 개이며 프랑스도 그랑제콜의 수가 200여 개다. 엘리트 대학 자체가 없는 나라가 독일과 핀란드 등 대다수 유럽 국가들이다. 한국은 엘리트 대학이 종합대학 기준으로 SKY가 유일하다. 따라서 극단적인 대학병목현상을 일으킨다. 교육학자 유성상 교수는 한국 교육의 최대 문제를 SKY에 의한 독점이라고 단언한다.

> 대학입학 전형으로 수시가 적절할까, 정시가 적절할까? 수시와 정시의 비중을 어떻게 정하는 것이 좋을까? 수시의 경우 학생부종합전형(학종)에서 교과전형과 비교과전형의 비중을 어떻게 하는 것이 좋을까? 비교과 항목을 아예 빼 버리는 것이 좋을까? 공정성이라는 가치에만 부합한다면 교육 평가로서의 입시정책은 성공한다고 볼 수 있을까? 고교 체제를 다양화하는 것이 좋을까, 아니면 단순화하는 것이 좋을까? 자사고와 특목고를 일반고로 전환한다면 국제고와 과학고/영재고는 그대로 두어도 좋을까? 학교 체제는 그대로 두고 고교입시에서 학생선발권만 부여하지 않는다면 괜찮을까? 고교평준화제도는 유지되는 것이 좋을까? 암묵적으로 지켜 오고 있는 3불제도(기여입학제,

78 이길상, "서울대학교 입학생을 매년 7만 명 뽑는다면", 오마이뉴스, 2021년 6월 6일. 일부 내용 축약.

> 고교등급제, 대학본고사)는 유지하는 것이 좋을까? 흥미롭게 이 질문들은 모두 단 하나의 문제로 귀결된다. “누가 스카이 대학(서울대, 고려대, 연세대)에 입학할 것인가?” 지난 100년에 걸쳐 우리 사회는 ‘대학 입학’, 더 정확하게 표현하면 ‘명문 대학 입학’에 목숨 거는 사회였다. 79

유성상 교수는 SKY에 의한 독점이 한국 교육의 가장 큰 문제라고 지적하는 몇 되지 않는 교육학자다. 유 교수는 한국 교육의 수많은 문제를 언급하면서 모든 문제는 단 하나의 문제, 즉 SKY 대학 입학에 있다고 말한다. 그렇기 때문에 나는 이 책에서 교육에 대한 다른 문제들보다는 SKY 대학 체제의 독점의 해체에 초점을 맞추고 있다.

SKY에 의한 시위권력의 독점은 공간권력 독점과 얽혀 있어서 대학병목이 더욱 심화된다. SKY라는 대학이 서울에 집중되어 있어 극심한 공간병목을 일으킨다. 한국은 시험병목이 극단적으로 심하다. 대입 상대평가로 극심한 시험병목이 일어난다. 대부분의 선진국은 절대평가를 한다. 상대평가는 경쟁을 끝없이 부추긴다. 강남 지역은 선행으로 인하여 학생들의 수준이 상대적으로 높기 때문에 시험문제를 대단히 어렵게 낸다. 따라서 상대평가 자체가 병목을 일으키며 쓸모없는 경쟁을 유발하며 사회적 비용을 높인다. 미국과 핀란드의 경우 학점제를 시행하고 있으며 이는 절대평가에 기반한다. 독일과 프랑스는 각각 아비투어와 바칼로레아 시험을 보지만 최저 점수만 만족시키면 대학에 진학할 수 있다. 따라서 상대등급을 매겨서 극심한 시험병목이 가장 심한 국가는 한국이다.

교육의 계급독점은 사교육비와 대학등록금으로 대체해서 말할 수 있다. 또한 엘리트 대학의 진학이 부모의 계급에 의해 결정되는 정도이다. 모두가 알다시피 한국은 사교육비 세계 1위 국가다. 방과 후에 거의 모든 학생이 학원을 다니는 나라는 한국 등 몇몇 아시아 나라가 유일하다. 미국, 독일, 핀란드, 프랑스 학생들이 학원을 다닌다는 이야기를 들어 본 적 있는가? 미국에서도 방학 때 잠깐 SAT 학원을 다니거나 주말에 보충을 하기 위해 과외를 받기는 하지만 학생의 일과가 학교와 학원으로 극단적으로 나뉘어 있는 나라는 한국이 유일하다. 한국의 사교육비는 연간 30~40조 원에 달한다.[80] 상위 소득 10분위의 사교육비는 하위 소득 1분위의 사교육비보다 7~8배 높다. 이는 교육의 극단적인 계급 현상이다. 즉 계급병목이 세계 최악이다.

직업병목(직업독점)이라고 하면 좋은 직업을 얻기 위해 명문대의 졸업 학위가 어느 정도 필요한지의 여부이다. 물론 전 세계적으로 대학 졸업장의 가치는 고등학교 졸업장보다 높지만 한국은 좋은 직업을 잡기 위해 서울의 명문대를 나와야 한다. 따라서 지방의 학생들과 비명문대 학생들은 애초부터 공무원 시험에 목을 매는 경향이 있다. 또한 유럽 국가들은 직업교육이 상당히 발달한 반면, 한국은 그렇지 않아 교육의 직업병목현상을 부추긴다.

이처럼 한국의 교육독점체제는 대학독점, 공간독점, 시험독점, 계급독점, 직업독점을 일으켜 교육지옥을 만들게 된다. 국가마다 차이는 있지만 이렇게 강고하게 독점의 영역들이 결합된 나라는 한국이 유일하다. 이 독점을 해체해야만 교육지옥에서 빠져나올 수 있다. 그렇다면 모든 사람이 교육지옥이라는 데 동의하면서 왜 교육지옥은 깨지지 않는가? 그 이유는 강고한 교육지옥동맹과 무능한 교육개혁 세력에 있다. 이를 다음 두 장에서 다루어 보자.

79 유성상, 앞의 글, 9쪽.

80 사교육비는 공식적으로 약 20조 원 정도이다. 전문가들은 통계에 잡히지 않는 추가적인 사교육비를 10~20조 원으로 추정하고 있다. 따라서 총 사교육비는 30~40조 원 정도라는 견해가 지배적이다.

3장

강고한
교육지옥동맹

교육지옥동맹:
정부 관료, 중상층 학부모, 사교육 세력

유성상 교수의 글은 나에게 큰 영감을 주었다. 「한국 교육, 왜 바뀌지 않는가?」라는 글에서 유 교수는 교육개혁을 가로막는 강력한 카르텔이 존재한다고 설명한다.[81] 대표적으로 그들은 정부 관료, 중상층 학부모, 그리고 사교육시장이다. 유 교수 분석의 최대 장점은 교육개혁을 가로막는 세력을 특정하고 그 이유를 구체적을 밝혔다는 데 있다. 나는 이들을 교육 카르텔이라기보다는 교육지옥동맹이라고 이름 붙인다. 이들이 계속해서 교육지옥을 유지시키고 이것으로부터의 해방을 방해하기 때문이다.

일반 시민들은 교육부 관료들을 직접적으로 만날 일이 별로 없다. 교육계의 전문가들은 교육과 관련된 여러 위원회에 소속되어 있기도 하고, 정부기관이 발주하는 프로젝트에 참여하기도 하며, 국회 세미나 또는 정부 주최 세미나에서 교육부 관료들을 만날 기회가 많다.

나는 교육부 관료들을 만나면 답답해서 속이 터진다. 첫째, 이들은 대부분 행정고시 출신으로 교육에 대한 전문성이 대단히 약하다. 이들은 한국식 교육으로 길러졌고 또한 고시라는 시험제도를 통해 선발된 인재로서 한국 교육에 대해 그다지 큰 문제의식이 없다. 둘째, 결과적으로 교육부 관료들은 한국이 교육지옥이라는 것에 별 관심이 없고 자신들이 바꿀 수 있다는 생각도 하지 않으며 기존의 관성대로 하려는 경향이 있다. 셋째, 그들은 관료 출신이기 때문에 교육과 관련된 사회적 논쟁을 최대한 피하려고 한다. 전형적인 보신주의 행태다. 넷째, 이들은 장관-차관-국장-과장-사무관 등의 수직적 서열 구조로 일하기 때문에 주도적으로 교육정책을 펼치려고 하지 않는다. 아무리 창의적인 아이디어라도 위에서 퇴짜를 놓으면 헛수고가 되고 만다. 따라서 고시 위주의 관료 충원은 타 부서와 마찬가지로 교육부의 비전문성과 보신주의로 이어진다.

물론 교육부 관료만이 문제가 아니고 국회의원들도 문제투성이다. 나는 국회 세미나에 여러 번 참석해서 교육과 관련된 발표를 했는데, 세미나를 주최한 국회의원이 발표 내용을 다 듣고 가는 것을 본 적이 없다. 그들은 세미나 시작 전에 인사만 하고 그 자리에서 사라진다. 전문성도 없는 국회의원이 전문가를 불러 놓고 이야기를 들어야 없던 전문성이라도 생길 게 아닌가. 전문성이 없는 사람들이 어떻게 교육정책을 수립하겠는가? 정치인들이 교육에 대한 전문성이 없으니 이들은 교육개혁에 전혀 관심이 없는 교육 관료들에게 의존할 수밖에 없다. 이러한 정부구조와 정치구조 속에서 교육개혁이 일어난다는 것은 불가능하다.

각종 위원회와 세미나 때 교육부 관료들을 만나면 별로 기분이 좋지 않다. 학생들은 교육지옥으로 죽어 나가는데 이들은 전혀 관심이 없다. 정말 궁금하면 교육부 관료 누구라도 잡고서 한번 물어보라. 교육개혁에 관심이 있냐고. 정말 없다. 하나 마나 한 정책을 내놓고 교육개혁에 대한 의지는 없고 교육에 대한 전문성이 없는 정치인들 말도 듣지 않는다. 그들은 수십 년간 교육부 내에서 잔뼈가 굵었기 때문에 잠시 국회의원이나 교육비서관을 하는 사람들 앞에서는 일하는 시늉만 한다.

따라서 유 교수는 우리의 교육에 대한 국가의 관점이 잘못되었다고 지적한다. 즉 국가가 강력한 힘을 발휘하여 주도적으로 교육을 끌어가는 것처럼 착각하고 있다는 것이다. 그는 마이클 세스의 『한국 교육은 왜 바뀌지 않는가?』를 비평하면서 다음과 같이 말한다.

81 유성상, 「한국 교육, 왜 바뀌지 않는가?」, 한국교육개혁전략포럼, 2021년 5월 22일 발표.

세스 교수는 한국 교육의 독특한 특징을 두 가지로 요약해서 보여 준다. 한국 교육은 세계에서 가장 비싼 비용을 치러야 하는 교육체계이고, 한국 정부는 가장 강력한 국가 주도 발전의 본보기처럼 보이지만 적어도 교육문제에서는 학부모의 힘에 늘 밀리는 연약함을 보여 왔다. [82]

유 교수의 설명은 한국 정부의 교육정책에 대한 우리의 고정관념을 박살 낸다. [83] 교육정책에서 한국 정부는 실제로 약했고 학부모들은 대단히 강했다. 학부모들은 박정희의 말도 듣지 않았다. 대학 입학 정원을 절반으로 줄이기로 한 박정희 정권에 대한 학부모들의 원성이 자자했고, 이들은 교육 당국과 대학에 엄청난 압박을 가했다. 1965년 이화여대 총장인 김옥길은 대학정원제를 거부하고 배당된 정원보다 40%가 더 많은 학생을 불법으로 입학시켜 정부와 1년 넘게 험악하게 대치했다. 결과는 학부모와 이화여대의 승리였다. 온갖 편법을 동원하여 대학들은 학부모의 요구에 따라 학생들을 입학시켰다. 대학 정원을 절반으로 줄이기로 한 박정희 정권에서 5년 후 오히려 정원이 25% 증가했다. [84] 학부모는 국가를 항상 이겼다. 수시/정시 논쟁에서 학부모들에 밀려 문재인 정부는 정시를 늘릴 수밖에 없었다. 강남 지역 학부모들의 혁신학교 설치 반대에 서울교육청은 항복할 수밖에 없었다. 이것은 예외가 아니라 지난 100년 동안 늘 그랬다.

유 교수는 국가가 학부모를 이긴 적이 딱 두 번 있었다고 분석한다. 그것은 중학교 무시험 제도(1969년)와 고교평준화 정책(1974년)이었다. [85] 이는 학부모들의 격렬한 반대에도 불구하고 국가가 밀어붙여 한국 교육에 긍정적 변화를 가져온 획기적인 사례다. 현재 중학교 진학 시험은 없고 이는 모든 이들에게 당연하게 받아들여지고 있다. 하지만 1969년 당시에는 학부모들이 자식을 명문 중학교에 입학시키려고 혈안이 되었고, 중학교 무시험 제도도 격렬하게 반대했다. 경기중학교를 들어가야 경기고등학교에 들어갈 확률이 높아지고 서울대 입학 확률도 높아지기 때문이었다. 1969년 7월 15일 문교부 장관 오평권은 중학교 입학시험 폐지를 선언했다. 보도에 따르면 서울광희초등학교의 한 학생은 "이제 자고 싶은 만큼 잘 수 있게 되어 정말 기뻐요"라고 말했다.[86] 지금은 중학교 입학시험이 있었다는 것도 낯설고 중학교 입학시험을 유지하라는 학부모들의 압력도 이해할 수 없다. 그만큼 교육체제는 상대적인 것이며 국가의 힘에 의해서 급격하게 바뀔 수 있다. 하지만 유 교수가 설명하듯 이는 국가가 학부모를 이긴 정말 예외적인 경우이다.

그런데 나는 학부모에 대한 비판이 어느 정도 타당하지만, 전적으로 옳다고 생각지 않는다. 이것을 학부모의 이기심 탓으로만 돌릴 수 없다. 대학병목체제 안의 학부모는 '단기적 관점'에서 자식의 명문대 진학에 최선을 다할 수밖에 없는 처지다. 학부모는 대학병목체제에서 힘이 없다. 그들은 대학독점체제의 인질이며 지위재가 고정된 상태에서 교육적 무기 전쟁을 수행해야만 하는 착취의 대상이 된다.[87] 곧 경기의 룰이 이미 정해진 상태에서 학부모는 선택지가 없으며 하나밖에 없는 고속도로를 달려야 할 뿐이다. 겉으로는 전략적인 행위자처럼 보이지만 이들은 사회물리적 구조에 의해 착취당하는 피지배자들이다. 국가는 단기적 관점이 아니라 '장기적 관점' 혹은 '백년대계의 관점'에서 교육체계를 설계하고 운영해야 하지

82 유성상, 「역자 서문」, 마이클 세스, 『한국 교육은 왜 바뀌지 않는가?』, 학지사, 2020, 9쪽.

83 이 부분은 김종영, "대선 주자가 읽어야 할 교육책 2권", 서울신문, 2021년 3월 30일 자 칼럼에서 가져왔다.

84 마이클 세스, 『한국 교육은 왜 바뀌지 않는가?』, 유성상 옮김, 학지사, 2020, 205~206쪽.

85 유성상, 앞의 글, 11쪽.

86 마이클 세스, 앞의 책, 232쪽.

87 Daniel Halliday, 앞의 글, p. 159.

만 이런 능력이 없다.

교육지옥을 영속시키는 세력 중 가장 목숨을 거는 쪽은 사교육 세력이다. 대학입시가 모든 것인 학부모와 학생들은 일타 강사나 학원에 의존한다. 사교육시장의 규모는 공식 20조 원, 비공식 10~20조 원으로 총 30~40조 원에 달한다. 사교육 자체는 하나의 거대한 산업이다. 2018년 기준 사교육 사업체는 188,631개, 사교육 종사자는 1,627,455명에 이른다.[88] 한국 교육은 공교육인 낮의 체제와 사교육인 밤의 체제로 양분되며 이 모순성은 학벌체제에서 기인한다. 선진국 중 이렇게 대규모의 사교육 업체와 시장이 존재하는 곳은 없다. 따라서 현재의 학벌체제에서 가장 큰 이득을 보는 것은 사교육 세력이다. 이들은 언론에 수시로 등장하여 학생들의 학업성취를 위해 조언을 해 주지만, 교육개혁에 대해서는 전혀 관심이 없거나 관점을 다른 곳으로 돌려 오히려 교육개혁을 방해한다.

여기서 우리는 사교육 현상을 정치적 현상으로 바라보아야 한다. 대학 서열체제와 입시의 다양화로 인해 사교육 세력들은 끊임없이 학생과 학부모를 동원하고, 시장전략으로 공교육에 우위를 점한다. 황규성은 이와 같은 사교육 세력의 정치적 전략을 다음과 같이 묘사한다.

> 소위 일류 대학은 소수만 들어갈 수 있지만, 반드시 들어가야 하는 것으로 인식하게 함으로써 수요자를 끊임없이 죄수의 딜레마에 몰아넣어야 한다. 따라서 몇 송이 열리지 않는 과일을 따기 위해 과수원에 많은 손님을 불러 모으는 것이 사교육 공급자의 목적함수다. 결국 사교육 공급자의 목적 달성 여부는 학생과 학부모에게 잠재되어 있는 불안심리를 얼마나 효과적으로 동원할 수 있느냐에 달려 있다. 이것이 '사교육 공급자의 수요자 동원능력'이다.[89]

황규성은 사교육시장의 팽창은 정부의 사교육 정책이 사교육 공급자의 기회구조를 제약하지 못하고 오히려 확장시켜 주었으며, 사교육 세력의 시장전략에 기인한다고 분석한다. 사교육은 "점수 획득 방법을 알려 주는 기법을 개발하는 데 집중"되어 있기 때문에 시험의 상대평가와 대학서열화라는 구조 속에서 공교육에 우위를 점한다.[90] 또한 학원이나 사교육이 소수로 운영됨으로써 학생과 선생님의 유대를 강화시킬 수 있는 미시적 메커니즘이 존재한다.

사교육이 전면적인 시장화의 논리로 움직임으로써 승자독식 현상도 함께 발생한다. 학원이나 사교육시장은 일타 강사를 모셔 오기 위해 치열하게 경쟁하고 언론과 유튜브에서도 일타 강사들이 활개 친다.

무엇보다 사교육은 대입에 최적화되고 개별화된 서비스를 제공한다는 장점을 지닌다. 학생부종합전형, 논술, 비교과전형 등 입시가 복잡해질수록 학생과 학부모는 사교육에 의존하는 경향이 강해진다. 입시의 다양화 정책은 다양한 방법으로의 대응을 요구하는데, 학교에서 학생들에게 개별화된 입시 전략을 제공해 주기는 힘들기 때문이다. 지난 20년 동안의 내신 강화도 상대평가 방식을 채택함으로써, 즉 학생들을 서열화시킴으로써 사교육 의존 현상을 강화했다.

사교육의 극심한 문제 때문에 일부 학원 강사 출신들이 여기에 염증을 느껴 교육개혁을 해 보겠다고 나섰는데, 대체로 이들은 교육개혁에 방해가 된다. 왜냐하면 대입과 시험이 전문 분야인 이들이 이것을 개혁해야 한다고 주장하기 때문이다. 어젠다 세팅 자체가 '입시'로 고정되어 있다. 이는

88 통계청, 『전국사업체조사』, 2018, http://kostat.go.kr

89 황규성, 「한국 사교육 정책의 작동 메커니즘에 대한 정치적 분석: 공급자의 동원능력과 시장전략을 중심으로」, 『한국사회정책』 20(2), 2013, 239쪽.

90 황규성, 위의 글, 246쪽.

바흐라흐와 바라츠가 설명하듯이 지극히 정치적인 현상으로 어젠다 자체를 '입시'에 맞춤으로써 교육개혁의 논의가 이를 벗어나지 못하게 하기 때문이다. [91] 따라서 이들은 자신의 전문 분야도 아니고 자신의 이해관계에도 맞지 않기 때문에 대학개혁을 격렬하게 반대한다. 서울대 학벌이 무너지면 사교육이 설 자리가 급격하게 줄어들기 때문에 이들은 '입시' 위주의 개혁을 줄기차게 주장해 왔다. 교육지옥동맹은 '입시파'의 절대적인 득세와 연관되며 조국 사태를 통해서 다시 한번 강화되었다.

학종 지옥이냐 정시 지옥이냐

조국 사태로 청와대와 여당은 여론의 큰 공격을 받았다. 특히 조국 전 장관은 여론의 번개를 맞는 일종의 피뢰침이 되었다. 조민의 한영외고 시절 허위 스펙 만들기가 연일 언론을 강타했고, 교육부와 청와대는 학생부종합전형(학종)과 정시 정책을 수정할 수밖에 없었다.

나는 조국 사태 이후에 경향신문에 쓴 '조국 사태 이후의 교육개혁의 방향'이란 칼럼에서 대학입시가 아니라 대학통합네트워크와 같은 대학체제 개편 정책을 제시했다.[92] 이 글을 보고 당시 청와대의 D수석으로부터 만나자는 연락이 왔다. D수석의 지시 아래 공무원 집단과 전문가 집단은 지방국립대를 발전시킬 수 있는 방향을 구상하기 위해 몇 개월 동안 회의와 작업을 진행했다. 하지만 결과는 신통치 않았다. 우선 대학개혁은 몇몇 정권 실세나 전문가가 나서서 될 수 있는 일이 아니었다. 대통령의 리더십과 교육부의 전폭적인 지지가 있어야 가능했는데 그렇지 않았다. 당시 나는 혹시 하는 생각에 희망을 갖고 참여했지만 역시 아무 성과나 정책 도출 없이 끝나고 말았다.

조국 사태를 거치면서 정부, 언론, 시민사회는 학종 개혁을 외쳤다. 특

91 Peter Bachrach and Morton Baratz, *Power and Poverty: Theory and Practice*, New York: Oxford University Press, 1970, p. 7.

92 김종영, "조국 사태 이후의 교육개혁의 방향", 경향신문, 2019년 9월 26일.

히 정시를 선호하는 강남 부모들과 중상층 부모들의 요구는 끈질겼다. 객관식 시험을 통해서 학생을 선발하는 것이 가장 공정하다는 주장이 여론을 주도했다. 입시 방식에 대한 선호도는 계층과 학교별로 나뉜다. 강남 일반고 학부모는 정시 확대, 특목고 학부모는 학생부교과보다는 학종과 정시 확대, 일반고 학부모는 학종, 지방 학부모는 학생부교과 확대를 선호한다. 교사들의 경우 일반계고는 학생부교과, 혁신학교는 학종, 특목고의 경우는 정시 확대를 선호한다. 너무나 이해관계가 복잡하다. 내가 이 책에서 대학개혁과 대학입시를 분리하여 대학입시에 손을 대지 않는 것은 입시가 대학서열의 종속변수이기도 하고 입시 문제를 들고 나오면 이해관계의 첨예한 대립으로 대학개혁이 수렁으로 빠져 버리기 때문이다. 이 책은 입시파와의 결별 선언이다.

학종이든 정시든 대학병목현상으로 지옥은 마찬가지고 학생들은 죽어나간다. 학생부종합전형(학종)의 문제점은 무엇인가? 무엇보다 학종은 대단히 복잡하다. 학생부는 "학교생활기록부로 학생의 학적 사항, 출결 사항, 수상 경력, 자격증 및 인증 취득 사항, 진로 희망 사항, 학년별 자율활동, 봉사활동, 동아리활동, 과목별 세부능력 및 특기 사항, 독서활동, 행동 특성 및 종합 의견"이 기록되어 있다.[93] 이런 학종의 복잡성 때문에 학교와 학원에서는 이를 비꼬아서 '철인 10종 경기'라고 부른다. 인서울을 하려는 고등학생들에게 너무나 다양하고 과도한 것을 주문하는 것이 학종이다. 학종은 서울의 주요 대학들이 실시하고 있어서 이들 대학에 입학하려는 학생들에게는 엄청난 부담으로 작용한다. 학생 스스로 이 모든 활동을 관리하기 힘들기 때문에 학원이나 컨설턴트에 의한 사교육이 성행하고 있다. 학종이 복잡할수록 사교육 비용은 올라간다.

학생부종합전형(학종)을 흔히 '깜깜이 전형'이라고 한다. 어떻게 평가하는지를 모르기 때문이다. 학종은 일종의 종합적 평가이기 때문에 어느 한 요소만이 아니라 모든 요소가 우수해야 한다. 학종의 최종 평가자는 학생, 교사, 학부모가 아니라 대학의 교수와 입학사정관이다. 서울 소재 대학에는 소수의 입학사정관이 있을 뿐인데, 수만 명의 학생이 학종에 지원하기 때문에 대부분은 교수들이 심사를 한다. 입학사정관으로서의 교수는 심사에 대한 심도 있는 교육을 받고 심사를 진행한다. 수년 동안의 경험이 축적된 교수들은 학종에 대한 전문성이 있다. 하지만 이들에게 학종에 대한 의견을 물어보면 '교수인 우리도 통과하기 힘들다'라는 답변이 돌아온다. 내신 1-2등급, 수백 시간의 봉사활동, 수십 개의 교내 수상 실적, 돋보이는 세특, 수십 권의 독서활동, 우수한 수능 점수를 모두 갖추어야 합격할 수 있다. 교수들의 눈으로 보기에 이것은 학생들을 잡아 죽이는 것이다. 교수들도 이 과도한 목록에 고개를 절레절레 흔든다. 학종은 지옥이다.

학종의 문제점은 2017년 EBS에서 방영된 〈대학입시의 진실〉 6부작에서 가장 잘 보여 준다. 학종은 비율로는 정시와 학생부교과전형과 비슷하나 서울의 상위 15개 대학이 이 전형을 유지하고 있어 학부모, 언론, 학생, 시민사회의 관심은 학종에 쏠려 있다. 〈대학입시의 진실〉 6부작은 "3만 8,000여 명의 교사, 학생, 학부모 설문 조사"를 통해서 대학입시의 진실을 파헤쳤다.[94] 이토록 광범위한 기획은 매우 드물다.

이 프로그램은 우선 학생부가 성적이 우수한 학생들을 위해서 빈번히 조작이 이루어진다는 점을 지적한다. 서울의 명문 대학에 합격하려면 학생부의 두께가 25~30쪽 정도 되어야 하는데, 학생들이 실행하지 않은 일을 적거나 실행했더라도 부풀려서 기재하는 일들이 빈번히 일어났다. EBS 제작팀은 광주 A여고의 학생부 조작 사건을 면밀하게 다루었다.

93 EBS 〈대학입시의 진실〉 제작팀, 『대학입시의 진실』, 다산에듀, 2018, 22쪽.

94 EBS 〈대학입시의 진실〉 제작팀, 위의 책, 7쪽.

2017년 광주 A여고에서 학생부 조작 사건이 있었다. A여고는 학기 초에 성적이 우수한 학생 10명을 선발했다. 그리고 그 학생들을 지도할 교사를 지정했다. 학생부종합전형을 염두에 두고 서울대나 서울 소재 명문 대학에 합격시키도록 1학년 때부터 고3이 될 때까지 성적과 학생부를 '관리'하기 위해서였다. 95

이 사건이 밝혀지자 광주 A여고 학생들은 선생님과 학교에 대한 배신감과 불안감에 휩싸였다. 교육자와 학교를 도저히 믿을 수 없었다. 학생부 기록에서 상위권 학생들에게 몰아주기는 이 학교뿐만 아니라 전국의 학교에서 벌어진다. 학생부는 대단히 디테일하여 학부모의 관리와 사교육의 컨설팅을 받아야 한다. EBS 6부작은 학종의 폐해를 철저히 파헤쳤다는 점에서 높이 평가받아야 하나 대안을 제시하는 데는 실패했다. EBS는 6부작의 마지막에 교육전문가들에게 그렇다면 어떤 입시제도가 더 공정하고 바람직하냐고 묻는다. 96

굳이 바꾼다면 저는 본고사 체제가 낫다고 생각합니다. 본고사 체제로 돌아간다면 사교육의 영역은 좀 적어질 거라고 기대할 수 있습니다. 또 사교육을 받더라도 학생들의 지적 능력을 배양하는 데 도움이 되는 걸 배우는 그런 결과가 나올 거라고 생각합니다. (김대일, 서울대 경제학부 교수)

학생부종합전형은 지금까지의 대한민국 입시제도 중에서 교실의 수업 장면을 긍정적으로 바꾼 거의 유일한 입시제도가 아닌가 생각합니다. 물론 단점도 많습니다. 그런데 학력고사 때는 다 외우는 암기식이었고, 수능 때는 미술이나 음악이 파행되었고 수학 문제만 풀었잖아요. 그래도 학생부종합전형이 있어서 학교 수업 시간에 아이들이 직접

발표하기도 하고 과제도 적극적으로 하게 됐어요. (조대원, 미추홀 외국어고등학교 교사)

수능은 조작할 수가 없잖아요. 수능 점수는 대학이 제멋대로 해석하지 않습니다. 그러니까 가장 공정한 제도는 수능일 수밖에 없습니다. 순수하게 자신의 노력으로 좋은 대학에 갈 수 있는 제도는 현재의 수능이 최고예요. (안선회, 중부대학교 교육행정경영학과 교수)

EBS는 다시 입시 문제로 회귀해 버림으로써 미궁에 빠져 버린다. 이들은 대학병목(고속도로)을 그대로 두고 이것을 통과하는 가장 공정하거나 좋은 방법에 몰두한다. 내가 1장에서 말했듯이 이들은 한국의 교육체제에 대한 이론을 제대로 공부하거나 고민해 보지 않아서 다시 미궁에 빠진 것이다.

학종이 문제가 많다면 대표적인 정시(수능) 지지자인 안선회 교수의 말이 맞는가? 학종은 너무 복잡하고 다양하며 조작의 가능성이 있고 돈이 너무 많이 들어가고 아이들과 학부모를 혹사시킨다. 학종을 심사하는 서울의 대학교 교수들조차 '우리도 학종으로 합격할 수 없다'고 고개를 흔든다.

그렇다면 정시로 바꾸는 것이 훨씬 나은가? 선진국 어디에도 객관식 시험으로 학생을 선발하는 나라는 없다. 아비투어, 바칼로레아 등 유럽의 입시제도는 논술형이며 미국의 입시제도는 학점제를 근간으로 하고 SAT(또는 ACT)를 대학입시에 보조적인 수단으로 사용한다.

정시 체제에서의 객관식 시험문제 풀기는 교실 현장에서 객관식 시험

95 EBS 〈대학입시의 진실〉 제작팀, 위의 책, 29쪽.

96 EBS 〈대학입시의 진실〉 제작팀, 위의 책, 336~339쪽의 인용들을 가져왔음.

위주로 수업을 진행하게 만들고, 학생들을 암기 기계로 만든다. 고등학교 3년 내내 수능을 위해서 반복 학습을 하게 된다. 점수를 올리기 위해서 학원에 등록해야 하며 EBS 수능 특강도 듣는다. 이것은 교육과정 중 최악이다. 학교가 문제풀이 공장이 되고 수업은 파행적으로 된다. 학생들도 야간 자율학습을 하든지 학원에 가서 밤새도록 공부해서 시험 성적을 올려야 한다. 자신이 원하는 대학에 합격하지 못하면 재수, 삼수를 한다. 재수생, 삼수생은 대부분이 수시보다는 정시를 노린다. 왜냐하면 졸업 후 학생부 자체를 고칠 수는 없지만 수능 점수는 높일 수 있기 때문이다. 정시 체제로의 전환은 다시 이전의 객관식 시험 풀기라는 지옥으로 빠져드는 것이다.

따라서 우리에게는 두 개의 선택지가 있다. 학종 지옥이냐 정시 지옥이냐. 학종 옹호자들은 정시 지옥보다 학종 지옥이 낫다고 말하고, 정시 옹호자들은 학종 지옥보다 정시 지옥이 낫다고 말한다. 이들 모두 틀렸다. 학부모, 학생, 교육전문가, 교육학자 대부분이 내가 말하는 소위 '입시파'다. 이들은 입시에만 목매달고 그것을 결정하는 대학체제에는 전혀 무관심하다. 따라서 이들은 교육지옥을 영속시키는 사람들이다. 우리는 '입시파'에 포획되었다.

만약 정시가 옳다면 왜 공부를 가장 잘한다는 대학교수는 정시와 같은 시험으로 뽑지 않는가? 대학교수는 학종과 같은 종합적인 평가로 뽑는다. 왜 그런가? 한 사람의 능력을 시험으로만 평가하는 데는 큰 한계와 약점이 있기 때문이다. 대학교수는 가장 창조적인 사람들로서 어떤 지식을 외우는 것이 아니라 새로운 지식을 만들어 내는 사람들이다. 이 창조성을 가장 잘 알 수 있는 방법은 일반적으로 그 사람의 논문이나 책이다. 논문은 자기 스스로 작성해야 하며 독창적인 자료와 아이디어가 있어야만 한다. 따라서 대학교수 선발에 종합적인 방법을 동원하는데, 가장 중요한 것은 그 사람의 저술 역량이다. 한국 선발체제의 문제점은 학생 선발에서부터 교수 선발까지가 미국처럼 일관되지 못하다는 점이다.

학종이 이렇게 큰 문제라면 학종의 원류인 미국에서는 왜 이런 문제가 생기지 않는가? 교육학에서 세계 제일의 명성을 누리는 곳은 미국이고, 한국의 교육전문가들 다수가 미국 유학파 출신이다. 이들은 미국 모델을 한국식으로 가져왔다. 대표적인 것이 미국식 입학사정관을 모델로 한 학생부종합전형이다. 미국은 대학생, 대학원생, 교수를 학종 스타일, 즉 종합적인 평가로 뽑는다. 교육 평가에서 일관된 입장을 보이는 것이다. 한국 대입은 학종/정시/학생부교과/논술 등 혼란스러운 방식으로 뽑고 대학교수는 학종 스타일로 뽑는다.

미국의 입학사정관 제도가 왜 한국식 학종처럼 심각한 문제를 불러오지 않는가? 미국에서는 대입에서 병목현상이 일어나지 않는다. 우선 미국은 내신성적을 한국식 상대평가가 아니라 학점제에 기반한 절대평가로 한다. 곧 시험병목이 일어나지 않는다. 한국은 1-9등급의 상대평가라서 학생들이 1, 2점에 목숨을 걸지만, 미국은 절대평가이기 때문에 그럴 필요가 없다. 오히려 교사들이 학생들의 점수를 올려 주려고 더 많은 기회를 준다. 둘째, 미국의 입학사정관 제도도 학점, 동아리활동, 수상 실적, 인턴 활동, SAT 점수 등을 종합적으로 고려한다. 흔히 내신, 표준능력시험(SAT 또는 ACT), 비교과 영역으로 삼분되어 있다. 하지만 미국 학생들은 한국처럼 대입에 목숨 걸지 않는다. 방과 후에 학원을 다니지도 않고 동아리활동이나 자율활동 등을 학교 중심으로 한다. 한국처럼 학교와 학원이 이원화되어 있지 않다는 뜻이다. 왜냐하면 궁극적으로 미국은 한국식의 피라미드 학벌사회가 아니며 좋은 학교들이 전국에 널려 있기 때문이다. 따라서 이들은 다양한 활동을 자발적으로 하며, 입시에서 경쟁을 하지만 목숨을 걸지 않는다. 방학 때 잠시 SAT 학원에 다니기도 하지만 주중에 학원을 다니는 학생은 거의 없다. 주말이나 방학 때 학원에 다니는 대다수도 아시아계 학생들이다.

미국 고등학생들이 한국과 달리 학종 지옥이 아닌 것은 대학병목이 없기 때문이다. 물론 우수한 대학에 들어가려는 경쟁은 미국 고등학교에도 있지만 이들 모두가 특정 지역의 특정 학교에 들어가려는 것은 아니다. 한국 학생들은 서울의 명문대에 들어가는 것이 목표다. 즉 공간병목과 대학병목이 극심하게 결합하여 교육지옥을 만들어 낸다. 하지만 미국은 우수한 대학들이 전국적으로 널려 있기 때문에 공간병목과 대학병목이 없다. 학종은 25쪽 내외의 대단히 두꺼운 분량에 학생들의 일거수일투족을 기록하고 있지만, 미국의 입학사정관 제도는 학점과 수강 과목, 동아리활동, 수상 실적, 인턴, 직업 경험 등 5~10쪽 안팎이다. 명문 대학들은 자기소개서와 기타 에세이를 요구한다. 코로나19 사태로 미국의 많은 대학이 학생들에게 SAT 점수 제출을 선택사항으로 지정했다. 무엇보다 미국 대학의 합격률은 몇몇 사립대를 제외하면 대단히 높다. 버클리 같은 곳은 15% 내외, 텍사스-오스틴 같은 대학은 33% 내외의 합격률을 기록하고 있다.

우리가 오해하는 것은 한국 학생들처럼 미국 학생들도 모두 특정 지역에 있는 특정 대학 즉 아이비리그 같은 곳에 진학하고 싶어 한다고 생각하는 것이다. 미국 학생들과 학부모들 대다수는 아이들을 동부의 하버드, 예일, 프린스턴, 서부의 스탠퍼드와 같은 대학에 보내려고 기를 쓰지 않는다. 즉 자기 지역에 좋은 대학들이 많고 피라미드식 학벌사회가 아니기 때문에 굳이 이들 대학을 목표로 하지 않는다. 명문 대학에 들어가지 못했다고 열등감을 느끼는 학생들도 드물다. 따라서 재수와 삼수 같은 것이 없다. 문제의 핵심은 한국의 학생부종합전형이나 미국의 입학사정관과 같은 대학입시에 있지 않다. 그것은 대학체제가 대입 병목현상을 일으키느냐 아니냐에 달려 있다.

학종이라는 판옵티콘: 학생의 해부학

조국 사태로 인해 교육부는 2023년 서울의 주요 대학의 입시에서 정시 40%를 발표하면서 학종 대 정시 논쟁은 종결되지 않고 현재진행형이다. 학종에서는 교사가 평가권력을 독점하고 수업을 주도적으로 운영할 수 있다. 정시로 인한 교실의 황폐화 현상을 줄이고 학생들의 적극적인 참여를 유도할 수 있다. 하지만 학부모와 학생 입장에서는 학생의 모든 활동이 일일이 감시되고 평가받기 때문에 죽을 맛이다.

한국의 학생부종합전형(학종)은 미셸 푸코가 『감시와 처벌』에서 설명한 '판옵티콘Panopticon'이 완벽하게 구현된 곳이다.[97] '한눈에 모든 것을 본다'는 뜻의 판옵티콘은 중앙 높은 곳에 감시시설을 설치하고 원형으로 감방들을 배치해 죄수들의 '일거수일투족'을 감시한다. 대신 죄수들은 중앙에 있는 간수를 보지 못한다. 이렇게 간수들은 '보는 권력'을 통해 죄수들을 철저히 감시하고 죄수들은 '간수가 항상 있다'고 인식하여 이 권력을 내면화하고 순종하게 된다. 푸코의 천재성은 이것이 감옥뿐만 아니라 학교, 군대, 병원과 같은 근대 사회체계를 작동시키는 원리라는 점을 보여 준 것이다.

학종 옹호론자들은 학종이 감옥과 같이 작동한다는 사실을 명확히 깨

97 미셸 푸코, 『감시와 처벌: 감옥의 탄생』, 오생근 옮김, 나남, 2020.

닫지 못하고 있다. 학교는 교육기관인 동시에 '권력기관'임을 분명히 인식해야 한다. 학종이 시험만으로 평가하는 정시보다 종합적이고 다면적인 교육을 한다는 점에서 우월하지만 학생들의 '일거수일투족'을 감시하고 기록한다는 점에서 학생과 학부모 입장에서는 죽을 노릇이다. 20~30쪽에 달하는 학종에는 학생의 출석, 내신, 과목별 세부능력 및 특기 사항(세특), 자율활동, 동아리활동, 봉사활동, 진로활동 등이 세세히 기록되어 있다. 판옵티콘에서도 간수들은 죄수 개개인에 대한 보고서를 철저히 작성한다. 판옵티콘이 '죄수의 해부학'이라면 학종은 '학생의 해부학'이다. 해부당하는 쪽은 죽을 맛이다. 학교라는 '권력'과 학종이라는 '지식'이 결합하여 학생이라는 '주체'를 철저히 지배한다. 학생과 학부모 입장에서는 판옵티콘의 죄수와 마찬가지로 교사들이 어떻게 평가하는지 알 수 없고 또 교사들은 학종의 최후 심판자인 대학이 어떻게 평가하는지 알 수 없다. 이런 점에서 학종은 이중의 판옵티콘으로 감옥을 넘어 지옥이 된다.

서울의 명문 대학에 입학하기 위해서는 학종의 모든 부분을 철저히 관리해야 한다. 즉 내신, 수능, 출석, 세특, 자율활동, 동아리활동, 봉사활동, 진로활동 등 많은 영역들을 3년 내내 철두철미하게 신경 써야 한다. 학교와 학원에서 학종을 '철인 10종 경기'라고 부르는 것은 결코 과장이 아니다. 이 철인 10종 경기는 경제자본, 문화자본, 사회자본을 모두 갖춘 '철인 부모'를 요구한다. 이것이 많은 학부모가 학종을 싫어하는 이유다. 학종은 학생의 노예화와 사교육의 극대화를 낳는다.

고전이 된 『감시와 처벌』을 학종 옹호론자에게 추천한다. 당신이 아무리 훌륭하고 고상한 교육관을 지닌 사람일지라도 할지라도 학종이 바로 교옥지옥의 간수이자 저승사자라는 것을 깨닫기 바란다.

학벌 포르노의 사회적 구조[98]

한국에서 학벌은 거대한 집단적 욕망이 되었고 시장화된 사교육과 언론은 거대한 학벌 포르노를 연출하고 돈을 버는 학벌 자본주의를 구축했다. 학벌 포르노는 사람들의 학벌 욕망을 즉각적으로 일으켜 순식간에 욕망을 분출하는 문화적 구성물로 이해할 수 있다. 포르노는 보는 사람이 이 문화적 구성물의 대리인이자 보이지 않는 공모자가 된다. 강한 자극을 순식간에 전달해야 하기 때문에 포르노는 강력하고 깨끗한 이미지들로만 구성되어 있고 주인공은 미화되고 보는 이는 마취된다.

한국에서의 학벌 포르노는 SKY, 카이스트, 의대 출신뿐만 아니라 하버드, 스탠퍼드, 예일, 프린스턴과 같이 미국 대학 출신까지 확장되었다. 드라마, 영화, 유튜브, 책, 신문 등을 살펴보면 학벌 포르노의 역사는 꽤 길다.

학벌 포르노의 주인공은 사람들의 학벌 욕망을 불러일으켜 즉각적으로 유명해지고 명성 자본을 쌓아 사회적 영향력과 돈을 번다. 이들은 부르디외가 말한 경제자본에서 문화자본의 전환을 거꾸로 전환시킨다. 곧 학벌이라는 문화자본을 돈이라는 경제자본으로 전환시킨다. 이들의 상업 행위는 언론, 출판시장, 유튜브 등에서 적극적으로 연출되고 확장된다. 일반

98 이 절의 주요 내용은 김종영, "학벌사회의 민낯", 서울신문, 2020년 12월 17일의 칼럼을 수정, 보완한 것이다.

인들뿐만 아니라 종교인들까지도 이 학벌 자본주의의 행렬에 뛰어들었다.

최근 논란이 된 현각 스님과 혜민 스님의 예를 들어 보자. 현각 스님은 숭산 스님의 제자로서 『만행: 하버드에서 회계사까지』를 써서 베스트셀러 작가가 되었다.[99] 현각은 예일에서 영문학과 서양철학을 공부한 뒤 하버드에서 비교종교학으로 석사학위를 받았다. 현각의 학벌 계보를 이은 사람은 하버드 출신의 혜민 스님으로 그는 『멈추면, 비로소 보이는 것들』이란 책을 출판하여 스타가 되었다.[100] 모든 것을 가진 사람들이 갑자기 모든 것을 버리고 출가했다니 관심이 집중되었다. 하지만 아이러니하게 이 스님들이 한국의 학벌자본주의 체제에서 육체, 학벌, 정신의 섹시함을 동시에 구현했다. 한국 언론과 국민들은 이들의 등장에 즉각적으로 반응해 집단적으로 흥분했고 이들은 스타로 등극했다.

문제는 무소유를 설파하던 혜민 스님이 남산이 보이는 고급 주택에서 수행하는 방송이 나오고 나서였다. 부동산 폭등으로 대단히 예민해져 있던 시기에 사람들은 혜민의 삶의 방식이 '무소유'가 아니라 '풀소유'라고 비판했다. 내로남불 중의 내로남불로 대중에게 각인되었다. 현각 스님이 '풀소유'의 혜민 스님을 '기생충'이라고 SNS에 비판했다가 문제가 확산되자 혜민 스님은 그와 연락을 취했다. 다음 날 현각은 혜민을 '믿을 수 없을 정도로 아름다운 사람'이라고 칭송했다. 이러한 오락가락한 해명에 그들에 대한 신뢰는 추락했다.

이런 학벌 욕망을 자극하는 일은 진보진영에서도 심심치 않게 일어난다. 이명박, 박근혜 시기의 조국 교수는 그의 학벌, 얼굴, 정의감으로 단번에 스타로 떠올랐다. 조국은 서울대 법대를 졸업하고 버클리에서 박사학위를 받았다. 한 진보 인터넷 매체는 그를 대권주자로 염두에 두고 『진보집권플랜』이란 책을 출판했다.[101] 진보진영은 즉각적으로 흥분했고 그는 스타로 등극했다. 그는 문재인 정부에서 민정수석을 맡아 승승장구했지만 자녀의 입시비리, 웅동학원 비리, 사모펀드 문제로 조국 사태를 겪으면서 추락했다.

학벌 욕망을 글로벌한 스케일로 확장시킨 사람은 아마도 홍정욱일 것이다. 20대 나이에 기껏 하버드를 졸업한 그가 『7막 7장』이란 책을 쓰고 나서 하루아침에 스타가 되었다.[102] 사람들은 그의 얼굴, 학벌, 이야기에 즉각적으로 흥분했고 학벌 리비도는 그를 향해 집단적으로 솟구쳤다. 이런 예들에서 드러나듯이 학벌 포르노는 특정 개인의 문제가 아니라 사회구조의 문제다. 대학이 평준화된 나라들에서는 팔아먹을 수 없는 장르다.

왜 우리는 프로이트가 말한 '반복강박', 곧 학벌 포르노에 당하고 또 당할까? 아도르노, 프롬, 마르쿠제 등이 세운 '비판이론'의 사상적 기반은 마르크스와 프로이트의 결합이었다. 자본주의 구조와 욕망 구조가 교묘하게 결합해 집단의 인성 구조를 형성한다는 것이 비판이론의 핵심 중 하나다. 학벌 포르노의 사회적 구조는 40조 원에 달하는 사교육시장이라는 학벌자본주의, 청와대와 권력 핵심기관의 파워엘리트 64.2%가 SKY 출신이라는 통계가 명확하게 보여 주는 학벌권력의 비대화, 학부모·선생·학원강사의 아이들에 대한 학벌에 관한 집단적 사디즘, 그리고 지위권력을 독점한 대학학벌체제에 기반을 두고 있다. 곧 아이들은 학벌 포르노에 즉각적으로 반응하는 인성·욕망 구조를 가질 수밖에 없는 사회구조 속에서 길러진다.

여기에 욕망과 이미지의 생산자로서의 방송, 신문, 출판, 인터넷 매체는 집단적 학벌 리비도를 이용해 학벌 포르노의 각본을 만들어 돈을 번다.

99 현각, 『만행: 하버드에서 화계사까지』, 열림원, 2002.

100 혜민, 『멈추면, 비로소 보이는 것들』, 수오서재, 2017.

101 조국·오연호, 『진보집권플랜: 오연호가 묻고 조국이 답하다』, 오마이북, 2010

102 홍정욱, 『7막 7장』, 삼성, 1993.

'학벌 문화산업'으로서 학벌 포르노의 다양한 변주가 사용돼 왔고 몇 가지 막간극도 있었다. 예일대를 나왔다고 주장했던 신정아의 '거짓의 희극'이 나라를 흔들었고, 스탠퍼드를 졸업한 타블로의 '진실의 비극'이 인터넷을 흔들었다.

이러한 학벌 포르노의 최대의 희생자는 아이들이다. 대학서열화와 학벌에 대한 욕망으로 인하여 비정상적인 학벌 도착증을 집단적으로 겪는다. 학벌 도착증은 외부로 향하는 학벌 사디즘과 내부로 향하는 학벌 마조히즘으로 나뉠 수 있다.

> 학력 사디즘은 학력주의로 인해 비정상적인 가학적 행위가 이루어지는 것이다. 학력주의의 역학관계 구조상, 가해자는 학부모와 교사 등으로 주로 이루어진다. 학부모와 교사는 학생을 위한다는 명분으로 책임과 죄의식이 없는 학력 사디스트 역할을 주저하지 않는다. 우리의 학력주의는 구조적으로 학생들을 가혹하게 다루는 잔인한 사회적 사디즘의 성격을 가지고 있다. 치열한 학력 경쟁은 학생들을 고통의 속박 속에 몰아넣고 있기 때문이다. 학원 뺑뺑이, 독친, 죽음의 트라이앵글, 죽음의 오각형, 죽음의 핵사곤(육각형) 섬뜩한 교육 언표는 우리 학생들이 치열한 학력 경쟁으로 인해 얼마나 많은 사회적 가해를 당하고 있는지를 우회적으로 보여 준다.[103]

강창동의 분석에서 탁월한 것은 이것이 '사회적 사디즘', 즉 사회구조 속에서 일어나는 집단적 욕망과 좌절이라는 점을 명확하게 했다는 점이다. 사회적 사디즘은 아이들의 학벌 마조히즘적 희생이라는 결과를 낳는다. 가장 극단적인 형태가 학생들의 자살이며 이는 수십 년 동안 반복되어 왔던 비극이다.

학벌 포르노와 학벌 도착증은 교육지옥에서 일어나는 사회적 거울상이다. 학벌 포르노의 쾌락과 학벌 도착증의 고통은 지극히 좁은 대학병목을 굉장히 긴 시간을 거치면서 형성되는 집단적 질병이다. 이 질병을 고치기 위해 다양한 교육개혁 세력들이 나타났지만 그들은 모두 실패했다. 왜 그들이 실패했는지 다음 장에서 살펴보자.

103 강창동, 「Lacan의 관점에서 본 한국의 학력 도착증의 사회적 현상 연구」, 『한국교육학연구』 25(2), 2019, 12쪽.

4장

무능한 교육개혁 세력

모든 사람이 한국 교육이 문제라고 하는데 왜 개혁은 되지 않는가? 한편에는 강고한 교육지옥동맹이 있고 다른 한편에는 무능한 교육개혁 세력이 있다. 내가 만난 사람 중에 교육개혁을 주장하지 않는 사람이 없었다. 하지만 그들은 한국 교육의 근본적인 문제를 이해하지 못했다. 즉 대학병목현상에 의한 교육지옥에 대한 종합적 이해에 도달한 사람이 드물었고, 자신이 이해한 범위 안에서만 개혁을 주장했다. 결과적으로 그들은 개혁을 주장하지만 오히려 개혁에 방해되는 세력이었다. 병목현상을 일으키는 대학개혁 없이는 한국의 교육개혁은 불가능하다. 하지만 교육학자와 교육운동을 하는 사람 중에 여기에 동의하지 않는 사람이 많다. 곧 이들은 교육지옥이 왜, 어떻게 생겼는지 충분히 고민해 보지 않고 '자기 현실에 주어진 교육학과 교육운동'을 오랫동안 해 왔다. 이것이 바로 한국 교육이 바뀌지 않는 중요한 이유다. 사회변혁에는 변혁의 주체가 있어야 하는데 그 주체가 변혁할 역량을 갖추지 못한 것이다. 변혁 역량이 없는 교육개혁 세력은 다음과 같이 분류할 수 있다. (1) 입시파, (2) 데이터주의자, (3) 국가교육위원회주의자, (4) 4차산업혁명주의자, (5) 대책 없는 완벽주의자, (6) 좋은 막말주의자.

입시파 때문에 망했고 또 망할 것이다

한국의 교육개혁 세력은 입시파 때문에 망했고 또 망할 것이다. 조국 사태로 인한 학종/정시 논쟁의 당사자들과 많은 교육개혁 세력들은 입시파로 분류될 수 있다. 시험 또는 입시를 아무리 바꾸어도 허사라는 것은 명명백백하게 밝혀졌다. 그런데도 왜 교육개혁 세력은 입시에 집착하는가? 그것은 단기적인 결과를 얻을 수 있으리라는 착각 때문이다. IB를 도입하자는 둥, 논술형으로 대입을 바꾸자는 둥, 학점제를 하자는 둥 교육개혁 세력의 대다수는 입시파들이다. '개천용' 학파도 사실상 입시파다. 개천용 지수를 개발한 주병기 교수는 엘리트 대학의 입시에서 지역균형선발을 더 늘려야 한다고 주장한다. 김창환 교수는 엘리트 대학의 입시에서 가장 공정한 입시는 학종이라고 주장한다. 따라서 한국의 교육개혁 세력이라고 자처하는 사람들은 절대다수가 입시파다. 그 이유는 교육에 대한 편협한 사고방식을 지닌 채 학부모, 교사, 학원의 절대적인 영향력 아래 입시 프레임에 포획되어 버리기 때문이다.

입시파 중 대표적인 사람은 『대한민국의 시험』[104]과 『IB를 말한다』[105]의 저자 이혜정 박사다. 전자는 이혜정 박사 단독 저서이고 후자는 이혜정, 이범, 김진우, 박하식, 송재범, 하화주, 홍영일의 공동저작인데, 『IB를

104 이혜정, 『대한민국의 시험』, 다산지식하우스, 2017.

105 이혜정 외, 『IB를 말한다』, 창비교육, 2019.

말한다』에는 각 장의 저자가 따로 표시되어 있지 않다. 이들은 한국에 IB를 도입하려는 교육 세력으로 한동안 IB의 장점을 선전하다가 좌절되었다. 그 주된 이유는 2025년 학점제 도입이라는 정부 정책이 이미 발표된 마당에 또 다른 시험제도나 교육과정을 도입하는 것이 무리이기도 하고, IB를 도입한다고 해서 한국 교육이 바뀔 것이라는 주장이 설득력이 없었기 때문이기도 하다.

이혜정 박사는 시험에 대한 전문가다. 시험이라는 것은 평가 시스템이고 평가에 따라서 학생들의 자기계발, 실력, 창의력이 다르게 발전한다. 그는 수많은 한국 사람들이 동의하듯 객관식 시험의 폐해를 주장하고 이를 논술식으로 바꾸자고 주장한다. 영국의 A레벨, 프랑스의 바칼로레아, 독일의 아비투어 같은 시험은 각 국가에 맞추어진 논술시험이기 때문에 IB라는 국제적 프로그램을 시험 평가 시스템으로 도입하자고 주장한다.

입시파의 주장을 좀 더 체계적으로 이해하려면 각국의 시험과 입시를 비교해 보아야 한다. 이혜정은 〈표 4-1〉과 같이 세계 각국의 시험제도를 비교했다.

〈표 4-1〉 세계의 대입 시험 비교[106]

	영국	프랑스	독일	미국	IB 기관	한국
대입 시험	에이레벨	바칼로레아	아비투어	AP·SAT·ACT	IB	수능
형태	전 과목 논술형	전 과목 논술형	전 과목 논술형	선다형+서술형	전 과목 논술형	전 과목 객관식
주관	중앙(공인기관)	중앙(교육부+교육청)	주 정부	중앙(민간기관)	중앙(IB 본부)	중앙(교육과정 평가원)
채점자	교사	교사	교사	기계+채점관	교사	기계
산출	절대평가	절대평가	절대평가	절대평가	절대평가	상대평가
필터 시기	입학 시+재학 중	재학 중	재학 중	입학 시+재학 중	국가별로 다름	입학 때만
내신	논술형+수행평가	논술형+수행평가	논술형+수행평가	논술형+수행평가	논술형+수행평가	객관식+수행평가
내신 반영	대입 미반영	대입 미반영(프레파 입학 시 반영)	아비투어 총점에 포함하여 반영	대입반영	IB 총점에 포함하여 반영	전형별로 다름
패러다임	꺼내는 교육	꺼내는 교육	꺼내는 교육	꺼내는 교육+집어넣는 교육	꺼내는 교육	집어넣는 교육

영국은 A레벨Advanced Level이라는 입시를 치르는데 이는 중등학교 졸업 이후에 대학 진학을 위해 준비하는 시험이다. 이혜정 외의 저자들은 한국만 입시 위주의 시험이 있는 것이 아니라 영국과 프랑스도 입시 위주의 시험이 있다고 지적한다. 타당한 지적이다. A레벨은 내신성적을 포함하

106 이혜정 외, 위의 책, 37쪽.

지 않으며 전공에 맞게 3과목 정도만 선택해도 명문대에 진학할 수 있다. 모두 논술형으로 출제되는데, 예를 들어 역사문제로는 "산업화는 중산층에 왜 그렇게 큰 영향을 미쳤는가?"라든지, "'히틀러의 대외 정책은 독일의 1차 대전 패배를 복수하고 싶은 원한에 기반했다'라는 주장에 대해 당신은 얼마나 동의하는가?"라는 논술형 문제가 출제된다.[107]

프랑스 바칼로레아는 전 과목 논술형이며 내신이 입시에 반영되지 않고 절대평가를 한다. 전 과목 논술형이기 때문에 대략 2주간 시험이 실시되며 채점에 동원되는 교사는 2017년 기준 17만 명 정도였다.[108] 내신 상위 15~20% 정도의 학생들은 그랑제콜에 입학하기 위한 준비기관인 프레파에 진학하는데, 이때는 내신성적을 반영한다.

독일의 아비투어는 전 과목 논술형이며 주 정부가 주관하고 채점은 교사가 한다. 절대평가를 실시하며 대학입학을 위해서는 내신 3분의 2, 아비투어 시험점수 3분의 1을 반영한다. 의대, 법대, 경영학과 같은 인기 학과는 경쟁이 치열하지만 그렇지 않은 대부분의 학과들은 최소 점수만 갖추면 원하는 대학에 입학할 수 있다.

이혜정 외의 책은 미국의 시험제도에 대해서 조금 헷갈리게 설명하고 있다. 미국의 입학사정관 제도는 한국의 학종과 비슷한데, 가장 다른 점은 미국 고등학교가 학점제라는 절대평가제를 채택하고 있다는 점이다. SAT와 ACT 같은 시험을 보기는 하지만 이것은 표준성취시험이 아니라 표준능력시험이다. 표준성취시험은 고교 3학년을 마쳐야만 풀 수 있는 시험이라는 뜻이며, 표준능력시험은 IQ 시험과 같이 일반적인 수학능력을 평가하는 것을 뜻한다. 따라서 미국에서는 SAT나 ACT 같은 시험은 고등학교에서 가르치지 않고 따로 준비해야 한다. 이 점이 미국 학생들에게 부담이기는 하나 기본적으로 미국의 대입제도는 학생들의 학점(내신)이 가장 중요하고 SAT, ACT 같은 표준능력시험과 비교과 활동을 보조적으로 본다. 명문 대학교일수록 이들 모두 중요하게 보는 경향이 있다. 학생들의 학점이 평가의 중심이기 때문에 코로나19 위기 시 대부분의 대학이 SAT나 ACT 같은 성적을 필수로 요구하지 않았다.

IB는 인터내셔널 바칼로레아International Baccalaureate의 준말로서 "스위스에 법적 본부를 두고 네덜란드에 실무 본부를 두며 영국에 채점 센터를 두고 전 세계에 지역별 본부를 둔, 비영리 민간 교육 재단에서 개발해 운영하고 있는 교육과정 및 대입 시험"이다.[109] 한국 등 많은 국제학교에서 이 과정을 채택하고 있으며 몇몇 국내 학교에서는 시범적으로 운행하는 학교들이 있다. 전 과목 논술형으로 치러지며 내신 반영은 45점 만점에 기초해서 이루어진다. 국적이 없지만 국제적으로 공인된 프로그램으로 미국과 영국 등 IB를 대입에 반영하는 나라들이 늘어나고 있다.

이혜정을 비롯한 입시파는 '왜 IB인가'라는 명쾌한 해답을 내놓지 못한다. 논술, 소논문, 창의·체험·봉사 활동 등과 내신성적 기반의 평가 시스템이라는 점에서는 미국의 입학사정관과 비슷하다. 다만 소논문, 창의·체험·봉사 활동 등의 영역이 미국과 한국에서는 비교과 활동이지만 IB에서는 필수 활동이다. 한국식 객관식 시험에 대한 비판은 항상 있어 왔지만 이들은 왜 IB를 채택해야 하는지를 잘 설명하지 못한다. 프랑스나 독일식의 논술형이 있을 수 있고 미국식의 학점제를 도입할 수 있는데 IB가 이들에 비해서 비교 우위라는 어떤 증거도 없다.

현재 한국에서는 2025년부터 시행하기로 한 학점제에 대한 논쟁이 뜨겁다. 찬반 양 진영으로 나뉘어서 학점제를 전면 도입해야 한다는 주장과 준비가 덜 되었다는 이유로 도입을 미루어야 한다는 주장이 팽팽히 맞서고

107 이혜정 외, 위의 책, 24~25쪽.
108 이혜정 외, 위의 책, 28쪽.
109 이혜정 외, 위의 책, 33쪽.

있다. 학점제를 전면 도입하든 아니면 미루든 대세는 학점제다. 즉 한국의 학생부종합전형의 원조가 미국식 입학사정관 제도였기 때문에 학점제는 미국에서 교육받은 전문가들에 의해 도입되어 진행되고 있다. 물론 학점제는 미국뿐만 아니라 핀란드, 캐나다 등에서도 시행되고 있다.

이혜정 등의 입시파가 미국식 학점제를 거부하고 IB를 지지하고 나선 배경은 학생부종합전형의 폐해와 연관성이 있다. 학점제를 한다는 것은 한국의 입시제도를 미국식으로 좀 더 개조하겠다는 의미인데, 한국식 학종과 미국식 입학사정관의 가장 큰 차이는 앞서 설명했듯이 고교학점제가 절대평가라면 한국의 내신은 9등급의 상대평가라는 점이다.

여기서 IB 도입을 주장하는 이혜정은 미국식 학점제를 주장하는 쪽과 대립할 수밖에 없다. 그는 “미국 대입제도의 또 다른 특징은 내신과 입시의 연계성이 낮다는 점”이라며 미국 입시제도를 비판한다.[110] 이는 애매하고 부정확한 말이다. 앞서 설명했듯이 미국 입시는 입학사정관제이며 이는 학점(내신), SAT(또는 ACT), 비교과로 구성된다. 여기서 학점인 내신이 주를 이루고 SAT(또는 ACT)와 비교과는 종을 이룬다. 따라서 내신(학점제)은 입학사정관제를 실시하는 미국 대입과 연관성이 대단히 높다. 이혜정의 말은 SAT 또는 ACT(입시의 한 부분)가 학교의 교과과정과 연관이 없다는 말이다.

미국의 입시제도 비판에서 한 발 더 나아가 이혜정은 미국의 교육체제를 심하게 왜곡한다. “미국은 1퍼센트의 교육과 99퍼센트의 교육을 철저하게 구분하고 99퍼센트의 학생들이 1퍼센트를 부러워하지 않는 구조다. 교육만이 아니라 사회 전체적으로 마찬가지다.”[111] 이것은 대단히 왜곡되고 현실과 맞지 않는 주장인데, 한국의 SKY 구조를 미국 대학구조에 투사시킨 결과다. 미국 대학에도 서열이 있지만 이것은 엄연히 다원적 서열구조이다. 앞서도 설명했듯이 미국에는 서울대 수준 이상의 학교가 60여 개 있고 대단히 우수한 주립대학들이 많다. 가령 Academic Ranking of

World Universities에 전 세계 5위와 14위에 랭크된 UC 버클리와 UCLA는 한 해 입학생(편입생 포함)이 약 1만 9,000명에 이른다. 이는 전체 아이비리그 입학생(편입생 포함)의 숫자보다 2,000~3,000여 명 많은 수치다. 이 단순한 수치만 보더라도 미국 교육이 1%와 99%로 나뉜다는 주장은 미국의 교육전문가, 학부모, 학생들에게는 대단히 황당한 주장이다. 미국식 학점제와 대입에서의 비교과 영역의 반영은 학생을 한 줄로 세울 수 없다는 철학을 학교교육과정과 입시에 반영한 것이다. 따라서 이러한 주장은 다양한 재능을 종합적으로 평가하는 미국 입시와 미국의 다원적 대학체제를 심하게 왜곡한 것이다.

더 큰 쟁점이 되는 것은 2025년 전면 시행에 들어가는 고교학점제다. [112] 이들은 교육학에서 흔히 말하는 교육과정을 표준화되고 획일화된 커리큘럼에서 다양한 커리큘럼으로 바꿔야 한다고 주장한다. 고교학점제가 낯선 말이라면 대학의 학점제와 유사하다고 생각하면 된다. 고교학점제를 하더라도 필수과목과 선택과목이 있다. 대학에서도 전공에 따라 필수과목이 정해져 있으며 나머지 선택과목들은 자신의 적성과 관심에 따라 학생 스스로 결정하면 된다. 학생들은 대학처럼 교실을 옮겨 다니면서 수업을 듣게 된다.

왜 고교학점제인가? 학생들의 재능, 적성, 관심이 다양하기 때문에 교육과정의 다양성을 통해 학생들의 다양한 발달 경로를 만들어 주기 위해서다. 현행 수능 체제와 상대평가 체제에서는 학생들의 선택과목이 제한될 수밖에 없다. 사실상 자신의 재능과는 상관없이 획일적으로 과목이 정해진다.

110 이혜정 외, 위의 책, 51쪽.

111 이혜정, 앞의 책, 288쪽.

112 교육부, 「포용과 성장의 고교교육 구현을 위한 고교학점제 종합 추진계획」, 2021년 2월 16일을 볼 것.

또한 고교학점제는 현행 서열화된 고교 체제를 사실상 무너뜨리기 위한 제도이기도 하다. 한국 고등학교 체제는 일종의 새끼 병목으로 과학고, 외국어고, 국제고, 자사고 등이 명문고로 여겨지고 일반고는 슬럼화되는 경향이 있다. 학점제를 시행하게 되면 사실상 절대평가제를 실시하게 되고 이것은 특목고/일반고의 위계를 없애거나 줄이는 역할을 하게 된다. 미국의 경우 일부 유명 사립 고등학교들이 있긴 하지만 한국처럼 고등학교가 서열로 이원화된 것은 아니다. 부자 동네와 가난한 동네 고등학교의 인프라 차이가 제각각이지만 교육과정에서는 한국처럼 명확하게 특목고와 일반고로 나뉘지 않는다. 물론 미국 학교들이 사립과 공립으로 나뉘고 홈스쿨링 등의 다양한 제도가 있지만, 한국처럼 구조적으로 층을 나누어 특권 학교가 형성되어 있지는 않다. 핀란드, 캐나다 등도 학점제를 운영하고 있지만 학점제를 주상하는 전문가들은 사실상 미국 시스템에 가까운 제도를 제안하고 있다.

학점제는 지역, 학교, 특히 교사의 자율성을 최대로 증대시킬 수 있는 교육과정이다. 대학의 교수들을 생각해 보자. 이들은 국가, 언론, 학부모의 어떤 영향도 받지 않고 자유롭게 수업의 커리큘럼을 구성한다. 자신이 직접 쓴 책이나 논문, 기사를 모아서 수업에 사용한다. 학점제에서는 보통 다양한 소스, 즉 책, 논문, 기사, 인터넷 자료, 동영상 자료들을 교사들이 자유롭게 구성한다. 또 심화학습이 가능해서 특정한 재능이 있는 학생들을 위해 심화 과목을 제공할 수 있다는 장점이 있다. 따라서 학생들의 재능, 관심, 수준도 맞출 수 있고 교사의 능력과 자율성을 최대한 발휘할 수 있는 장점이 있다.

문제는 교육과정주의자들의 안이한 현실 인식이다. 이것은 미국의 입학사정관제를 한국에 도입했을 때 학벌체제로 인해 학종이 심하게 왜곡되었다는 사실을 염두에 두면 알기 쉽다. 미국식 또는 핀란드식 학점제는 대학이 다원화 또는 평준화된 경우에 잘 작동한다. 교육전문가나 대학 당국이 늘 말하는 변별력이란 대학서열에 따라서 학생들을 줄 세우는 것이다.

다원화 또는 평준화된 대학체제에서는 서열을 매겨 줄 세우기를 할 필요가 없다. 다양한 재능과 관심에 어떻게 줄을 세운단 말인가? 여기에 문제의 핵심이 있다. 한국의 대학서열체제에서는 1~2점 차이로 당락이 결정되는데, 학점제라는 절대평가를 실시한다면 학점 인플레이션 현상이 일어나고 고교 간의 변별이 일어날 가능성이 커진다.[113] 즉 학점제라는 절대평가의 교육과정은 대학서열체제와 구조적인 모순이 있다. 학생들의 재능과 관심은 다양한데 이 다양성을 서열화해야 한다는 것이 문제의 핵심이다.

2025년에 도입되는 고교학점제의 문제는 다섯 가지로 요약된다. 교육과정의 안정을 해치고 교사의 불안 증가, 시설 개선 등에 대한 막대한 예산 소요, 현재의 고등학교 체제가 다양한 과목을 개설할 수 있는가라는 문제, 시간강사 초빙에 소요되는 예산 문제, 수능 체제와의 충돌.[114] 고교학점제를 주장하는 사람들은 그 해결책으로 학교 간 공동 교육과정 개발, 지역사회와 연계한 교과 운영, 3원화된 대입제도(수능 중심, 내신 중심, 학종 중심), 교과별 절대평가 확대, 교원양성제도 개선을 내세우고 있다.[115]

그런데 이들의 대안에는 대학체제 개편에 대한 고민이 전혀 없다. 고교학점제가 대학서열로 인한 병목현상을 고칠 수 없다는 것은 자명하다. 어떤 입시제도를 도입하더라도 문제는 해결되지 않는다. 따라서 이 책은 입시파와 결별을 선언해야만 대학개혁이 이루어질 수 있다고 주장한다. 우리의 목표는 입시가 아니라 서울대 수준의 대학 10개를 전국에 만드는 것이다.

113 1995년 5·31 개혁 조치 이후에 상대평가가 수우미양가의 절대평가로 바뀌었다. 하지만 성적 부풀리기가 문제가 되어 대입에서 내신 반영 비중이 높지 않았다. 절대평가의 이런 문제를 해결하기 위해 2005년부터 석차 9등급 상대평가가 도입되었다. 이 부분에 대해서는 김정빈, 「고교학점제 도입을 위한 기초 논의」, 『교육비평』 40, 2017, 38쪽을 참조할 것.

114 김성천·민일홍·정미라, 『고교학점제란 무엇인가?』, 맘에드림, 2019, 336~338쪽.

115 김성천·민일홍·정미라, 위의 책, 340~349쪽.

안티 오이디푸스: 데이터주의자

데이터주의자들은 주로 양적방법론을 전공하는 전문가들로 구성되어 있는데, 한국 교육이 개혁되려면 더욱 많은 연구를 해야 한다는 입장으로 1장 2절에 소개한 '전사 사회 모델'에 포획된 학자들이다. 이들은 겉으로 개혁적인 것같이 보여도 이면에는 SKY 또는 인서울 독점을 유지하는 데 기여하고 있다. 과학, 데이터, 권위로 무장하여 시민들을 설득하려 하는 이들의 연구는 한국인의 '개천용' 사고방식을 오히려 강화시키면서 지배적이고 단일한 가치방식을 굳건하게 만든다. 이들은 궁극적으로 SKY 또는 인서울의 독점을 유지하면서 교육체제의 개혁을 주장한다. 나는 이들을 '개천용' 학파라고 불렀다. 개천용을 더 많이 배출하는 데 연구의 초점이 맞추어져 있기 때문이다. 하지만 이들은 용을 배출하는 대학 자체의 독점을 보지 못한다. 데이터주의자들이 교육계 전면에 등장한 계기는 2020년 〈한겨레〉에서의 지상 논쟁이었다. 김누리-최성수-김종영 논쟁에서 최성수는 교육문제를 해결하려면 더 많은 데이터와 연구가 필요하다고 주장하며 데이터주의자로 등장한다.

> 최성수: 중요한 것은 통계적이든, 질적이든 간에 엄밀한 근거와 깊은 이해, 논리적 해석을 바탕으로 치열한 고민과 논쟁이 이뤄져야 한다는 것이다. 그런 의미에서 독일을 비롯한 주요 국가들에서 근거 기반 정책결정 패러다임이 사회정책 설계의 핵심 원칙으로 채택되고 있다는 점은 중요하다. 그에 비해 한국은 근거 기반 정책결정의 토양

이 미성숙한 상황이다. 교육에서 더욱 그렇다. 우리가 이들로부터 얻어야 할 것은 김종영 교수가 강조한 "실존적 자각"이 아니라 국가 행정 자료 등 양질의 데이터 구축을 바탕으로 통계적, 과학적 근거들을 산출하고, 이에 입각해 사회·교육 정책들을 논의, 설계하는 접근 방식이다.[116]

데이터주의자의 입장은 이미 내가 1장 2절에 비판한 김창환 교수의 연구에서도 잘 드러난다. 이들은 숫자로 증명될 수 없는 것은 받아들일 수 없다는 실증주의적 입장을 취한다. 실증주의 자체에 대한 비판은 지난 100여 년간 과학철학의 주요 주제 중 하나다. 이들은 과학기술에 대한 사회과학적 연구인 '과학기술학Science and Technology Stuides'[117]의 발전에 대해 전혀 무지한 나이브한 실증주의자들이다. 나는 이러한 데이터주의자들의 맹점을 다음과 같이 공격했다.

> 김종영: 최성수 교수의 말대로 대학개혁은 데이터를 기반으로 이루어져야 할까? 역사상 최고의 대학개혁 중 하나로 평가받는 캘리포니아 대학 마스터플랜은 대학 입학생의 증가, 대학의 기능 분화에 대한 구성원 간의 합의, 대학에 대한 사회적 요구가 결합된 정치적 타협책이었다. 68혁명 이후 파리 대학의 개혁과 독일 대학의 개혁도 마찬

116 최성수, "'교육개혁' 논쟁 2라운드: 개혁은 구호가 아니다", 한겨레, 2020년 7월 22일.

117 Ulrike Felt et al., *The Handbook of Science and Technology Studies*, Fourth Edition, Cambridge, MA: The MIT Press, 2016; Bruno Latour, *Reassembling the Social: An Introduction to Actor-Network Theory*, Oxford: Oxford University Press, 2005; Sergio Sismondo, *An Introduction to Science and Technology Studies*, West Sussex, UK: Wiley-Blackwell, 2010.

> 가지다. 곧 최 교수가 주장하는 근거 기반 정책결정 패러다임은 '교육정책의 사회적 구성'을 파악하지 못한 왜곡된 과학주의다. 정책은 과학이 아니라 사회적, 정치적, 과학적 요소들에 의한 공동 구성의 결과물이다. 최 교수는 교육개혁을 하려면 "자료와 근거의 축적"이 있어야 하며 이는 "과학의 영역"이기 때문에 연구를 더 해야 한다고 강조한다. 얼마만큼의 데이터를 모아야 한국 교육이 개혁될까? 과학기술학에서는 '데이터의 비결정성'이라는 개념이 있다. 데이터를 무한정 모은다고 하더라도 알고 싶은 현상에 대한 관점과 이론이 없다면 그 현상을 이해할 수 없다는 뜻이다. 즉 과학은 현실, 이론, 데이터의 상호안정화 Interactive Stabilization이지 데이터의 무한 수집이 아니다. 최 교수는 교육지옥이라는 '현실'이 아니라 데이터가 제공하는 '현실과 동떨어진 평균'을 본다. 정녕 '말이 되는' 과학을 수행하기 위해서는 데이터 물신주의라는 '사상누각'에서 내려와 학교라는 '교육지옥'에 발을 내디뎌야 한다. 우리가 연구를 덜 해서 한국 교육문제가 풀리지 않는가? 한국 교육에 대한 자료와 근거는 흘러넘친다. 우리에게 필요한 것은 자료와 근거의 축적이 아니라 '왜 한국만 교육지옥인가?'라는 질문에 대한 집요한 탐구이며, 이를 해결하기 위한 쓸모 있고 창의적인 연구들이다. 왜냐하면 국민들이 교육지옥에서 벗어나길 원하기 때문이다. 교육에 대해 연구를 위한 연구를 수행하는 것이 아니라 '세상의 물음에 응답하는 것'이 성숙한 사회과학자의 자세다.[118]

데이터주의자들은 한국이 왜 교육지옥인가에는 관심이 없다. 이들의 연구는 미국 교육사회학 모델을 그대로 적용시켜 현재 한국에서 벌어지고 있는 불평등이 교육 때문이라는 어떤 증거도 없다고 주장했다. 교육 불평등이 날로 심각해지고 있다고 생각하는 대다수의 한국인들에게 강타를 날린 것이다.

이들은 현재 한국 교육사회학을 주도하고 있는 학자들로서 교육사회학의 전통적인 삼각형 모델, 즉 부모의 사회경제적 지위Origin, 자녀 교육Education, 자녀의 사회경제적 지위Destination의 관계 속에서 교육문제를 이해하려고 한다. 이를 교육사회학에서 OED 삼각형이라고 부르는데 세대 간의 계급 이동이 교육을 통해 어떻게 이루어지는지가 분석의 초점이 된다.[119]

이 삼각형 모델에서 OD, OE, ED 세 부분의 영향력이 중요한데, 오로지 본인의 능력에 의해 자신의 사회경제적 지위가 결정되는 것이 이상적이다. 즉 OD와 OE의 영향력이 낮고, ED의 영향력이 가장 크다면 능력주의와 평등주의가 구현된 것이다. OE는 부모의 사회경제적 지위와 자녀 교육 관계를 뜻하는 것으로, 이는 흔히 교육 기회 불평등으로 해석한다. 언론과 시민사회에서는 '개천용'이나 '수저론'이 퍼지면서 교육 기회 불평등이 확대되었다고 알려져 있지만, 이들은 집단적 연구를 통해서 그런 증거는 없다고 반박했다.

> 상위 15개 대학으로 정의된 이른바 명문대 졸업의 경우 부모 학력에 따른 격차가 일정하게 유지되어 왔음을 보고하면서, 적어도 최근 출생 코호트에서 교육 기회 불평등이 증가했다는 근거는 찾기 어렵다는 결론을 제시한다. (중략) 인구의 소수가 진학하는 영역(명문 4년제 대학)의 경우 격차 변동이 없는 반면, 인구의 다수가 진학하는 영역(고교, 전문대, 비명문 4년제 대학)에서는 격차가 감소했다는 점을 고려하면 교육 기회 불평등은 오히려 약화된 측면이 강하다고 할 수 있다.[120]

118 김종영, "'교육개혁' 논쟁 2라운드: 연구를 위한 연구, 그만하자", 한겨레, 2020년 8월 5일.

119 이에 대한 자세한 설명은 김신일, 앞의 책, 296~299쪽을 볼 것.

120 정인관 외, 위의 글, 29쪽.

〈그림 4-1〉 세대 간 이동성 경로를 보여 주는 OED 삼각형[121]

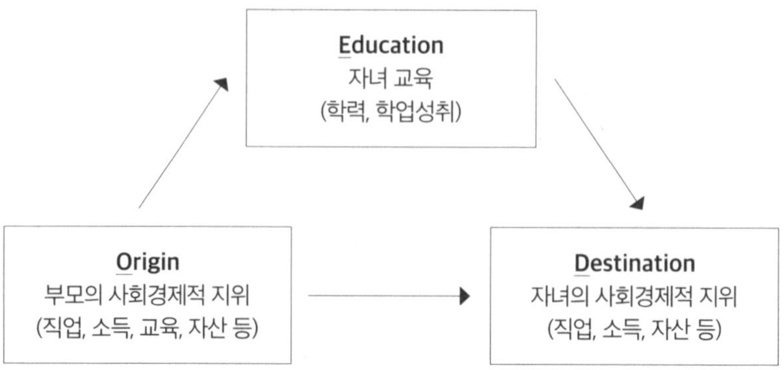

쉽게 말하면 예전에도 부잣집 자식들이 명문대에 갔고 요즘에도 부잣집 자식들이 명문대를 가는데 예전에 비해서 그 차이가 없다는 뜻이다. 또한 비명문대에서는 OE의 추세가 약해져서 오히려 교육 불평등이 해소되었다.

데이터주의자들은 국제비교를 통해서 세대 간 소득 불평등이 증가했다는 증거도 없다고 주장했다. 한국인 모두가 입에 달고 다닌 게 불평등인데, 이들은 지난 20여 년간 세대 간 소득 불평등이 증가하지 않았다고 주장했다. 게다가 한국의 세대 간 소득이동성이 독일이나 프랑스보다 높고 많은 이들이 계급 상승 이동을 했다고 주장했다. 이들은 실증적인 데이터를 동원해서 이를 간결하게 보여 주면서 설득력을 얻었다. 모두가 뒤통수를 세게 맞은 것이다.

〈그림 4-2〉를 보면 한국은 대학이 평준화된 독일, 오스트리아, 스위스, 이탈리아보다 세대 간 소득이동성이 높고, 대학이 다원화된 미국이나 영국보다 세대 간 소득이동성이 비슷하다. 다만 대학이 평준화되고 교육복지 시스템이 잘 갖추어진 덴마크, 노르웨이, 핀란드, 스웨덴 같은 나라들보다는 세대 간 소득이동성이 낮다. 우리의 상식과는 반대되게 세대 간 불평등이 증가한 것이 아니라는 사실은 무척 반가운 소식이다.

〈그림 4-2〉 세대 간 소득이동성의 국제비교 [122]

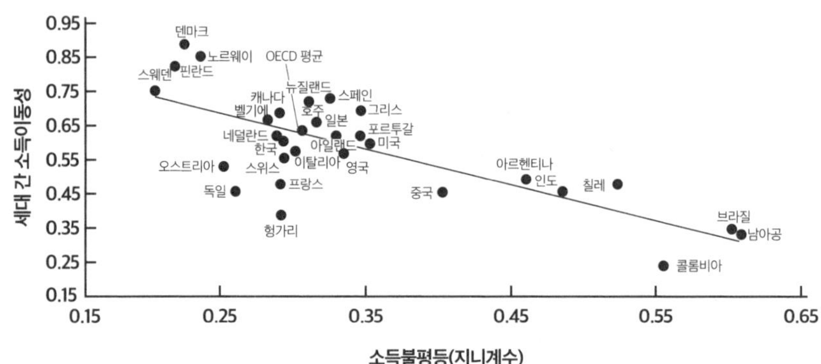

주: 소득이동성은 1에서 아버지와 아들 간 세대 간 소득탄력성을 뺀 값으로 추정했음. 지니계수는 1980년대 중반부터 1990년대 초반을 기준으로 측정된 값을 사용했음.
자료: OECD, 2018: 36.

데이터주의자들은 한국 교육에 비판적이었던 모든 사람들, 특히 진보 교육진영의 머리를 망치로 때린 것이나 다름없다. 우리의 인식과 경험적 근거 사이에 큰 괴리가 있는 것이다. 이 괴리는 왜 그리고 어떻게 발생하는가? 이들은 이를 크게 일곱 가지로 나눈다. 절대적 이동의 감소, 대중들의 불평등에 대한 종합적 판단, 상승 이동의 불확실성 증가, 1990년대 이후 출생자에 대한 자료 부족, 불평등 담론의 급속한 확산, 노동시장에서의 지위경쟁의 격화, 중상층의 계층 재생산의 위기감. [123]

여기서 분명히 짚고 넘어가야 할 부분이 있다. 이들의 연구는 대단히 탁월하고 많은 노력이 들어간 수작이다. 문제는 이들이 교육을 바라보는 방법과 관점에 있다. 이들은 교육문제를 가족의 계급 문제로 환원시켜 버

121 정인관 외, 「한국의 세대 간 사회이동과 교육 불평등」, 『경제와사회』 127, 2020, 17쪽.

122 정인관 외, 위의 글, 25쪽.

123 정인관 외, 위의 글, 44~46쪽.

린다. 곧 이들은 우리가 1장에서 알아보았던 '전사 사회'에서 전사계급과 평민계급 사이의 교육 불평등 문제를 이야기하고 있다. 이들의 연구에 의하면 상층의 자녀들이 과거에나 지금이나 기존의 서울에 위치한 명문대에 비슷한 비율로 입학한다. 즉 교육 불평등이 증가하지 않았다. 비유하자면 전사 가족의 자식이 전사가 되는 확률이 예나 지금이나 마찬가지란 뜻이다. 따라서 교육 불평등이 예전에 비해 증가하는 것은 아니라는 뜻이다.

결국 이들은 '전사 사회 모델'에 갇혀서 기존의 인서울 명문대 중심의 병목에 관심이 없다. 교육 인프라의 불평등 문제에는 관심이 없고 교육문제를 계급 문제로 환원시켜 버렸다. 결과적으로 SKY 중심의 지위권력 독점과 서울 중심의 공간권력 독점에 문제 제기를 하지 않는 대단히 보수적인 입장을 취한다. 즉 이들은 SKY 또는 인서울의 독점은 유지시키면서 평민계급의 자녀를 전사(용)로 만드는 데 관심을 기울인다. 그래서 나는 보수적인 독점체제를 유지하면서 개천(평민)에서 용(전사)을 더 많이 길러내자는 입장을 지닌 이들을 '개천용' 학파라고 불렀다. 전사 사회의 독점(SKY 중심의 교육 인프라의 독점)은 이들의 연구 관심도 대상도 아니다. 이들은 전사 사회(병목사회/독점사회) 너머를 바라보지 못한다. 왜냐하면 병목사회를 고치는 것은 가족의 교육 불평등 문제가 아니라 교육 인프라의 불평등 문제이기 때문이다. 독자들은 여기서 개천용 학파와 나의 관점의 차이를 명확하게 인지했을 것이다.

통계를 바탕으로 하는 실증주의자들은 해당 현상을 종합적으로 보지 않고 몇 가지 변수로 단순화시키는 경향이 강하다. OED 삼각형 모델은 학벌체제에서 오는 입시의 왜곡, 교육현장에서의 극단적인 경쟁, 세계 최고의 사교육비 문제, 학생들의 학업 스트레스와 자살률, 대학서열체제로 인한 지대 추구 현상 등을 간과하고 있다. 이들은 다차원적인 교육 현상을 교육과 소득이라는 변수로 환원시켜 버린다. 한마디로 거대한 교육체제를 가족의 삼각형 모델로 협소하게 만들어 버림으로써 한국 교육체제의 심각한

병목현상을 보지 못한다. 결과적으로 이들은 데이터 물신주의와 왜곡된 과학주의로 한국 교육의 개혁을 방해하고 있다.

이런 가족의 OED 삼각형 모델은 정신분석학에서의 삼각형 모델과 문제의 접근 방식에 유사점이 있다. 들뢰즈-과타리는 『안티 오이디푸스: 자본주의와 분열증』이라는 책에서 프로이트의 정신분석학을 다음과 같이 비판한다.

> 프로이트마저도 자아라는 이 좁은 관점에서 떠나지 않았다. 그가 이 관점에서 떠나지 못하게 한 것은 자아에 대한 그의 삼위일체 공식, 그러니까 오이디푸스, 신경증, 즉 아빠-엄마-나라는 공식이다. 프로이트는 분열증에 적용되는 자폐증이라는 난처한 개념을 재발견하고 이것을 그의 권위로 보증했는데, 그를 여기로 인도한 것은 오이디푸스 콤플렉스의 정신분석적 제국주의가 아니었는지 따져 보아야 할 것이다.[124]

내가 『안티 오이디푸스』를 비유적으로 인용하여 데이터주의자들을 비판하는 이유는 이들이 광범위한 교육의 영역을 가족의 삼각형 모델로 환원시켜 버렸기 때문이다. 이로써 이들은 한국 교육의 가장 심각한 문제인 대학병목현상 곧 교육 인프라의 불평등을 눈감아 버렸다. 이들은 데이터 제국주의에 빠져 버렸고 사악한 대학병목체제로 옹호하는, 푸코의 말을 비틀어서 인용하면, '데이터의 공무원'이 되었다.[125] 그들은 겉으로 개혁을 외

124 질 들뢰즈·펠릭스 과타리, 『안티 오이디푸스: 자본주의와 분열증』, 3판, 김재인 옮김, 민음사, 2014, 56쪽.

125 미셸 푸코, 「서문: 비-파시스트적 삶의 입문서」, 질 들뢰즈·펠릭스 과타리, 『안티 오이디푸스: 자본주의와 분열증』, 3판, 김재인 옮김, 민음사, 2014, 7쪽. 푸코는 『안티 오이디푸스』가 세 부류의 적을 겨냥하고 있다고 말하는데 그중 한 부류가 '진리의 공무원'이다.

치지만 실상은 현상 유지(전사 사회 또는 SKY 중심의 사회)에 기여하는 자폐적 과학을 수행하고 있다.

이들이 또 하나 간과하고 있는 점은 '사람들은 최고를 욕망하지 평균을 욕망하지 않는다'는 사실이다. 한국인들은 SKY와 서울 강남을 욕망하지 지방대와 지방도시를 욕망하지 않는다. TV, 신문, 인터넷 등 무수한 매체를 들여다보자. 모두 학벌 포르노를 쓰고 있다. 한국인들이 욕망하는 것은 SKY 캐슬이지 지방대 평야가 아니다. 〈갯마을 차차차〉의 홍반장은 서울대 공대를 나온 소확행을 추구하는 사람이다. 〈타짜〉의 여자 주인공 김혜수는 '이대 나온 여자'다. 타블로의 스탠퍼드 학위 논쟁, 신정아의 거짓 예일대 학위 논쟁까지 우리가 접하는 모든 매체가 최고를 욕망하게 만든다. 최고를 욕망하는 한국인과 평균을 들이미는 데이터주의자 사이에는 거대한 심연이 존재한다.

국가교육위원회주의자

무슨 일이 잘 안 풀릴 때 꼭 새로운 조직을 만들자는 사람들이 있다. 행정학자들이 많이 벌이는 일인데, 대통령 선거가 끝나면 정부조직체계가 바뀐다. 필요성과 목적에 따라서 정부 조직을 바꿀 수 있지만 조직을 만든다고 문제가 해결되는 것은 아니다. 오히려 문제를 더욱 악화시킬 수 있다. '국가교육위원회'도 마찬가지다.

일반 시민들에게 '국가교육위원회'는 생소한 말이다. 2021년 7월 20일 국회는 일명 「국가교육위원회법」을 만들었는데 시행일은 2022년 7월 21일부터다. 이 위원회는 문재인 정부에서 만들어진 '국가교육회의'가 법률에 의해 확대되고 위상이 강화된 조직이다. 그렇다면 국가교육위원회를 왜 만들었나? 교육문제가 정권에 따라서 널뛰기를 하며 이로 인한 피해가 고스란히 국민들에게 전가된다는 여론이 교육계 내에서 10여 년 전부터 있었다.[126] 정치적으로 중립적이고 중장기적인 교육정책을 만들고 시민, 학생, 학부모의 의견을 모아서 사회적 합의를 이끌어 낸다는 것이 이 위원회의 설립 취지다. 좋은 말이지만 한국의 교육문제를 풀 수 있을지는 회의적이다.

정치적으로 중립적인 교육정책이라는 게 가능할까? 외피상 가능할 수 있어도 실재적으로는 어렵다. 국가교육위원회는 국가를 대표하는 사람들이

126 김성천 외, 「국가교육위원회 설립 관련 쟁점과 과제」, 『교육정치학연구』 26(2), 2019, 161~185쪽.

들어가는 것이 아니라 교육계의 특정 세력이 들어가는 것이다. 이것은 지난 5년 동안 존재했던 국가교육회의를 검토해 보면 알 수 있다. 국가교육회의는 정권의 586 실세들에 의해 좌지우지된 기관이었다. 따라서 정치적으로 중립적이지도 않았고, 전문성이 없어서 한 일도 별것 없었다. 「국가교육위원회법」에 의하면 국가교육위원들은 국회 추천 9명, 대통령 지명 5명, 교육감 협의체 대표자, 교원 단체 추천 2명 등 총 21명으로 구성된다. 국가교육위원회가 국가교육회의보다는 다양성의 측면에서 우위에 있지만 이 기관이 중립적 교육정책을 펼 수 있을지는 의문이다. 교육 자체가 이미 정치이고 이것은 정당과의 관계와 이념의 지형에 따라서 영향을 받을 수밖에 없다.

국가교육위원회 설립은 교육부가 독점한 관료 중심의 교육정책이 다양한 사회세력에 의해 만들어진다는 데 의미가 있다. 하지만 중요한 사회적 합의는 이끌어 내기 대단히 어려우며, 이 책의 중심 주제인 대학개혁에 대해서 합의를 이끌어 내기는 더더욱 어렵다. 유성상 교수가 지적했듯이 한국 교육에서 유의미한 변화는 사회적 합의가 아니라 강력한 리더십에서 나왔다.

교육부가 장기적이고 종합적인 관점을 갖출 전문성이 약하기 때문인데 이를 국가교육위원회를 통해서 수립하자는 뜻은 좋다. 문재인 정부 때 국가교육회의에 21명의 위원이 있었고 100여 명의 전문위원이 있었다. 이렇게 방대한 조직이 이루어 낸 성과는 전혀 없으며 오히려 교육계를 양분시키는 역할만 했다.

가령 문재인 정부에서 국가교육회의는 학종/정시 공론화위원회라는 입시파로 회귀함으로써 돌이킬 수 없는 실수를 저질렀다. 그들은 장기적 관점에서 한국의 교육개혁을 이끌었어야 했지만, 다시 단기적 관점에 파묻혀 입시파가 됨으로써 스스로 망가졌다. 이후 국가교육회의가 역점을 두었던 사업은 교원양성 프로그램이다. 이는 한국 교육의 모순을 건드리지 못한, 곧 교육지옥의 해소에는 전혀 관심이 없는 무능의 극치를 보여 준 사례다. 한국의 교원은 전 세계에서 가장 우수한 교원집단 중 하나인데 이에 초점을 둔다는 것은 무엇이 문제인지 잘 모른다는 뜻이다. 공학에서는 역돌출부Reverse Salient라는 개념이 있다. 이는 시스템 중에서 가장 약한 부분에 신경을 써야 한다는 것이다. 가령 전기차 개발에서 가장 약한 부분은 배터리 기술로서 전 세계 공학자들이 배터리 기술 개발에 매달려 왔다. 다른 말로 말하면 국가교육회의는 한국 교육의 가장 강한 부분인 교원양성이 아니라 한국 교육의 가장 약한 부분인 대학개혁에 온 힘을 쏟아야 했다. 교육부로부터 권한을 빼앗아 와서 국가교육위원회를 만든다고 해서 교육지옥이 해소되는 것이 아니란 말이다.

국가교육위원회는 개혁을 오히려 더 어렵게 만들 가능성이 큰데, 이들이 '사회적 합의'라는 환상에 사로잡혀 있기 때문이다. 교육 분야에서 사회적 합의는 대단히 어렵다. 가령 정시/학종의 사회적 합의를 이끌어 내려던 공론화위원회의 처참한 결말을 보자. 이것은 앞서 설명했듯이 정시 지옥이냐 학종 지옥이냐의 의제 선정으로 귀결되었으며, 정시파와 학종파 누구도 만족하지 못하는 방향으로 결말이 났다. 이 공론화위원회 이후에 조국 사태가 벌어졌고 학종에 대한 언론과 시민사회의 대대적인 비판이 있었지만 몇 가지 정책만 바꾼 채 정시/학종은 현상 유지라는 결론을 맺게 되었다.

중장기적 관점에서의 교육정책 수립과 실행에는 찬성한다. 하지만 이 또한 미사여구에 불과하며, 실재적으로 위원장, 전문가라는 위원들, 교육에 대한 전체적인 조망이 부족한 시민들 사이에서의 핑퐁 게임이 될 가능성이 크다. 국가교육위원회 아래에서의 정책은 한국교육개발원이나 국가교육위원회가 지정하는 교육연구센터에 세워질 가능성이 크다. 누차 말했지만 한국의 교육전문가 중 대학개혁에 찬성하는 사람은 소수이며, 이들이 대학개혁을 중장기 발전 개혁에 포함시킬 수 있을지는 회의적이다. 따라서 국가교육위원회를 통한 교육개혁은 희망 고문이 될 가능성이 대단히 높다.

4차산업혁명주의자 [127]

4차 산업혁명이라는 유령이 지난 5~6년간 한국 사회뿐만 아니라 한국 교육을 휩쓸었다. 이 용어가 정치, 언론, 시민사회에 광범위하게 퍼진 국가는 한국이 유일하다. 4차 산업혁명에 관한 책이 200여 권 이상 출판된 나라도 한국이 유일하다. 한국인은 귀가 참 얇다. 누가 좋은 것이라고 떠들면 생각도 하지 않고 수입하기 급급하다. 내가 비판한 트랜스내셔널 미들맨 지식인의 손쉬운 생존전략이다.

4차산업혁명주의자 중 대표적인 사람은 이주호다. 그는 4차 산업혁명에 대비하여 '표층학습'이 아니라 '심층학습'을 해야 한다며 '미래형 입시제도'로 개혁해야 한다고 주장했다. [128] 이주호는 이런 점에서 '4차산업혁명주의 입시파'로 변신한다. 그는 수학, 과학, 기술, 컴퓨팅 등의 과목을 고등학교에서 가르쳐야 한다고 주장한다. 4차 산업혁명 담론의 열풍으로 학원에서는 코딩을 가르치고 일부 학교에서는 인공지능과 관련된 과목들을 개설했지만 한국 교육이 크게 바뀌지는 않았다. 그는 미국의 고등학교와 대학교의 예들을 들면서 우리도 이처럼 변해야 한다고 주장한다. 미안하지만 미국 사람들은 4차 산업혁명이란 말 자체를 쓰지 않는다.

한국 교육 담론은 4차 산업혁명이란 블랙홀에 빨려 들어갔고 허우적거리다가 아무것도 건지지 못했다. 교육 분야에서 일부 프로그램이 바뀌었지만 교육문제는 그대로 답보 상태다. 4차 산업혁명이 문제가 아니라 낡아빠진 대학독점체제가 문제다.

무엇보다 4차산업혁명주의자들은 기술결정론에 입각하여 한국 교육이 4차 산업혁명에 대비해서 바뀌어야 한다는 점을 강조한다. 지난 5년여 동안 4차 산업혁명이라는 유령이 휩쓸고 갔지만 한국 교육이 긍정적으로 바뀌었는가? 절대 아니다. 오히려 교육을 기술과 경제의 논리에 속박시킴으로써 교육을 후퇴시켰다. 4차 산업혁명의 기술주의는 당연히 경제주의와 연결된다. 자본주의라는 비판적인 용어보다 경제라는 좀 더 중립적인 단어가 4차 산업혁명 담론에 쓰인다는 것은 이것이 자본주의 체제에 순응적이라는 것을 뜻한다. 4차 산업혁명에 관한 책 중 아무것이나 뽑아서 읽어 보면 생산성 증가, 성장 가능성, 파괴적 혁신, 경제사회, 소비혁신, 혁신경제, 신성장동력, 고부가 서비스 산업 등의 단어들이 무수히 등장한다. 경제는 생존과 관련되며 4차 산업혁명의 물결에 빨리 적응하지 못하면 도태된다는 위기의식을 이 책들은 퍼뜨린다. 대표적으로 기계에 의한 인간노동의 대체를 통해 4차 산업혁명에 적응하지 못한 사람들은 생존이 힘들다는 협박성 담론이 판을 치고 있다. 교육계는 4차 산업혁명의 희망과 협박에 시달려 왔고 정신을 차리지 못하고 갈팡질팡하고 있다.

기술주의, 경제주의, 국가주의와 더불어 미래주의는 4차 산업혁명이라는 정동의 정치경제학의 네 가지 기둥 중 하나다. 미래는 현재를 구성하는 힘으로서 중요한 과학기술은 반드시 미래에 대한 희망과 기대를 동반한다. 비전, 희망, 하이프는 21세기 첨단과학산업에서 반드시 필요한 요소로 정동의 정치경제학의 핵심이 된다. 로또가 과도한 기대와 희망을 양산하는 것과 마찬가지로 4차 산업혁명 조증은 이를 끊임없이 재생산한다. 좋아 보이는 것은 무조건 빨리 받아들이는 이런 조증은 한국 교육계의 고질적인

127 이 절의 일부분은 김종영, 「포스트휴먼 조울증」, 『과학기술학연구』 20(2), 2020, 67~70쪽에 쓰인 부분에서 가져왔다.

128 이주호, 「제4차 산업혁명에 대응한 교육 대전환」, 『선진화 정책시리즈』, 2017, 161쪽.

문제다.

빨리 받아들이지 않으면 가까운 미래에 죽는다는 협박 때문에 한국 교육계는 세계 어느 나라 교육계도 사용하지 않는 말인 4차 산업혁명에 휘둘려 버렸다. 미래에 올 4차 산업혁명이 너무 멀거나 너무 가까우면 안 된다. 잡힐 듯 말 듯해야만 정동이 된다. 가령 2016년 4차 산업혁명 담론의 선언자인 클라우스 슈밥은 2025년을 4차 산업혁명의 티핑 포인트Tipping Point라고 말한다.—129 기막히고 노회한 타이밍 선택이다. 2016년 기준으로 너무 가깝거나 멀지 않은, 4차 산업혁명을 준비할 충분한 시간인 것 같지만 그렇다고 아주 충분한 시간은 아니다. 이 타이밍 선택은 희망인 동시에 협박이다. 4차 산업에서 언급되는 대부분의 기술은 현재는 상용화되지 않은 '미래에 올 기술'이다. 한국교육개혁주의자 중 4차 산업혁명을 팔아먹는 사람들은 미래의 유령을 팔아먹는 장사치다.

대책 없는 완벽주의자

대책 없는 완벽주의자는 교육개혁에 대단히 위험한 사람들이다. 한국의 교육문제는 유성상 교수가 정확하게 지적했듯이 SKY에 의한 지위권력의 독점현상 때문에 생긴다. 이를 해결하기 위해 서울대 10개 만들기를 통한 대학의 상향평준화 정책(또는 대학통합네트워크)을 이 책이 제시하고 있는 것이다. 교육개혁운동에 몸담고 있는 사람 중 상당수가 이 대안을 통해서 한국 교육의 문제가 '모두' 또는 '완벽하게' 풀리지 않는다고 비판해 왔다. 서울대 10개로 구성된 대학통합네트워크로 교육의 '모든' 문제를 풀겠다고 한 적도 없으며, 이것을 기대하는 것은 바보 같은 짓이다. 대학의 상향평준화는 한국 교육체제의 주요 모순을 교정할 수 있는 최상의 정책이다. 완벽주의자들은 이를 가로막고 불가능한 것을 요구함으로써 교육개혁을 지체시키고 있다.

서울대 10개 만들기 프로젝트로 모든 교육문제를 풀 수는 없지만 가장 중요한 대학병목 문제는 해결할 수 있다. 거점국립대 중심의 서울대 10개 만들기이다 보니, '사립대의 문제는 어떻게 해결할 것인가'라는 질문을 많이 받는다. 수도권의 사립대보다는 지방의 사립대가 생존 기로에 서 있다. 지방의 사립대를 살릴 방안을 패키지로 제시하면 다음과 같다. 서울대 10개

129 클라우스 슈밥, 『클라우스 슈밥의 제4차 산업혁명』, 송경진 옮김, 메가스터디북스, 2016.

안으로 통합하는 방법, 고교학점제를 매개로 고교와 지역 대학이 결합하는 방법, 유학생 유치로 학생들을 늘리는 방법, 특성화를 위해 정부가 지원하는 방법, 대학등록금을 폐지하여 학생들을 모집하는 방법, 그리고 평생교육의 장으로 중장년층에게 교육 프로그램을 제공하는 방법.

서울대를 지방에 만드는 가장 좋은 방법은 여러 지방대학들을 구조조정을 통해서 통폐합시키는 것이다. 예를 들어 전남대와 공영형 사립대에 관심이 있는 조선대를 통폐합하여 광주, 전남지역의 서울대로 만들면 효과도 커지고 예산도 줄어든다. 세계적인 연구중심대학들은 일단 사이즈가 크다. '규모의 학문'을 구성해야만 경쟁력과 명성을 얻을 수 있기 때문이다. 따라서 처음부터 사립대와의 구조조정을 통해서 지역의 서울대를 만드는 방안도 고려해 봐야 한다. 새로운 서울대에 포함되지 않는 지방대들을 살리기 위해 고교학점제를 매개로 고등학교의 심화 과목들을 지역 대학들의 교수들이 가르치면 지방의 대학도 살고 지방의 고등학교도 산다. 미국이나 캐나다 등에서 이미 실시하고 있다. 중국 학생들을 중심으로 지금의 유학생 규모를 더 늘리는 방안도 검토해 볼 필요가 있다. 중국도 대학병목을 겪고 있기 때문에 교육부는 지방대에 중국 학생들 및 아시아 학생들에게 좀 더 문호로 개방하여 학생 수를 늘릴 필요가 있다. 또한 청년복지 증진과 세대 갈등 해소, 미래 인재를 위한 투자로서 대학등록금을 무상화한다면 지방대와 사립대를 위한 새로운 수요가 창출될 수 있다. 대학무상교육은 대부분의 유럽 국가들이 시행 중이고 세대 간 격차가 점점 더 벌어지고 있는 현실에서 적극적으로 검토할 필요성이 있다. 또한 나머지 정책들도 지방 사립대 살리기 방법으로 검토해 볼 수 있다.

이처럼 나는 교육의 다양한 문제들을 해결하려면 다양한 해법들이 패키지로 마련되어야 한다고 생각한다. 물론 가장 중요한 문제를 우선적으로 해결하는 것이 타당하다. 지방 사립대 관계자의 입장에서 자신의 대학을 살리는 것이 가장 중요할 수 있을 것이다. 각자의 이해관계에 얽혀 있기 때문에 그만큼 교육문제는 대단히 풀기 어렵다. 하지만 완벽한 교육제도를 요구하는 것은 불가능을 요구하는 것이다. 독일 교육 시스템도 미국 교육 시스템도 문제가 많다. 문제가 많다는 것과 교육지옥은 다른 문제다. 이 책의 목적은 교육의 모든 문제가 아니라 가장 중요한 문제를 푸는 것이다. 즉 완벽한 교육체제를 만드는 것이 아니라 교육지옥에서 벗어나는 방법을 제시하고자 한다는 것을 명심하자.

좋은 막말주의자

막 던지는 말이 막말이다. 나쁜 막말은 질타를 받지만 좋은 막말은 칭찬을 받는다. 교육개혁 세력의 대부분이 '좋은 막말주의자'다. 대책을 내놓는 것이 아니라 민주, 정의, 공정, 공동체, 혁신, 공유, 포용 등 좋은 말들이 난무한다. 좋은 막말 대잔치다. 진보 교육감들은 '혁신'교육으로 10년을 먹고 살았다. '혁신,' 참 좋은 말이다. 혁신교육의 성과에 대해서는 여러 논문과 책들이 나왔고 나도 혁신교육의 성과를 인정한다. 하지만 혁신교육이 한국 교육을 근본적으로 바꾸었나? 나는 혁신교육에 대한 논문들을 심도 있게 읽었다. 이 논문들 중 참여관찰을 통한 질적 연구들이 있었는데 이들이 묘사하는 혁신학교의 분위기는 참 좋았다. 토론도 많이 하고 팀프로젝트도 같이 하고 학생들의 공동체 의식과 배려 정신이 탁월했다. 문제는 학교가 끝난 뒤였다. 학생들은 누구나 그렇듯이 학교가 끝난 뒤 학원에 가야 했다. 아무리 좋은 혁신학교라고 할지라도 그것은 낮의 세계이고 아이들에게는 밤의 세계, 즉 학원이 있다. 앞서 설명했지만 세계 어느 선진국에서도 한국처럼 학교와 학원, 밤과 낮의 이원적 세계에 사는 학생들은 없다. 독일 학생들이 학원 다닌다는 말을 들어 본 적 있는가? 미국 학생들도 SAT나 개인 교습 등의 사교육은 받지만 방과 후 학원에 다니지는 않는다. 곧 '혁신'학교는 반쪽의 성공에 불과했다. 연구자라면 학생의 학교생활뿐만 아니라 학원 생활까지 쫓아가서 연구해야 그 학생의 전체 생활을 이해할 수 있고, 교육체제에 대한 종합적인 식견을 가질 수 있다. '혁신'이라는 좋은 말 뒤에 숨어 있는 현실은 대단히 암울하고 잔혹하다.

교육개혁 세력 대부분이 좋은 막말주의자들이기 때문에 이것은 오히려 교육개혁에 방해가 된다. 유성상 교수가 지적하듯이 이들은 "'좋아 보이는 것' '추구할 만한 것'에 대한 동경에 기댄 '순진한 개혁'을 추진"하고 있다.[130] 이들은 교육문제에 대한 현실적인 진단 없이 규범적 태도로 접근한다. 이런 규범적 태도는 반박할 수도 없다는 점에서 교육개혁을 지체시키는 역할을 한다. 이들은 한국의 교육문제에 대한 어떤 이론적 고민 없이 규범적인 입장을 되풀이하면서 자신의 의견과 철학을 막 던진다.

한국의 교육개혁을 가로막는 중요한 세력은 교육학계와 교육운동 세력 바로 그들 자신이다. 이들은 '단기적인 관점'에서 계속해서 국가, 학부모, 사교육시장에 포획되어 '장기적이고 종합적인 관점'을 제시하지 못하고 사분오열되어 있다. 이들 중에서 대학개혁을 주장하는 사람들은 소수이며, 한국이 왜 교육지옥이 되었는지에 대해서는 눈감는다. 좋은 막말이 정확한 현실 진단과 분석을 가로막는다. 나는 솔직히 교육개혁주의자를 자처하는 좋은 막말주의자들에게 질렸다. 좋은 막말만 쏟아 내는 한국 교육학과 한국 교육운동은 해체되어야 한다. 왜냐하면 교육개혁을 미사여구로 가로막고 있기 때문이다.

130 유성상, 앞의 글, 2쪽.

5장

교육혁명을 위한 두 개의 철학적 탐구: 정의와 지능

평평한 운동장 모델은 틀렸다

공정의 문제만 나오면 모두 '기울어진 운동장' 타령을 한다. 대학입시를 이야기하는 사람들은 소득격차, 지역격차, 학교격차 때문에 운동장이 기울어져 있다고 주장한다. 운동장을 완벽히 평평하게 만든다고 교육정의가 이루어질까? 한국의 대입은 SKY에 들어가기 위해 50만 명이 있는 대운동장에서 1만 명이 승리하는 모델이다. 이는 앞서 설명한 전사 사회와 비슷하다. 기울어진 운동장을 평평하게 만든다는 발상은 애초부터 틀렸다. 평평한 대운동장 모델은 기회는 균등하고 과정은 공정하지만 결과는 대단히 부정의한 모델이다. 아무리 평평해도 부정의하고 비효율적이며 반민주적이다. 따라서 '하나의 대운동장 모델'이 아니라 수십 개의 운동장에서 각기 다른 경기를 펼치는 '다양한 운동장들 모델'이 요구된다. 운동장들 간의 게임은 다르며 한 운동장에서 다른 운동장으로의 이동도 비교적 자유롭게 해 주어야 한다.

평평한 운동장 모델은 단일한 기회구조를 가진 전사 사회와 똑같다. 피시킨은 전사 사회가 한국의 '중요한 시험 사회'와 같다고 말한다. 거대한 운동장에서 사회적 지위를 향해 만인의 만인에 대한 전투를 벌이는 사회가 한국이다. 피시킨은 이런 전사 사회가 현대사회의 다원민주주의와 충돌한다고 설명한다.

> 전사 사회는 유용한 사고 실험이지만, 살고 싶은 아주 매력적인 사회는 아니다. 이런 사회질서는 지나치게 획일적이다. 전문직이 하나

밖에 없고, 또 추구할 만한 분명한 가치가 있는 일도 하나뿐이다. 시험에 실패하는 사람들에게는 다른 경로가 전혀 없다. 사회 전체가 하나의 시합을 구조화되어 있기 때문에, 모든 사람이 성공과 행복으로 가는 똑같은 경로를 추구한다. 이런 사회는 현대 세계를 풍부하게 만드는 다원주의가 부족하다.[131]

모든 학생이 하나의 거대한 운동장에서 싸우는 것은 사회 전체의 낭비다. 왜 모든 사람이 거대한 운동장 안에서 축구 경기를 해야 하는가? 야구, 배구, 양궁, 수영, 핸드볼, 육상, 크리켓, 농구, 레슬링, 태권도, 유도 등 다양한 운동장에서 다양한 재능과 조건을 가지고 경기를 하면 된다. 이런 다양한 운동장에서도 경쟁은 존재한다. 이것은 독일 대학이나 핀란드 대학이 평준화되었다고 해도 경쟁이 있는 것과 똑같은 원리다. 한국인들은 대단히 비현실적이고 모순적이며 비효율적인 요구를 하고 있다. 50만 명이 뛰는 거대한 운동장을 평평하게 만들어라! 이 얼마나 파시스트적이고 폭압적인 요구인가! 푸코가 지적하듯이 파시스트적 삶이란 "일원화되고 총체화되고 편집증적인" 체제에서 길러지는 삶이다.[132] 한국의 학교는 파시스트적 삶의 양식 곧 위계, 구획, 획일성을 특징으로 한다. 한국 사회 구성원 전체가 거대한 운동장에 모여서 경쟁하기를 원하는 파시스트적 교육체제에서 길러진다.

평평한 대운동장 모델은 오히려 엘리트 대학독점체제의 정당성을 부추기는 대단히 기만적인 사고방식이다. 당신도 50만 명이 뛰는 경기에 똑

131 조지프 피시킨, 앞의 책, 32쪽.

132 미셸 푸코, 앞의 글, 8쪽.

같이 참여하지 않았느냐고 말한다. 왜 내가 이 경기에 참여해야 하는가? 왜 나는 다른 경기를 하면 안 되는가? 왜 나의 개별성과 독특성은 평평한 운동장에서 서열이 매겨져야 하는가? 평평한 대운동장은 파시스트적 사고방식과 삶을 이끄는 사회적 악이다.

다양성을 부정하는 중요한 시험 사회는 엘리트 대학독점체제 때문에 발생하고 이는 반민주적일 뿐만 아니라 반시장적이다. 지극히 비효율적이고 반자유적이라는 말이다. 부산의 한 초등학생이 지었다는 〈여덟 살의 꿈〉이라는 동시는 이를 잘 드러낸다.

> 나는 사립초등학교를 나와서/ 국제중학교를 나와서/ 민사고를 나와서/ 하버드대를 갈 거다/ 그래 그래서 나는/ 내가 하고 싶은/ 정말 하고 싶은 미용사가 될 거다.

이 시가 웅변하듯 사립초등학교, 국제중, 민사고, 하버드대에 들어간 비용은 낭비가 된다. 이는 학벌 독점이라는 '상징 폭력Symbolic Violence'을 피하기 위해 '상징적 지대Symbolic Rent'를 지불하는 것으로 미용사가 되려는 개인의 자유를 극도로 제한하고 지극히 비효율적이라는 의미다.[133] 학벌독점체제에 의한 반시장적이고 비효율적인 낭비를 가장 잘 보여 주는 것은 수십조 원에 이르는 사교육비다. SKY를 향한 대운동장 모델은 지대 사회이며, 이는 한국 사회를 극도로 비효율적으로 만든다. 당신의 머릿속에 있는 평평한 대운동장을 폭파시켜라. 파시스트적 획일성의 삶을 강요하는 지대 추구 사회가 바로 민주주의의 적이다.

따라서 정의란 평평한 대운동장에서의 공정한 시합을 뛰어넘어 다양한 운동장들을 만들어 사회 구성원들의 인생 전체에 걸쳐 다양한 기회를 제공해 주는 다원기회구조를 만드는 것이다. 1만 명의 승자(전사/SKY)와 49만 명의 패자(평민/비SKY)로 이루어진 단일기회구조 사회는 독점을 유지시키고 단일한 사회적 가치를 강화시켜 다양한 사회 구성원들이 다양한 역량을 발휘하지 못하도록 만든다. 따라서 정의란 사회 구성원 각자가 단일기회구조와 단일 가치에서 벗어나 “각자 나름의 방식으로 자신이 원하는 대로 삶을 추구할” 수 있도록 다원기회구조의 사회를 만드는 것이다.[134]

133 김종영, 앞의 책, 41쪽.

134 존 스튜어트 밀, 『자유론』, 책세상, 2005, 36쪽.

기회의 평등, 과정의 공정, 결과의 정의: 당신은 무슨 말을 하는지 모른다

문재인 대통령의 취임사에서 하이라이트는 "기회는 평등할 것입니다. 과정은 공정할 것입니다. 결과는 정의로울 것입니다"이다. 그런데 그는 그 자신이 무슨 말을 하는지 몰랐다. 이 말은 민정수석이자 법무부 장관인 조국 가족의 입시비리와 사모펀드 문제, 청와대 대변인이었던 김의겸의 흑석동 투기, 청와대 정책실장이었던 김상조의 청담동 아파트 문제 등 측근들의 부패, 비리, 반칙으로 조롱거리로 전락했다. 사회적으로는 인천국제공항 정규직 전환 문제, 가점제로 인한 20~30대의 아파트 당첨 기회 박탈, 20대 남성들의 병역에 대한 불공정한 보상 등 공정은 한국에서 가장 뜨거운 단어가 되었다.

> 공정은 MZ세대를 대표하는 핵심 가치다. 18일 빅데이터 분석 플랫폼 '썸트렌드'에 따르면 지난해 SNS와 포털사이트 등에서 '공정'이 언급된 횟수는 총 157만 1,036건에 달한다. 2018년(86만 4,442건)보다 80% 이상 급증한 수치로, 공정을 논하는 게시물이 하루 평균 4,300여 건 올라온다는 의미다. SNS의 주된 사용자인 MZ세대에게 공정이 하나의 화두로 자리 잡았음을 엿볼 수 있는 대목이다. 이는 MZ세대가 한국 사회의 불공정에 좌절하고 있다는 방증이기도 하다. 서울연구원이 지난해 7월 서울에 거주하는 20~39세 청년 1,000명을 조사한 결과 '우리 사회는 노력에 따른 공정한 대가가 제공되고 있다'는 문항에 동의한 응답자는 14.3%에 불과했다.[135]

젊은 세대들은 기득권 세력의 '내로남불'에 분노하고 있다. 정의를 외쳤던 사람들의 배신에 화난 앵그리 세대다.

기회의 평등을 이야기할 때 한국인들 대부분은 '형식적인 기회균등'을 생각한다. 이런 의미의 기회균등이란 "오로지 입사 지원 같은 경쟁 상황에서 업적 위주의 공정성을 의미할 뿐이다".[136]

하지만 형식적 기회균등은 앞서 전사 사회에서 이야기했듯이 뚜렷한 한계를 지닌다. 형식적 기회균등은 '공정한 시합 원리'다. 학부모들과 학생들은 근시안적으로 대학입시에 집착하기 때문에 공정한 시합 원리만 보는 경향이 있다. 그렇기에 학종과 정시 논쟁이 결코 끝날 수 없이 계속해서 일어나는 것이다. 학종이라는 평가 방식이 주관적이고 정성적이며 평가 과정이 비밀이기 때문에 '공정한 시합 원리'에 위배된다고 정시주의자들은 주장한다. 학종주의자들은 정시가 통계적으로 계급적 불평등을 더 조장한다고 주장한다. 정시 성적을 끌어올리기 위해 중상류층은 사교육에 더 많이 투자하고 재수, 삼수를 할 수 있는 경제적 여력이 있기 때문에 더 불공정하다고 주장한다. 이런 논쟁은 독일, 핀란드, 미국, 캐나다와 같은 나라들에서는 일어나지 않는다. 왜냐하면 이 국가들의 대학체제는 평준화 또는 다원화되어 있으며 기회균등을 넘어 비록 완전하지는 않다고 하더라도 다원기회구조로 축조되어 있기 때문이다.

아무리 세련된 공정 개념일지라도 공정의 한계는 분명하다. 존 롤즈는 가장 세련된 공정 개념을 제시한 사상가 중 한 명이다. 그는 공정한 시합 원리와 공정한 삶의 기회를 결합시켜 '공정한 기회균등' 개념을 제시한

135 세계일보, "'개천용' 기회 박탈 절망… '제발 공정만이라도 지켜 달라'", 2021년 4월 24일.

136 피시킨, 앞의 책, 55~56쪽.

다.[137] 존 롤즈는 삶의 기회가 출생 환경 등 운에 의해서 좌우되어서는 안 되며 오로지 재능과 노력에 의해서 결정되어야 한다고 주장한다. 언뜻 생각하기에 맞는 말처럼 들린다. '개천용'이라는 개념도 불리한 출생 환경에도 불구하고 자신의 노력과 실력으로 성공한 사람을 의미한다. 하지만 이것을 자세히 들여다보면 여러 가지 문제가 발생한다. 이는 크게 네 가지 문제, 즉 가족 문제, 업적 문제, 출발점 문제, 그리고 개별성 문제로 나눠서 바라볼 수 있다.[138]

공정한 기회가 출생 환경에 영향을 받지 않는다는 것은 곧 가족 문제를 일컫는다. 조국 사태가 전 국민적 공분을 일으킨 것은 조국과 정경심이 조민에게 '가족이라는 매우 유리한 조건'을 넘겨주었기 때문이다. 조민의 단국대, 서울대, 공주대, KIST 인턴 경력은 정겸심 2심 재판에서 모두 허위로 판정 났다. 고려대 입학과 부산대 의전원 입학에 이런 인턴 경력이 사용된 것은 전적으로 조국 가족의 힘이다. 조국과 정경심은 '가족의 유리한 조건'을 조민에게 최대한 넘겨주려고 애를 썼다. 공정한 기회라는 것이 가족이라는 출생 환경에 영향을 미쳤기 때문에 국민들은 학종에 분노했다. 학종은 내신, 수능, 비교과 영역으로 나뉘는데 조민이 고려대에 입학할 당시에는 미국의 입학사정관과 유사하게 비교과 영역의 비중이 매우 컸고, 조국 가족은 고려대 입학에 유리한 스펙을 만들어 주려고 무리수를 두었다.

문제는 출생 환경에 영향을 받지 않는 기회를 자녀들에게 균등하게 줄 수 있느냐는 것이다. 가족은 자녀의 문화자본, 사회자본, 경제자본을 물려주는 가장 중요한 교육의 원천이자 이로 인한 불평등의 원천이기 때문에 이를 보정하기는 거의 불가능하다. 플라톤조차도 가족 문제를 해결하기 위해서 아이들을 가족으로부터 떼어 내어 국가가 길러야 한다고 주장했을 정도이니, 가족 문제는 수천 년 전부터 기회와 불평등을 고민해 온 사상가들에게 골칫거리였다.

사회적으로 가족 문제를 완화시키기 위한 다양한 프로그램이 존재한다. 가령 미국의 헤드스타트를 벤치마킹한 한국의 드림스타트는 저소득층 가구의 자녀에게 교육 서비스나 의료 서비스를 제공한다. 드림스타트의 아이들은 0세부터 초등학교 6학년까지 서비스를 제공받는다. 이 프로그램을 통해 저소득층 유아들은 책이나 유아교구 등을 받는다. 중학교와 고등학교에서 국민기초생활보장제도를 통해서 교육급여를 제공하는데 교재비와 학용품 정도를 지원하는 정도의 매우 소액이다. 이런 프로그램이 존재하나 한국처럼 사교육에 굉장히 많이 의존하는 교육체계에서는 가족 문제를 완화시키기가 대단히 어렵다.

가족 문제를 보정하기 위한 사회적 프로그램은 주로 외적 보상이다. 현금과 다양한 서비스로 이루어지는 이러한 사회적 프로그램의 한계는 뚜렷하다. 이런 외적 보상은 자녀의 내적 보상, 가령 존 롤즈가 모든 기초재 가운데 가장 중요하다고 말한 '자존심'과 같은 것은 주지 못한다.[139] 피시킨은 롤즈가 가족 문제를 풀지 못한다면서 이렇게 비판한다.

> (가족의) 유리한 조건은 자녀와 부모가 조기에 풍부하고 반복적으로 상호작용한 결과물이다. 사회가 이런 상호작용에 간섭하는 것은 어려울 뿐만 아니라 어떤 경우에는 도덕적으로 문제가 되기도 한다. 그리고 돈을 비롯한 자원은 이런 상호작용의 보상으로는 다소 공허한 형태로 보인다. 돈은 그 수혜자를 부유하게 만들 것이며, 많은 돈은 수혜자를 틀림없이 더 부유하게 만들 것이다. 하지만 돈이 그 수혜자를 완전히 다른 발달 조건 아래서 되었을 법한 사람으로 만들어 주지

137 존 롤즈, 앞의 책, 133쪽.

138 피시킨, 앞의 책, 3장 '기회균등을 위한 네 가지 문제'를 참조할 것.

139 존 롤즈, 앞의 책, 108쪽.

> 는 못한다. 돈을 준다고 해도 그 수혜자가 할 법한 모든 일을 할 자격이 생기거나 될 법한 존재가 되지는 못할 것이다. 또한 돈을 준다고 해서 그 수혜자가 다른 식으로 갖게 되었을 성격, 소망, 목표, 가치관 등을 주입하지는 못할 것이다.[140]

'출생 환경에 영향을 받지 않고' 오로지 실력과 능력만으로 기회균등을 이루기는 불가능하다는 뜻이다. 분명 가족 문제는 다양한 프로그램으로 보정될 필요성이 있지만 존 롤즈처럼 철학적 원칙에 의해서 그것을 제거할 수는 없다.

실력과 능력에 의해 그 사람의 삶의 기회가 좌우되어야 한다는 말은 명쾌한 말인가? 이 말에는 누구나 동의하겠지만 실력이나 능력이라는 말은 대단히 애매모호하다. 여기서 두 번째 문제인 업적 문제가 등장한다. 롤즈적 평등주의자들은 업적은 "타고난 재능과 노력의 반영물이며 동시에 출생 환경과 그 환경이 낳은 유리한 조건의 반영물이 아니다"라는 것을 전제한다.[141] 문제는 이런 종류의 업적이 존재하지 않는다는 것이다. 어떤 것이 타고난 재능과 노력이며 그 환경과 분리된 채로 존재할 수 있을까? 이런 종류의 사고는 일종의 유전자 결정론이다. 이는 현대의 뇌과학에서 이미 여러 차례 반박된 가설이다. 일반적으로 사람의 능력을 평가하는 네 가지 부류가 존재하는데 그것은 강한 유전자 결정론, 약한 유전자 결정론, 약한 환경 결정론, 강한 환경 결정론이다.[142] 사람들은 타고난 재능과 환경을 분리시켜서 생각하는 대단히 나쁜 사고 습관이 있다. 피시킨은 존 롤즈의 이러한 이분법, 즉 재능과 환경 사이의 이분법이 애초에 틀렸다고 논리적으로 설명한다.

업적 또는 실력의 문제는 학종과 정시 논쟁에서도 핵심적인 사안이다. 정시주의자들은 학종에서의 학생의 업적이 부모가 제공한 환경과 강한 결합을 갖고 있다고 주장한다. 따라서 학종을 통한 학생들의 업적 또는 실력 평가는 공정치 못한 것이다. 반대로 학종 옹호론자들은 부유층의 자식들이 정시를 통해 명문대 합격생의 비율이 학종보다 높다는 것을 지적한다. 이들은 사교육을 더 많이 제공할 수 있는 중상류층의 경제적 환경이 학생의 실력에 영향을 미쳤다고 주장하며 공정치 못하다고 주장한다. 오히려 단 하루에 보는 수능이라는 것은 그날의 컨디션과 운에 따라 작용할 가능성이 학종보다 매우 높기 때문에 업적을 평가하는 좋은 수단이 아니라고 반박한다. 롤즈적 평등주의자라면 실력에서 우연한 운을 제거해야 하는데, 정시와 같은 시험이 운에 의해 많은 영향을 받는다는 것은 부인할 수 없다. 따라서 우리는 가족 문제와 마찬가지로 업적 문제 혹은 환경이나 가족에 영향을 받지 않는 순수한 자기 실력과 재능을 공정하게 측정할 수 없다는 한계에 이른다.

기회균등을 좀 더 완벽하게 해 주려는 시도 중에 가장 대중적이며 설득력 있는 것 중 하나는 '출발점 이론'이다. 부자의 자식이든 빈자의 자식이든 출발점을 똑같게 해 주자는 주장이다. 기회균등은 크게 두 가지로 나누어 볼 수 있다. 첫 번째 영역은 "인생 초기의 가족과 교육제도를 통한 개인들의 역량과 능력의 형성"이고 두 번째 영역은 "성인기 초기부터 대학교육, 일자리 시장, 사회생활 일반에서 사람들에게 주어지는 기회"이다.[143] 출발점이란 이런 기회균등의 영역에서 '균등한 기회의 순간'을 의미한다.

출발점 혹은 균등한 기회의 순간이 완벽하게 이루어졌을지라도 문제

140 피시킨, 앞의 책, 109쪽.

141 피시킨, 앞의 책, 111쪽.

142 피시킨, 앞의 책, 175~177쪽.

143 David Miller, *Principles of Social Justice*, Cambridge, MA: Harvard University Press, 1999, p. 181.

는 발생한다. 피시킨은 전사 사회를 변형하여 '균등한 교육 전사 사회'라는 출발점, 발달 기회, 기회균등이 완벽한 사회라는 사고 실험을 통해 출발점 이론의 허구를 설명한다.

> 전사 사회를 다시 떠올려 보자. 이번에는 더욱 매력적으로 심지어 유토피아적인 모습의 전사 사회라고 해 보자. 평등주의 개혁가들이 전사 기능 학교를 만드는 데 성공해서, 이 학교에서 모든 사람이 전사 기능을 발전시킬 수 있는 확고하고 균등한 발달 기회를 제공한다고 생각해 보자. 우선은 누가 이 학교에 들어가는지의 문제는 걱정하지 말자. 모든 이를 위한 자리가 있다고 가정하자. 이 근본적으로 균등한 교육 전사 사회는 출발점 형태의 공정한 삶의 기회 원리를 성공적으로 실행했다. 정선된 소수가 열여섯 살에 공정한 시합에서 승리해서 전사가 된다. 이 사회는 공정한 시합을 공정한 삶의 기회가 조화시키고 있다. 144

그런데 피시킨은 완벽하게 출발점을 갖게 만들고 완벽하게 기회균등을 준다고 해도 이 사회는 정의로운 사회가 아니라고 설명한다. 왜냐하면 단 한 번의 시합으로 인생의 기회구조가 결정되고 전사 사회의 독점은 유지되기 때문이다. 이는 한국처럼 중요한 시험 사회에서도 마찬가지다. 단 한 번의 대학 시험에 의해서 인생의 기회구조가 결정된다면, 대다수의 패배자들에게는 인생의 다른 경로나 가치를 추구할 기회가 없어진다. 즉 출발점이 아무리 똑같고 기회가 균등했을지라도 독점사회는 유지되고 전사가 되지 못한 사람들에게는 인생의 제한된 가능성밖에 남지 않는다. 피시킨의 핵심 포인트는 단일기회구조에서의 기회균등을 넘어 다원기회구조를 만들어야 한다는 것이다. '개천용' 학파의 한계는 단일기회구조 속에서의 기회균등 추구다.

따라서 피시킨은 "중요한 시험 사회에서는 사회가 기회를 구조화하기 위해 선택한 방식의 임의적인 측면들 때문에, 시험에 떨어진 성인에게는 극히 제한된 가능성밖에 남지 않는다"라고 설명한다.[145] 이는 SKY를 비롯한 명문 대학에 진학하지 못한 지방대생들의 삶을 조명해 보면 더욱더 적나라하게 드러난다. 지방대생들의 삶을 그린 최종렬의 『복학왕의 사회학』은 이들이 공무원 시험을 준비하거나 아는 지인들과의 사회적 관계 속에서 직업을 찾아야 하는 매우 제한된 기회밖에 없음을 소상히 보여 준다.[146] 이 책의 부제는 '지방 청년들의 우짖는 소리'다.

또 다른 문제는 출발점을 도대체 어디로 설정할 것인가이다. 피시킨이 지적하듯 "출발점이라고 정당하게 정할 수 있는 지점이란 없다."[147] 한 살부터가 출발점인가? 네 살부터가 출발점인가? 초등학교에 입학하는 만 7세부터가 출발점인가? 아니면 중학교에 입학하는 만 13세부터가 출발점인가? 쉽게 답할 수 없다. 출발점이 어디인지에 대해 여러 부류의 전문가들 즉 뇌과학자, 발달심리학자, 유아교육학자, 교육사회학자 등이 심각하게 토론을 벌여도 그것을 찾는 것은 불가능하다. 왜냐하면 교육이란 '출발점'이 아니라 부르디외가 말하듯 오랜 축적된 시간에서 이루어진 '아비투스Habitus'라는 '개인사의 롱 뒤레Longue Durée(장기 지속)'이기 때문이다. 따라서 출발점 이론은 논리적으로 그리고 경험적으로 틀렸다.

따라서 우리는 공정 개념이 아무리 세련될지라도 본질적으로 가족 문제, 업적 문제, 출발점 문제를 해결할 수 없다는 결론에 도달한다. 곧 정의

144 피시킨, 앞의 책, 127~128쪽.

145 피시킨, 앞의 책, 133쪽.

146 최종렬, 『복학왕의 사회학: 지방 청년들의 우짖는 소리』, 오월의봄, 2018.

147 피시킨, 앞의 책, 134쪽.

는 롤즈의 철학적 원칙들에 의해서 구현될 수 없으며, 독점과 지배가 없는 다원기회구조에서 다원적 평등이 이루어질 때 구현된다.

기회균등이란 개념은 맨 마지막에 가장 심오한 문제, 즉 개별성이라는 문제에 직면한다. 기회균등이라는 말은 사회물질적으로 희소한 가치에 대한 경쟁을 함축하고 있다. '같은 경기'에 대한 균등한 기회를 보장해 달라는 것이다. 즉 기회균등이라는 말은 인생과 사회를 '경기'나 '경주'에 비유하고 있으며 같은 것을 놓고 경쟁한다는 것을 의미한다. 이것은 "지배적인 제도와 가치, 목적을 강화"하는 경향이 강하다.[148]

예를 들어 조국의 딸 조민이 '고려대'가 아니라 '지방의 무명대'에 똑같은 스펙을 가지고 들어갔다고 가정하자. 과연 조국 가족에 대한 입시비리 혐의로 전 국민이 분노를 일으켰겠는가? 조민의 고려대 입학과 부산대 의전원 입학을 가장 강하게 비판한 것은 바로 SKY 학생들이다. 왜냐하면 조민은 지배적인 제도와 가치에 반하여 불공정하게 입학했기 때문이다. 곧 대입의 기회균등 문제는 SKY나 인서울 대학을 둘러싸고 일어난다. 이것이 한국 사회에 지배적인 제도이자 가치이기 때문이다. 널리 알려져 있다시피 지방대 대부분은 학생부교과전형의 비율이 훨씬 높고 서울의 명문대들은 학생부종합전형이 훨씬 높다. 학종/정시 논쟁은 곧 서울에 있는 대학을 둘러싸고, 혹은 공간권력과 지위권력이라는 지배적인 헤게모니를 둘러싸고 벌이지는 논쟁이다.

따라서 존 샤, 마이클 왈쩌, 조지프 피시킨 같은 기회균등과 정의론의 학자들은 '기회균등'이라는 개념 자체가 보수적이라고 비판한다. 기회균등에는 공정의 개념이 들어가고 공정은 기존의 기득권에 대한 공정을 의미한다. 이런 점에서 공정 개념이 보수적이라는 김누리 교수의 지적은 타당하다.

> 공정이 한국 사회에서는 정의의 덫이 되었다. 심각하게 기울어진 운동장에서 공정만을 외치는 것은 불평등을 정당화하는 것과 다름이 없다. 공정은 엄격한 시각에서 보면 사회적 기득권자의 논리이다. 불평등과 차별이 지배하는 사회에서 외쳐야 할 것은 절차적 공정이 아니라, 사회적 정의이다. 또한 한국 사회에서는 공정이 정의를 가로막는 알리바이로도 기능한다. '조희연의 정의와 감사원의 공정'(김종영)을 보라. 정규직 전환을 둘러싼 수많은 논란을 보라. 공정 논리가 사회적 차별과 불평등을 정당화할 때 동원되는 것이다. 그 결과 약자들의 정당한 권리 구제조차 불공정하다고 공격하는 사회가 되었다. 정부가 할 일은 공정한 경쟁의 심판 역할이 아니라, 평등한 사회, 정의로운 국가를 만드는 것이다. 공정 논쟁 자체를 무의미하게 만드는 것이다.[149]

기회균등이라는 말 자체가 사회적으로 희소한 자원을 둘러싼 제로섬 게임을 상정한다. '좋은' 대학과 '좋은' 일자리를 위한 기회균등인 것이다. 또한 이 제로섬 게임에서 우리가 활용하는 재능은 단일하다는 가정으로 출발했다. 이 재능이 단일하게 측정 가능하기 때문에 학생들을 서열화시킬 수 있다는 것이 한국 교육계가 해방 이후 75년 동안 유지해 온 지배적인 이데올로기였다. 즉 여기서 학생들의 재능과 노력은 단일하다는 것을 가정한다. 이것은 교육과 민주주의에서 중요한 개별성의 가치와 정면으로 충돌한다.

개별성이란 쉽게 말해 나 자신의 인생의 꽃은 다른 사람의 인생의 꽃

148 John Schaar, "Equality of Opportunity, and Beyond", in *Nomos IX: Equality*, J. Roland Pennock and John W. Chapman eds., 1967, pp. 230~231.

149 김누리, "공정의 덫에 걸린 한국 사회", 한겨레, 2021년 9월 14일.

과 다른 것이며 이것은 장미와 백합이 다른 것처럼 비교할 수 없다는 의미다. 장미는 장미 나름대로 아름답고 백합은 백합 나름대로 아름답다. 한국과 같은 중요한 시험 사회나 전사 사회는 이러한 개별성을 철저하게 짓밟는다.

> 부모들은 중요한 시험에 자녀의 에너지를 집중시키기 위해 최선을 다할 것이고, 아이들은 밝게 빛나고 뚜렷하게 보이는 그 단일한 통로를 중심으로 소망을 쌓아 올릴 것이다. 기회와 보상 구조가 협소하고 유연하지 못한 상황에서는, 기회균등을 달성한다고 해도 사람들에게 열려 있는 삶의 계획이 확장되는 게 아니라, 모든 이가 협소하고 사회적으로 사전에 결정된 일련의 계획 및 목표를 향해 노력의 방향을 돌릴 뿐이다. 실제로 기회균등은 이런 목표들을 강화할 수 있다.[150]

한국에서의 입시경쟁, 특히 SKY를 향한 경쟁은 개별성을 죽인다. 모두 동일한 종류의 꽃을 만들려고 노력한다. 이것은 다원민주사회의 가치와 원리에 배치된다. 너무나 비슷한 부류의 사람들과 획일적인 사고방식의 사람들이 산다면 그 사회는 숨 막히는 사회다. 즉 개별성이라는 것은 민주적 다원성을 의미하며 다양한 빛깔과 향이 다른 꽃들, 나무들, 풀들이 공존하는 것을 의미한다.

따라서 정의는 기회균등과 공정을 넘어 다원적 평등이 이루어지게 사회구조를 만드는 일이다. 아무리 세련된 공정일지라도 전사 사회와 같이 단일 가치와 제도가 지배적이 된다면 정의의 원칙에 위배된다. 정의는 다양한 사회적 가치를 반영해야 할 뿐만 아니라 이것을 인프라 민주주의를 통해서 제도화시키는 것이다. 정의는 각자의 꽃들이 잘 발달하여 조화롭게 번성할 수 있도록 수로(인프라)가 구석구석까지 연결되어야 하는 것과 유사하게 사회를 축조하는 일이다. SKY의 지위권력 독점은 단일한 꽃을 기르기 위해 특정 수로(인프라)에만 물을 대고 다른 꽃들에게는 충분한 물을 줄 수 없게 부실한 인프라를 제공하는 것이다. 모든 꽃들은 제각각의 방식으로 아름다우며 이 다양한 꽃들의 발전, 곧 다원적 평등은 다원민주주의를 발전시킨다. 한 종류의 꽃이 다른 꽃들이 자라지 못하도록 정원을 지배하는 것이 부정의다. 따라서 정의는 다원적 평등을 위한 인프라 민주주의를 실현시키는 것이다.

150 피시킨, 앞의 책, 142~143쪽.

하워드 가드너의 다중지능이론

한국의 교육혁명을 위해서 우리가 반드시 탐구해야 할 또 다른 주제는 지능 또는 재능이다. 한국식 줄 세우기 교육은 인간의 지능 또는 재능은 우열의 평가가 가능하다는 기본적 가정에서 출발한다. 가장 우수한 학생이 서열이 가장 높은 학교에 가고, 가장 열등한 학생이 서열이 가장 낮은 학교에 가는 것을 한국 교육 시스템은 가정한다. 따라서 서열적 지능주의에 의해 학교교육 전체가 작동하고 있다. 그렇다면 우리는 인간의 지능을 한 줄로 세울 수 있을까? 이것을 지능으로 세우는 수단이 IQ이며, 교육체제에서 세우는 것이 점수다.

프랑스 심리학자 비네가 발명한 IQ의 가장 큰 장점이자 문제는 사람들의 지능을 단일한 척도로 측정한다는 점이다. IQ가 가장 높은 사람이 창의적일 것이며 노벨상을 받을 가능성도 높다는 편견이 있다. 미국의 심리학자 루이스 터먼Lewis Terman과 그의 제자 캐서린 콕스Catherin Cox는 IQ 140이 넘는 미국 청소년 1,500명을 20년 동안 장기간 관찰했다. 터먼과 콕스가 발견한 것은 이들 중 단 한 명도 창의적인 사람이 없었다는 점이다. 노벨 물리학상 수상자이자 실리콘 밸리의 아버지라고 불리는 윌리엄 쇼클리는 IQ 140이 넘지 않아 터먼의 관찰 그룹에 끼지도 못했다.[151] 이 유명한 일화는 IQ의 신뢰에 의문점을 던졌고, 많은 IQ 연구들은 IQ 150과 IQ 120의 차이가 무엇인지 불분명하다는 것을 깨달았다. IQ로 인간의 지능을 파악하는 것은 앞서 소개한 강한 유전자 결정론의 전형이다.

인간 지능에 대한 혁명적인 견해는 비네가 IQ를 발명한 지 약 80년 후에 하워드 가드너 교수에 의해 제시되었다. 지능(재능)의 일원화 모델에 큰 오류가 있다는 것이다. 그는 다중지능이론Theory of Multiple Intelligence을 제시하면서 인간 지능의 다원성을 밝혔다. 그는 과학적 근거들을 바탕으로 인간 지능이 언어지능, 논리수학지능, 음악지능, 신체운동지능, 공간지능, 인간친화지능, 자기성찰지능, 자연친화지능, 그리고 2분의 1의 실존 지능, 이렇게 8과 2분의 1의 지능으로 이루어져 있다고 밝혔다.[152] 물론 가드너는 여러 지능들 사이의 결합을 인정하고 보통은 이런 지능들의 결합 사이에서 두뇌 활동이 일어난다고 보았다. 하지만 이 지능들은 각각의 독립성을 가진다. 흔히 우리가 가장 중요시하는 지능은 언어지능과 논리수학지능으로 IQ 테스트나 국·영·수 위주의 시험이나 미국식 SAT 시험 등은 이 두 가지 영역의 지능만을 다룬다. 가드너는 이러한 8과 2분의 1의 지능이 상호 독립적이라면서, 이 지능들이 모두 우수한 사람은 없다고 말한다.

가드너의 다중지능이론이 던지는 충격파는 상당했다. 인간의 지능 또는 재능이 일렬로 세울 수 없고 다원적이라는 점 때문이다. 언어지능과 논리수학지능만을 기반으로 한 교육과 시험은 대단히 불공정하고 편견이 가득 찬 시스템이다.

'다중'지능이론에서 다중은 왜 꼭 8과 2분의 1개여야 하는가? 이런 근본적인 질문이 나온다. 하워드 가드너는 애초에 7개의 지능을 제시했고 추후에 자연친화지능을 붙여 8개로 늘렸다. 그리고 몇 년 후 영적인 지능을 포함하는 실존적 지능을 추가했지만, 과학적인 증거가 부족해서 2분의 1 지능이라고 붙였다. 그는 "나는 당분간 8과 2분의 1개의 지능에 만족할 것

151 홍성욱, 『과학은 얼마나』, 서울대학교출판부, 2004, 226쪽.

152 하워드 가드너, 『다중지능』, 문용린·유경재 옮김, 2007, 27~38쪽.

이다"라고 말한다.[153] 이 얼마나 모순적인가? 하워드 가드너조차도 미래에 어떤 지능이 추가될지 확신할 수 없다는 뜻이다. 애덤스라는 학자는 가드너의 다중지능에 디지털 지능을 추가해야 한다고 주장한다. 도대체 지능은 몇 개인가?

마이클 조던과 르브론 제임스의 농구 IQ

어디 그뿐인가? 우리는 한 재능 아래 다른 여러 가지 갈래의 재능이 따로 독립해 있다는 사실을 발견할 수 있다. 미국 NBA 농구를 보면 해설을 하는 아나운서는 르브론 제임스를 가리켜 "Basketball IQ가 높다"고 말하곤 한다. 그는 미국 오하이오 아콘시의 고등학교를 졸업한 농구 선수다. 농구 IQ는 신체운동지능에 속한다. 마이클 조던은 르브론 제임스와 함께 역사상 가장 위대한 농구 선수로 평가받는다. 그의 농구 IQ는 세상에서 가장 높다고 할 수 있다. 신체운동지능이 높은 것이다. 그러나 마이클 조던은 1993년 시카고 불스의 3연속 우승 이후에 마이너리그의 야구 선수로 활약했다. 그의 야구 실력은 농구 실력에 비해서 별 볼 일 없었다. 따라서 우리는 이런 결론에 도달할 수 있다. "조던의 농구 IQ는 세계 최상이었으나 야구 IQ는 다소 평범했다. 곧 신체운동지능은 하나의 단일한 지수로 환원될 수 없고 다양하다."

우리는 다중지능이론을 운동이나 예술 분야뿐만 아니라 학문의 분야에 적용할 수 있다. 따라서 우리는 물리학 지능, 생물학 지능, 화학 지능 등 무수히 많은 학문의 지능으로 세분할 수 있으며 이것은 사회과학이나 인문과학에서도 마찬가지다. 나의 경우 사회학을 평생 공부했기 때문에 한국에

153 하워드 가드너, 위의 책, 42쪽.

서 최고의 사회학적 지능을 가진 사람 중 하나일 것이다. 하지만 사회학을 벗어난 다른 학문 영역에서의 나의 학문 지능은 평범하거나 별 볼 일 없을 것이다. 사회학 지능에서 논리수학적 지능이 반드시 필요한 것은 아니다. 질적 연구를 하는 사람들은 우수한 사회친화적 지능과 언어적 지능이 더 필요하다. 따라서 공부를 잘하기 위한 단일한 지능은 존재하지 않는다. 다중지능이 계속 늘어날 수 있고, 하나의 지능 카테고리에 무수히 많은 하위 지능들이 존재한다. 따라서 우리는 다음과 같은 결론에 도달한다. "인간은 천 개의 지능을 가지고 있다."

지능과 환경은 공진화한다

하워드 가드너 교수가 밝혔듯이 우리는 지능에 대해 대단히 큰 편견을 가지고 있다. 지능은 단일하며 또는 본성으로 가지고 태어난다는 편견 말이다. 하워드 가드너 교수에 의해서 지능이 단일하다는 망상은 깨졌다. 그렇다면 지능은 본성인가 아니면 환경인가? 지난 100년 동안의 논쟁은 네 가지로 정리할 수 있다. 강한 유전자 결정론, 강한 환경 결정론, 약한 유전자 결정론, 약한 환경 결정론.[154] 일반적으로 강한 유전자 결정론이나 강한 환경 결정론은 큰 지지를 받지 못해 왔다. 가장 흔히 일반인들에게 어필하는 것은 약한 유전자 결정론과 약한 환경 결정론의 결합이다. 유전도 영향을 미치고 환경도 영향을 미친다는 것은 누구나 경험적으로 아는 사실이지만, 이 둘이 독립적으로 분리되어서 영향을 미친다고 생각하는 사람들이 대부분이다. 가령 인간의 지능은 60%가 본성이고 40%가 환경이 영향을 미친다는 식이다. 이것을 흔히 고립주의자[Isolationist]적 견해라고 한다.

유전자와 환경 모두 인간의 지능에 영향을 미친다는 것에는 동의할 것이다. 하지만 이것이 고립주의적으로 따로 영향을 미치느냐 아니면 환경과 유전자가 뒤섞여서 분리되지 않고 역동적으로 영향을 미치느냐는 중요한 문제다. 과학자들은 유전자의 발현과 환경 사이에 역동적인 관계가 있다고

154 피시킨, 앞의 책, 175~177쪽.

말한다. 즉 유기체의 전 생애적 과정에서 유전자와 환경은 끊임없이 공진화한다. 따라서 피시킨은 이러한 고립주의적 견해를 반박하기 위해서 다음과 같이 말한다.

> 유전자와 환경은 분리할 수 있는 독자적인 영향을 미치지 않기 때문에, 어떤 주어진 특성이나 행동이 이를테면 70퍼센트는 유전에서, 30퍼센트는 환경에서 기인한다고 말하는 것은 타당하지 않다. 모든 특성과 행동은 100퍼센트 유전에서, 100퍼센트 환경에서 기인한다.[155]

이에 대해 피시킨은 네드 홀과 이블린 폭스 켈러가 제시한 그림을 보여 주면서 설명한다. 양동이에 물을 채우는데 A와 B는 각각 다른 호스에서 70리터와 30리터를 부었다. A를 유전자라고 생각하고 B를 환경이라고 생각하자. 일반적으로 사람들은 유전과 환경에 대해서 이렇게 생각한다는 것이다. 각각 다른 호스에서 왔기 때문에 이렇게 계산이 가능한 것이다. 하지만 이런 가정은 틀렸다고 홀과 켈러는 말한다. 곧 A는 수도꼭지를 틀고 B는 호스를 양동이까지 가져와서 물을 100리터 채웠다면 여기서 A와 B의 배분을 우리는 구분할 수 있을까? 이것은 100퍼센트 A에 의해서, 100퍼센트 B에 의해서 이루어졌다. 유전자와 환경의 관계도 이와 같다는 것이다.

홀, 켈러, 피시킨이 설명하고자 하는 것은 어떤 종류의 결정론도 부정하는 것이며, 지능과 환경의 동역학을 보여 주고자 하는 것이다. 그래도 대다수가 지능은 선천적으로 타고났다는 편견이 있기 때문에 '플린 효과'를 설명할 필요가 있다. 제임스 플린은 산업 국가에서 10년마다 IQ 테스트를 한 자료를 바탕으로 평균 IQ가 시간이 지날수록 증가한다는 사실을 발견했다.[156] 가령 영국의 경우 1877년에 상위 10%에 들었던 남성의 IQ는 1977년 남성 집단과 비교한다면 하위 5%에 속했다. 100년 동안 인간의 두뇌가 급속도로 진화했을 가능성은 없다. 이것은 환경의 변화, 특히 학교

교육과 대학교육이 보편화된 시기와 맞물려서 발생했다. 플린 효과가 설명하려는 것은 IQ는 고정된 것이 아니라 환경과 영향을 맺으면서 끊임없이 변한다는 사실이다.

155 피시킨, 앞의 책, 181쪽.

156 James Flynn, "Massive IQ Gains in 14 Nations: What IQ Tests Really Measure", *101 Psychological Bulletin*, 1987, p. 171.

교육혁명을 위한 진격

정의와 지능에 대한 철학적 탐구가 한국 교육체제에 대해 말하는 것은 무엇인가? 그것은 줄 세우기 교육은 정의롭지도 못하고 인간 지능의 본성에도 반한다는 사실이다. 또한 대학서열체제는 정의롭지도 못하고 효율적이지도 못하다. 이것은 지극히 반민주적이며 비효율적이다. 줄 세우기 교육은 대학서열체제 때문에 생기고 이는 대학의 지위권력의 독점 때문에 생긴다. 따라서 지위권력 독점의 해체 없이 정의로운 사회를 만들 수 없고 단일한 기회구조의 해체 없이 민주사회를 건설할 수 없다.

나는 매우 길게 한국 교육이 왜 교육지옥인지를 상세히 밝혔다. 그 이유는 아주 단순하다. 한국의 교육지옥은 대학병목 때문에 발생한다. 명절 때 고속도로를 생각해 보자. 많은 사람이 고향으로 가려고 경부고속도로에 몰린다. 이 극심한 병목현상 때문에 사람들은 끼어들기도 하고 버스전용차선을 불법으로 달리기도 하고 빵빵거리며 짜증을 내며 서울과 고향을 오간다. 이것이 바로 한국의 교육 현실이다. 명절 때 고속도로 운전하기는 짜증을 유발한다. 고속도로가 너무 비좁기 때문이다. 그런데 이 도로를 18년 동안 달린다고 가정해 보자. 생각만 해도 질린다. 이 도로를 한 달만 달려도 사람들의 인성은 거칠고 공격적이 되어 버릴 텐데, 18년 동안 달리면 도대체 어떻게 되겠는가? 인성이 망가진다. 이것이 한국 학생들이 겪고 있는 현실, 곧 교육지옥이다.

나는 병목현상을 크게 대학병목, 공간병목, 시험병목, 계급병목, 직업병목으로 나누었다. 이 모든 병목이 합쳐져서 선진국 중 한국만 교육지옥이 되었다. 그렇다면 이를 풀 수 있는 방법은 무엇인가? 예전에 경부고속도로가 유일한 고속도로였을 때는 전국의 모든 차들이 명절에 여기로 몰렸다. 하지만 중부고속도로와 서해안고속도로가 만들어지고 나서 명절의 고속도로 병목현상은 조금 나아졌다. 그렇다. 대학병목을 해소하려면 고속도로를 더 많이 만들면 된다. 당신의 머릿속에 있는 학벌의식이 문제가 아니라 당신의 밖에 있는 교육 고속도로가 문제다. 한국 학생들은 SKY를 향한 단 하나의 고속도로 위를 달리고 있다. 먼저 도착하기 위해 선행학습을 하지만 너무 많은 사람들이 선행학습을 하고 있는 터라 당최 앞서갈 수가 없다. 이런 비효율적이고 비민주적이고 바보 같은 짓을 끝낼 때가 되었다. 고속도로 10개를 만들면 된다! 서울대 10개를 전국에 만들면 대학병목은 해소되고 우리는 교육지옥에서 해방될 수 있다.

6장

'대통영' 학파: 대학통합네트워크론의 역사적 진화

행복의 철학자, 가스통 바슐라르는 시를 '영혼의 현상학'이라고 불렀다.[157] 당신이 사랑하는 이에게 시를 받아 본 적이 있다면 그의 영혼을 느꼈을 것이다. 그의 영혼이 시를 통해 드러난다(현상). 사랑은 표현될 수밖에 없으며 이것은 정신에 앞서 있다. 아주 가끔 논문이나 책에서도 영혼이 드러나는 글이 있다. 대학통합네트워크를 처음 제안한 정진상 교수의 글처럼 말이다. 그는 누구도 가르쳐 주지 않았지만 대학서열 문제를 풀기 위해 혼신의 힘을 다해서 글을 썼다. 이제까지 단독 저자로 한국 대학개혁에 대한 책을 낸 사람은 정진상이 유일하다. 대학통합네트워크 안이 경상대라는 한국 아카데미아의 변방 중의 변방에서 나온 점은 의미심장하다. 정진상은 경상대 교수로서 대학서열에 의한 지위권력의 독점과 서울 중심의 공간권력의 독점에 대해 심각한 문제의식을 지니고 있었다. 사실 그는 이론이 부족했지만 17년 전에 쓰인 그의 책이 아직도 생명력이 있는 것은 그가 그 책에 영혼을 불어넣었기 때문이다. 한마디로 그는 여러 자원이 부족했지만 영혼을 끌어모아서(영끌) 책을 썼다.

그 이후 민교협, 서울교육청, 사교육걱정없는세상(사걱세) 등이 정진상의 안을 발전시키려고 노력했다. 그들은 교육학이나 교육사회학에서 나오지 않는 문제, 즉 대학서열 문제를 창조적으로 풀려고 노력했다. 그들도 부족하나마 영혼을 끌어모아 대안을 제시했다. 이런 의미에서 나는 이 일군의 사람이나 집단을 '대통영'(대학통합네트워크를 위해 영혼을 끌어모은 사람)이라고 간단히 부른다.[158] 이 사상 집단을 좀 더 쉽게 표현하기 위해서 나는 이들을 '대통영 학파'라고 명명한다.

이들과 대척점에 있는 일군의 학자들은 앞서 말한 '개천용 학파'다. 대통영 학파와 개천용 학파의 결정적 차이점은 전자가 대학의 지위권력 독점과 공간권력 독점 자체를 해체하고 민주화하고자 한다면, 후자는 대학의 지위권력 독점을 유지하면서 개혁을 추구하는 데 있다. 기존의 대통영 학파는 지위권력의 민주화에 초점이 맞추어져 있다. 즉 대학통합을 통해 서울대 학위의 가치와 다른 대학 학위의 가치를 동등하게 만드는 기획이었다. 이 책은 서울대 10개로 구성된 대학통합네트워크가 지위권력의 민주화와 더불어 창조권력(인프라 권력)의 민주화를 구축해야 한다고 제안한다.

대학통합네트워크는 어떤 학문에서도 다루지 않는 주제여서 대통영 학파의 제안은 나름의 장단점이 있다. 이 장에서 그들의 안을 간략하게 소개하고 왜 이제까지 이 훌륭한 안이 정책으로 도입되지 않았는지를 분석한다. 대통영 학파의 공통적인 장점은 창조성에 있다. 교육학이나 사회학에서 대학서열 문제를 다루는 영역은 없다. 따라서 나는 기존의 '대통영' 학파의 안들이 여러 문제점을 안고 있음에도 불구하고 대학서열 문제를 풀고자 하는 이들의 진정성과 독창성을 높게 평가한다.

157 가스통 바슐라르, 『공간의 시학』, 곽광수 옮김, 동문선, 2003, 47쪽.

158 이 단어의 연원에 대해서는 이 책의 에필로그를 볼 것.

'대통영' 학파의 맹아와 대학평준화 운동의 부상

서울대의 지위권력 독점 문제를 본격적으로 제기한 학자는 『서울대의 나라』를 집필한 전북대 강준만 교수였다.[159] 그의 책은 대학서열체제를 비판하는 여론을 형성하는 데 기여했다. 대통영 학파의 맹아는 서울대 교수 집단으로부터 나왔다. 2001년 장회익 교수가 주도한 20여 명의 서울대 교수들은 서울대 학벌의 문제점이 오히려 학문 수행에 심대한 방해가 된다고 생각하고 서울대 학부를 잠정적으로 폐지하자는 주장을 했다.[160] 서울대 학부생을 뽑지 않고, 서울대 강의를 개방하고, 다른 대학의 우수한 학생들을 학위는 주지 않고 재교육시키자는 안을 들고나왔다. 서울대 폐지를 서울대 교수들이 주장하고 나서서 언론에 큰 관심을 받았고, 비록 이들의 주장이 정책적으로 실현되지는 못했을지라도 대통영 학파의 부상에 영향을 미쳤다.

이들의 의견은 소수 의견이었으며 학부 폐지는 서울대의 거센 저항 때문에 애초부터 실현 불가능했다. 2003년 정진상 교수와 경상대의 '대학개혁연구팀'은 국공립대통합네트워크방안을 만들었고 여러 토론과 논의를 거쳐 2004년 책으로 발표했다. 정진상 교수의 안에서 서울대 학부를 폐지하고 학부를 개방하자는 안은 장회익 교수 등의 문제의식과 맥락을 같이한다.

서울대 학부 폐지는 서울대의 지위권력을 제거하고 학문에 집중할 수 있는 큰 장점이 있지만 크게 세 가지 문제점을 안고 있다. 첫째, 서울대 학벌을 없앰으로써 지위재(명문대 학위)의 병목을 증가시킨다. 연고대가 학벌의 중심이 되고 명문대의 숫자가 줄어들어서 병목현상을 고칠 수 없다.

서울대 학부만 폐지할 게 아니라 지방의 주요 대학들을 서울대 수준의 대학으로 만들어야만 병목이 해결된다. 둘째, 서울대의 거센 저항이다. 학부제를 폐지하는 것은 실질적으로 서울대 폐지를 뜻하는 것으로 서울대 교수, 학생, 동문 등 광범위한 저항에 부딪혔다. 여론을 주도하는 정치인, 지식인, 언론인 중 서울대 출신이 많아서 서울대 학부 폐지 여론은 구체적으로 형성된 적이 없다. 셋째, 서울대와 같이 대규모의 대학 중 세계적으로 학부가 전혀 없는 대학원 중심의 대학은 상당히 드물다. 미국과 유럽의 연구중심대학들은 대학원생이 학부생보다 많은 경우가 있지만, 학부생이 아예 없는 경우는 드물다. 학부생들은 대학에 활기를 불어넣고 대학을 젊게 만들고 대학의 문화를 다양하고 역동적으로 만들어 준다.

정진상 교수의 대학평준화 방안이 제시된 이후로 사회세력과 정치세력은 지난 17년 동안 사회운동과 선거를 통해 이를 실현시키기 위해 노력했다.[161] 2004년 'WTO교육개방저지와 교육공공성 실현을 위한 범국민연대'는 대학통합네트워크와 대학자격고사로의 입시 전환을 골자로 『공교육 새판짜기』를 출간하고 대중운동에 나섰다. 2007년 대통령 선거를 계기로 '입시폐지·대학평준화국민운동본부'가 조직적으로 결성되어 대학평준화를 위한 교육 대장정이 실행되었다. 이 단체는 2007년부터 2009년까지 자전거 대장정으로 전국을 누비며 학벌폐지와 대학평준화를 주장했다. 2012년 총선과 대선을 계기로 '교육혁명공동행동'이란 조직이 결성되고 대학평준화에 대한 운동이 새로이 일어났다. 이 사회운동 조직은 신자유주

159 강준만, 『서울대의 나라』, 개마고원, 1996.

160 서울특별시교육청, 「통합국립대학-공영형 사립대학에 기초한 대학 공유네트워크 구축(안)」, 2017, 8~10쪽을 참고할 것.

161 참교육연구소 입시연구팀, 『대한민국 입시혁명』, 살림터, 2016, 181~196쪽을 참조할 것.

의 교육체제를 타파하고 교육 공공성 확보를 위해 대학평준화를 주장하며 13박 14일 동안 전국을 돌며 북 콘서트를 개최했다.

이러한 아래로부터의 시민사회의 요구를 정치권은 교육 공약으로 받아들였다. 대학통합네트워크 안을 공약으로 제시한 정당은 민주노동당이었다. 2004년 민주노동당은 총선 공약으로 국공립대 공동학위제 및 서울대 학부제 폐지론을 들고나와서 상당한 주목을 받았고 향후 진보진영의 교육 공약에 영향을 미쳤다. 2007년 대통령 선거 당시 정동영 후보와 권영길 후보는 국공립대 공동학위제를 제시했다. 2012년 김상곤 교육감은 국립기초교양대학 안을 제시했고 반상진 교수는 한국형 국립대 연합체제 구축 방안을 제시했다. 2012년 문재인 후보는 국립대 공동학위제를 제시했으나 낙선했다. 2015년 민교협은 『입시·사교육 없는 대학체제』라는 책을 출간함으로써 정진상 교수가 첫 책을 낸 다음 대학통합네트워크에 대한 새로운 안을 제시했다.[162] 2017년 서울교육청은 기존의 안들을 종합하여 '통합국립대학-공영형 사립대학에 기초한 대학 공유네트워크 구축(안)'을 제시했다. 같은 해 문재인 후보는 교육 공약으로 국립대 공동학위제를 내걸었으나 실현은 되지 않았다. 문재인 정부 시기 동안 학종/정시 논쟁이 대대적으로 벌어졌고 조국 사태가 발생했다. 문재인 정부는 교육정책을 '국가교육위원회'에서 수립한다는 법령을 통과시키고 대학개혁의 과제는 뒤로 미루었다.

이렇게 대학통합네트워크 안이 2004년 정식으로 제기되었으나 대통령 선거 때마다 생명력을 잃지 않고 끊임없이 나온 이유는 간단하다. 교육으로부터 오는 고통이 너무 크기 때문이다. 따라서 이를 해결하기 위한 정책적 방안으로 대학통합네트워크 안이 정치권에 어필했다. 하지만 지난 17년 동안 이 안은 끊임없이 회자되고 정책적으로 다듬어졌지만 실행되지 못했다.

'대통영' 학파의 세 가지 접근: 최대주의자, 입시파, 최소주의자

정진상 교수가 2004년 국립대 통합네트워크를 제안한 이후 17년 동안 대학통합네트워크에 대한 여러 가지 버전이 제시되었다. 이 안을 수정, 발전시킨 것은 반상진, 김영석, 이범, 서울교육청, 사걱세, 민교협이다. 대통영 학파는 대학개혁의 범위와 방향에 따라서 크게 최대주의자, 입시파, 최소주의자로 나눌 수 있다. 이들이 대통영 학파로 묶이는 가장 중요한 이유는 대학서열체제 해소라는 지위권력의 상향평준화를 주장하기 때문이다. 이들은 궁극적으로 SKY와 인서울 독점의 해체를 시도하기 때문에 교육독점체제를 유지하면서 교육개혁을 주장하는 '개천용' 학파와 구분된다.

대통영 학파 중 다수는 최대주의자 접근법을 택한다. 이들은 국립대 통합뿐만 아니라 사립대 통합, 공영형 사립대, 전문대 개혁, 대입제도 등 교육에 주어진 모든 문제를 풀려는 경향이 있다. 정진상 교수의 방안은 거점 국립대를 중심으로 이루어져 있지만 한국 대학 중 75% 정도를 차지하는 사립대의 문제를 풀 수 없다는 한계를 지닌다. 따라서 최대주의자들은 사립대 간의 연합 또는 통합과 더불어 공영형 사립대 문제를 끌어들였다. 또한 이들은 공통적으로 입시 문제를 대학자격고사화하는 방식으로 교육지옥 해소 안을 제시했다.

162 민주화를위한전국교수협의회, 『입시·사교육 없는 대학체제』, 한울아카데미, 2015.

대학개혁의 범위에 따라 약간의 차이는 있지만 최대주의자는 정진상, 반상진, 김영석, 서울교육청, 민교협 등 대통영 학파의 다수를 이룬다. 이 책에서 나는 이들의 정책이 너무 많은 것을 고치려고 해서 진척이 없었다고 진단한다. 곧 이들은 모두를 만족시키기 위해 일관성 없는 정책을 마구 뒤섞는 바람에 논리적 일관성의 상실뿐만 아니라 현실적 적실성까지 상실하게 되었다. 이들은 대학과 관련된 모든 문제를 풀려는 '도를 넘는 정책 Policy Overreach'을 제시했다. 이는 결과적으로 아무런 문제도 풀지 못하는 한계에 봉착했다. 모두를 만족시킬 수 있는 정책이란 없다. 최대주의자 접근은 너무 많은 안을 복잡하게 제시했기 때문에 정치권, 언론, 시민사회에 호소력을 잃게 되었다.

대통영 학파 중 입시파의 대표적인 제안자는 사교육걱정없는세상(사걱세)과 교육평론가 이범이다. 최대주의자 접근법이 대중적 설득력이 떨어지고 교육지옥에서 학생들과 학부모를 구해 낼 수 있을지 의문을 가진 이들은 좀 더 대중적인 호소력을 얻고자 새로운 대학개혁안을 제시했다. 사걱세는 1단계 40개 대학, 2단계 80개 대학, 3단계 120개 대학을 '상생대학네트워크'로 묶어서 개혁하자는 방안을 제시했다. 최대주의자는 대학개혁의 1단계에서 주로 거점국립대 10개의 통합을 주장하는데, 이는 대입정원의 약 7~8% 내외를 포함하기 때문에 모든 학생과 학부모에게 어필할 수 없다고 사걱세는 판단했다. 사걱세는 상생대학네트워크와 쌍으로 대입의 최소 요건만 충족되면 입학 가능한 '대학입학보장제'를 제시했다. 이것은 프랑스의 바칼로레아나 독일의 아비투스와 같이 최소 점수만 받으면 대학입학이 가능하거나 미국 텍사스주의 상위 10% 학생은 텍사스 대학교에 자동 입학하는 경우와 유사하다.[163]

이범은 10개 대학만을 통합하는 것은 인구가 많은 수도권의 대학들을 포함하지 않는다는 한계를 지적하면서 수도권 사립대를 포함한 공동입학제를 제시했다. 그는 입시지옥을 해결하고자 15만 명에 달하는 학생들을 공동으로 입학시켜 추첨으로 학생들을 배정하자고 주장했다.

이 책에서 나는 이들과 구분되게 '최소주의자' 접근을 택한다. 대통영 학파 중 최대주의자와 입시파의 최대 약점은 이론의 결여이다. 교육체제는 대단히 복잡하다. 기존의 대통영 학파는 대학서열 문제와 입시지옥에 대해 문제의식을 공유하지만 이 문제가 왜 발생하는지에 대한 이론적 고민이 없었다. 이 책은 지위경쟁이론(지위권력으로서의 대학), 대학사회학의 기술기능론(창조권력으로서의 대학), 그리고 병목사회론(대학병목, 공간병목, 시험병목, 계급병목, 직업병목)이라는 이론적 종합을 통해 방안을 제시한다. 1장에서 지적했듯이 대통영 학파의 최대주의자와 입시파 또한 이론의 결여 때문에 혼돈에 빠져 버렸다.

또한 최대주의자와 입시파는 지위권력으로서의 대학에만 주로 관심을 보인다. 대학서열체제로 인한 입시지옥이란 주제를 다루다 보니 이들은 대학통합을 통해서 지위권력의 상향평준화를 목표로 한다. 이는 대통영 학파의 공통 접점이기는 하나 이 책에서 주장하는 창조권력으로서의 대학이라는 관점이 결여된 외눈박이 대학관이다. 최대주의자와 입시파는 대학이 세계와 경제를 창조한다는 관점을 설파한 대학사회학에 대해서 무지한 편이다. 2차 산업혁명의 중심은 독일의 연구중심대학들이었으며, 3차 산업혁명의 중심은 미국 서부에 위치한 연구중심대학들이었다. 대학 자체가 지식경제의 중심이라는 점을 이들은 인식하지 못하며 대학 지위의 평준화에 초점을 둔다.

이런 이유로 나는 파리 대학 모델을 포기하고 연구중심대학 10개로 이루어진 캘리포니아대학체제를 벤치마킹하여 대학통합네트워크를 만들

163 사교육걱정없는세상, 『현 대학체제를 진단하고 대학입학보장제를 제안한다』, 2018.

자고 주장한다. 파리 대학 모델은 1968년 이후 대학을 평준화시킴으로써 지위권력의 민주화를 성취했다. 하지만 그 창조권력은 시대에 뒤떨어졌고 프랑스 정부의 그랑제콜에 대한 집중 투자로 파리 대학은 학문적 탁월성이 뒤처지며 쇠퇴했다. 반면 캘리포니아대학체제의 10개 대학은 3차 산업혁명을 주도하며 현재 세계적인 공립 대학으로 부상했다. 따라서 나의 접근법에서는 10개의 통합대학을 경제와 일자리를 창출할 수 있는 연구중심대학으로 키우자는 것이 핵심이다. 곧 지위권력은 상향평준화하되 창조권력은 다원화, 극대화하자는 전략이다.

이 책이 최소주의자 접근을 택하는 이유는 실현 가능성과 설득력 때문이다. 모든 것을 개혁하자는 것은 불가능을 요구하는 것이다. 따라서 이 책은 수도권/지방의 초양극화, 지방대의 급격한 쇠락, 지방 도시의 쇠퇴와 슬럼화, 학벌체제로 인한 고통의 지속 등을 막기 위해 우선 거점국립대 10개를 서울대 수준으로 성장시켜 대학독점체제를 해체하자고 주장한다. 이것은 모든 것을 고칠 수 없다는 겸손함의 표현이다. 최대주의자와 입시파의 창조성과 진정성은 높이 평가하나 그들의 대안은 통하지 않았다. 너무 많은 것을 요구하거나 입시라는 종속변수를 중심으로 대학이라는 독립변수를 개혁하고자 했기 때문이다. 이것이 내가 최소주의자 접근을 택하는 이유다. 그렇다면 최대주의자 접근법과 입시파 접근법의 장단점이 무엇인지 자세히 살펴보자.

대학통합네트워크의 설계자, 정진상은 천재다

대학개혁안에 대한 가장 체계적인 안은 17년 전에 제시되었다. 대학통합네트워크에 대한 최초의 체계적인 안은 정진상의 책 『국립대 통합네트워크: 입시지옥과 학벌사회를 넘어서』에서 제시되었다.[164] 내가 이 책을 처음부터 끝까지 읽고 나서 느낀 점은 이렇다. "정진상은 천재다!"

한국의 학벌사회에 대해 수많은 비판이 있었지만 설득력 있는 대안은 없었다. 정진상이 천재인 이유는 실질적이고 실현 가능해 보이는 대안을 처음으로 체계적으로 제시한 것이다. 물론 그 개혁안은 혼자서 만들었다기보다는 당시 경상대 사회과학연구원의 '대학개혁연구팀'이라는 집단적 노력의 성과물이었다.[165] 그는 대학서열체제를 혁파해야 하는 이유를 다음과 같이 말한다.

> 대학서열체제로 인한 학벌주의는 국민들의 가슴속에 빗나간 우월감과 절망적인 열등감을 재생산하고, 명문 대학의 동문 패거리는 부정부패의 온상이 되고 있다. 막대한 사교육비를 동원한 점수 따기 경쟁은 계급 재생산의 기제로 작용하며, 과도한 사교육비 부담은 서민들의 생

164 정진상, 『국립대 통합네트워크: 입시지옥과 학벌사회를 넘어』, 책세상, 2004.

165 정진상, 위의 책, 8쪽.

활의 질을 떨어뜨리고 노동자들에게 초과 노동을 강요한다. 또 수도권 대학과 지방 대학의 서열화로 인해 지역 불균형이 심화되고 있다.[166]

17년 전의 책 내용인데 현시점에도 이러한 문제점들은 그대로다. 정진상은 대학서열체제가 중등교육을 황폐화화고, 대학교육과 학문 경쟁력을 약화시키고, 학벌주의를 재생산하며, 사교육비의 확대로 국민들의 생계를 압박하며, 지역 불균등을 재생산하는 주요 기제라고 비판한다. 17년 전이나 지금이나 똑같은 문제점이다.

그렇다면 대학서열체제를 무너뜨리기 위한 대안은 무엇인가? 그는 크게 네 가지로 분류하여 이 대안을 제시했는데, 이러한 틀은 향후 다른 사람들의 대학개혁 버전에서도 똑같이 등장한다. (1) 원칙과 목표, (2) 대학체제 개편 방안, (3) 입학제도, (4) 예산 지원 방식.

첫째, 그가 내세운 원칙은 대학교육의 공공성 강화다. 사립대학이 80%에 육박하는 한국에서 교육은 가족과 개인이 주로 풀어야 할 문제다. 이는 교육의 신자유주의적 경향, 즉 사교육 확대와 시장중심적인 교육에 대한 문제 제기였다. 두 번째 원칙은 "대학서열체제를 혁파하기 위해서 입시제도와 대학제도 자체에 대해 근본적으로 혁명적인 조치"를 내려야 한다는 것이다.[167] 세 번째 원칙은 "국민 다수의 동의를 얻을 수 있고 저항을 최소화할 수 있으며 실현 가능한 개혁 방안"을 내놓는 것이다.[168]

이 원칙들은 규범적이고 정의롭게 들리지만 현실적인 난관에 부딪힌다. 입시제도와 대학제도를 동시에 바꿀 때 문제가 생긴다. 입시제도는 대단히 민감한 문제이고 학부모와 학생들이 단기적 관점에서 바라보는 경향이 강하다. 문재인 정부에서 학종/정시 논쟁으로 교육계를 난장판으로 만들었다는 것을 상기해 보자. 물론 나는 추후에 입시제도 개선을 찬성하지만, 대학개혁을 우선적으로 하고 입시제도를 추후에 개편하자는 입장이다. 왜냐하면 대학개혁은 대단히 긴 장기적인 관점을 가져야 하는 반면, 입시제도의 개편은 여러 이해 당사자들이 단기적인 관점으로 갈등을 매번 일으켰기 때문에 대학개혁 이후에 하는 것이 바람직하다. 대학은 일종의 '인프라 권력'으로서 탁월한 대학의 네트워크를 만드는 데 장기적인 비전과 투자가 요구된다.

또 다른 문제는 용어의 문제다. '국공립대 통합네트워크'라는 말은 처음 들었을 때 언뜻 이해하기 힘들다. 의사소통에 적합하지 않다. 국공립대 통합네트워크 또는 대학통합네트워크라는 말이 일반 국민들에게는 너무 어렵고 도대체 무엇을 하자는 것인지 직관적으로 다가오지 않는다. 따라서 나는 국민들이 좀 더 알아듣기 쉬운 '서울대 10개를 만들자'는 대단히 쉽고 직관적인 정책을 내놓았다.

정진상의 대학개혁안은 꽤 방대한데 그 핵심 내용을 그대로 전달하면 다음과 같다.[169]

166 정진상, 위의 책, 35~36쪽.

167 정진상, 위의 책, 94쪽.

168 정진상, 위의 책, 같은 쪽.

169 정진상, 위의 책, 96~97쪽.

❶ 서울대학교를 포함한 기존의 국립대학들을 하나의 통합네트워크로 구성한다.

❷ 대학의 공교육체제로의 전환이라는 원칙에 따라 일정한 수준이 되는 사립대학들을 국립대 통합네트워크에 편입한다.

❸ 서울대학교는 따로 학부생을 모집하지 않는 대신 학부 강의를 국립대 통합네트워크 학생들에게 개방한다.

❹ 학부 과정은 4년으로 하되 1기 과정(2년)에는 인문사회계열과 자연계열 두 계열만 두고, 2기 과정(2년)은 학부제로 운영한다.

❺ 법대, 사범대, 경영대, 의대(치대, 한의대, 수의대), 약대 등 전문직을 위한 학부 과정을 폐지하고 이 과정들을 전문대학원에 설치한다.

❻ 지역의 국립대학들을 현재의 거점대학을 중심으로 학구별로 통합하고 몇 개의 캠퍼스를 조직한다.

❼ 대학원은 일반대학원과 전문대학원으로 구분한다.
학문을 위한 일반대학원은 학구별 특성화를 유도한다.

❽ 전문 직업을 위한 전문대학원은 학구별로 인구 비율에 따라 입학 정원을 조정한다.

나는 ①과 ②안을 조건부로 찬성하나 저항을 줄이기 위해서 서울대 학부생 모집을 중단하는 것에는 찬성하지 않는다. 서울대 학부생을 줄이는 것은 병목현상을 증가시키기 때문이다. 서울대라는 길을 없애 버리면 병목현상은 가중된다. 이 안은 '서울대 폐지론'으로 해석되어 서울대의 큰 저항을 불러일으켰다.

정진상의 안을 들여다보면 사실상 대학통합네트워크에 들어간 10개 대학의 평준화를 의미한다. 다른 대학들을 서울대와 같이 만드는 것이기 때문에 사실상 서울대 10개 만들기다. 하지만 서울대 입장에서는 '서울대 폐지'로 읽히고 대중들도 그렇게 받아들인다. 서울대의 지위권력 독점으로 인한 한국 사회 내의 폐해가 심각하지만, 냉정하게 접근한다면 서울대의 '인프라 권력'을 인정하고 다른 9개 대학의 인프라 권력을 서울대 수준으로 만들면 된다. 즉 서울대 폐지라는 '뺄셈의 정치'가 아니라 서울대 10개라는 '덧셈의 정치'가 필요하다.

이 책에서 한국 교육이 왜 지옥인지에 대해서는 한마디로 병목현상을 지목했다. 서울대 학생의 입학을 막는다면 명문대 학위의 숫자가 줄어들어 병목현상은 심화된다. 이것이 내가 서울대 학부제 폐지를 반대하는 가장 핵심적인 이유다. 한국의 학벌은 학부에서 결정되기 때문에 정진상의 서울대 학부 폐지는 사실상 서울대를 폐지하는 것으로서 서울대 구성원들과 동문들의 격렬한 저항을 받아 왔다. 또한 학부가 없는 대학은 전반적으로 생기가 없으며 캠퍼스의 역동성이 떨어지는 단점이 있다. '서울대 폐지'가 아니라 '서울대 10개'를 제안한 이유는 서울대의 저항을 최대한 줄이고 서울대 학위의 급격한 양적 완화를 통해 그 가치를 떨어뜨리는 데 있다.

정진상의 ④번부터 ⑦번까지의 제안 또한 너무 복잡하고 창대하다. 학부 과정을 통일적으로 운영하는 것은 여러모로 바람직하지 않다. 학부 과정은 대학과 학과에 따라 너무나 다양하여 인문사회계열과 자연계열로 나누는 것은 바람직하지 않으며, 융합학문과 4차 산업혁명 시대에 문과/이과를 통합하려는 시도들이 대세를 이루는 시대에 더더욱 바람직하지 않다. 법대, 사범대, 의대와 같은 전문직을 위한 학부 과정을 폐지하는 것도 거센 저항에 부딪힐 위험성이 크다. 가령 의학전문대학원으로 바꾼 대학이 이제는 다시 학부로 의대를 뽑는 지경에 이르렀는데 전문직에 대한 학부와 대학원의 임의적인 구조조정은 바람직하지 않다. 지역을 학구별로 통합하고 몇 개의 캠퍼스로 조정하는 안은 여러 법적 절차와 구성원 간의 합의 문제로 상당히 오랜 시간이 요구된다.

정진상 안의 탁월한 점은 대학통합네트워크를 추진할 때 지역 대학들끼리의 통폐합을 제안한 것이다. 왜냐하면 '규모의 학문'을 위해서 학교와 학과의 사이즈를 키우는 것은 연구중심대학이 되는 데 바람직한 방향이기 때문이다. 가령 부산에 위치한 국립대인 부산대와 부경대를 통폐합하여 서울대로 만드는 방안은 바람직하다. 일반대학원과 전문대학원은 연구중심 대학을 키우기 위해 각 캠퍼스별로 자율적으로 이루어지는 것이 바람직하다. 왜냐하면 학문이 초고속으로 바뀌는 현재 상황에서 학과 이름이나 구조조정을 단행하는 대학이 전 세계적으로 많은 상황에서 너무 많은 규제를 두기보다는 학문적 탁월성을 기준으로 자율적이지만 전략적으로 대학원을 구성하는 것이 필요하다.

정진상은 대학개혁과 동시에 대입제도의 개혁을 제시하고 있다. 그의 대입제도 개혁안은 현재 학생부종합전형/학생부교과전형/정시/논술로 이루어진 대입제도와 너무나 큰 충돌을 일으킨다. 그런데 당시 2004년의 입장에서는 현재와 같은 대입제도를 예측할 수 없었기 때문에 그의 입시제도는 혁신적인 부분을 담고 있는 것이 사실이다. 그의 입시안을 들여다보면 다음과 같다. 170

❶ 신입생 선발의 단위는 대학별, 학과별이 아니라 전체 국립대 통합네트워크의 총 정원으로 한다.

❷ 대학입학자격은 인문사회계와 자연계 두 계열로만 나눈다.

❸ 대학입학자격은 고교 내신성적과 계열별 대학입학자격시험을 통해 국립대 통합네트워크 총 입학 정원 계열별로 부여한다.

❹ 계열별 대학 입학 정원 중 30%는 별도의 대학입학자격시험을 통해 입학 자격을 부여한다.

❺ 현행 수능시험을 폐지하고 이를 대학입학자격시험으로 대체한다.

❻ 대학입학자격을 획득한 학생들은 먼저 1, 2, 3지망으로 대학을 지원해 배정받고, 정원이 초과되어 대학을 배정받지 못한 학생들은 추첨을 통해 배정받는다.

❼ 학부 2기 과정의 각 학부는 학부 1기 과정 이수자 중에서 무시험 서류 전형으로 신입생을 선발한다.

당시 입시제도가 지금과 달랐지만 정진상은 대학개혁과 입시개혁를 뒤섞어 버림으로써 추후에 오는 대학개혁론자들에게 일종의 지뢰밭을 놓게 되었다. 정진상이 주장하는 유럽식의 대학입학자격시험을 나도 선호하지만 유럽은 대학평준화 지역이고 우리는 대학 독점화 지역이기 때문에 지금 당장 대학개혁과 같이 입시개혁을 동시에 추진하는 것은 무리다. 대입제도 개혁은 대학개혁이 이루어진 다음에 하는 것이 훨씬 바람직하다. '대학입학자격을 왜 인문사회계와 자연계 둘로만 나누나'라는 의문이 제기된다. 공학계열도 있고 예술계열도 있다. 여기서, 대학의 모집 단위는 기본적으로 학과 중심이라는 점을 명심해 두자. 물론 학부제로 입학하는 경우가 늘고 있지만 기본적으로 대학의 기본 단위는 문과/이과가 아니라 수백 개로 이루어진 다양한 학과들이다.

대학개혁과 입시개혁을 동시에 추진하는 것은 장기적인 요구와 단기적인 요구를 한꺼번에 제시하는 것으로 충돌을 일으킨다. 세계의 대학들은 저마다의 독특한 입시제도가 있지만 병목을 야기하지 않는다. 절대평가와 대입병목을 해소하는 것에는 찬성하지만, 대입 문제를 건드리는 것은 명문대 입학에 목을 매는 학부모들과 학생들의 이해관계와 얽혀 있어서 대학개혁을 좌초시킬 가능성이 크다. 이런 현상은 뒤에 나오는 다른 버전들에도 마찬가지로 나타난다.

정진상은 국립대 통합네트워크 운영 방안도 제시했는데 이 중에서 가장 핵심적인 사항 중 하나가 '공동학위제'다. 대학통합네트워크의 입학생들에게 동일한 학위를 주는 것으로 대단히 독창적이고 탁월하다. 가령 나의 안에서도 대학통합네트워크에 입학하는 학생들에게 '서울대 학위(또는

170 정진상, 위의 책, 110쪽.

한국대 학위)'라는 공동학위를 줌으로써 병목현상을 제거하는 방안을 채택했다. 또한 대학 간 학점교류와 엄격한 학사관리, 대학 간의 경쟁 유도, 대학의 자율적 운영과 같은 부분은 대단히 탁월한 아이디어다.

정진상 안의 약점 중 하나는 대학의 기술기능론이 없다는 점이다. 즉 그는 대학을 지위권력으로만 인식했지 창조권력(연구중심대학)으로 인식하지 못했다. 정진상 안에는 이론이 제시되어 있지 않지만, 암묵적으로 지위경쟁이론(학벌체제)과 병목에 대한 문제의식(서울 집중)을 지니고 있다. 그런데 정진상은 대학의 격차는 예산의 격차라는 사실에 둔감하다. 가령 서울대는 1조 5,000억 원 예산의 연구중심대학인 반면, 경상대는 2,600억 원 예산의 소규모 대학이다. 경상대의 이름과 학위를 서울대로 바꾼다고 하더라도 인프라의 격차를 줄이는 방안이 정진상의 안에는 없다.

서울대와 지방대의 차이는 대부분 예산의 격차에서 나온다. 2020년 기준 서울대 예산은 1조 5,000억 원, 부산대는 7,844억 원, 전남대는 5,289억 원, 경상대는 2,619억 원이다. 만약 대학통합네트워크에 속한 대학들에 서울대 수준의 예산을 투입하지 않는다면 학생들의 서울 명문 사립대로 향한 병목은 사라지지 않을 것이다. 거점국립대 9개의 이름을 바꾸고 공동학위제를 준다고 병목현상은 해결되지 않는다. 최소한 이 대학들에 연고대 수준의 예산을 장기적으로 투입해야 한다.

이러한 단점들이 있음에도 불구하고 정진상의 대안은 '대통영 학파'라는 새로운 길을 개척했다는 점에서 대단히 큰 의미를 지닌다. 그는 개천용 모델에 대한 근본적인 문제점을 인식했고, 대학독점체제의 해체를 통해 지위권력을 민주화시키는 모델을 최초로 제공했다. 이 안이 처음으로 제안되었으며 너무나 새롭고 독창적이었기 때문에 완벽을 기대하는 것은 무리다. 모든 사람이 개천용 모델이라는 지배적인 제도와 가치에 경도되어 있을 때 그는 이에 도전장을 던진 용감하고 혁신적인 학자였다. 만약 한국에 '노벨 교육상'이 있다면 이 상은 정진상 교수에게 돌아가야 할 것이다.

민교협 대학개혁안의 장단점

민주화를위한전국교수협의회(민교협)는 1987년 6월 항쟁 때 진보적 교수들이 만든 단체다. 집단적 지성을 통해 한국 사회의 진보와 민주를 위해 활동해 왔고 최근 불평등이 증가하는 현실에서 단체 이름을 민주화와평등을위한전국교수협의회(민교협)로 바꾸었다.

민교협은 2010년대 초반부터 "대학 체제의 혁파 없이 교육 정상화는 없다"라는 인식을 집단적으로 공유하고, 대학서열체제 타파를 위해 민교협 내 대학개혁에 관심이 많은 교수들을 중심으로 정진상 안을 수정하여 제시했다.[171]

민교협 안을 한마디로 표현하면 '입시폐지·국립교양대학 통합네트워크' 안이라고 부를 수 있다.[172] 대단히 복잡한 말이지만 기본적으로 정진상의 대학통합네트워크 안을 받아들이되, 그 중간에 국립교양대학이라는 것을 만들어서 학생들에게 단일한 프로그램을 2년 동안 제공하자는 것이다.[173]

171 강내희, 「새로운 국민적 개혁 프로젝트로서 '대안 대학체제'를 구상하며」, 『입시·사교육 없는 대학체제』, 한울아카데미, 2015, 11쪽.

172 심광현, 「'입시폐지·국립교양대학 통합네트워크' 구성을 위한 교육혁명의 마스터플랜 개요」, 『입시·사교육 없는 대학체제』, 한울아카데미, 2015, 33쪽.

173 심광현, 위의 글, 42쪽.

❶ 중등교육과정과 고등교육과정의 연한을 각각 1년 줄여 학생들의 기초 실력을 테스트하는 '자격고사'만으로 입학할 수 있는 2년제 단일 '전국 국립교양대학'을 설립한다.

❷ 교양대학 개설 과목과 교육 내용은 캠퍼스·권역별 일정한 편차를 둘 수 있지만 기본적으로 같아야 한다. 그 교육 내용을 구성하기 위해 국립교양교육개발원을 설립한다.

❸ 교양대학에 들어와 소정의 교양과목들을 이수한 학생들에게 상급 대학에 진학할 자격을 부여한다.

❹ 인문사회·이공·예체능·직업 전문 계열 등 계열별로 학생들이 이수해야 할 교양과목의 필수군과 선택군 사이의 비율 차이를 둔다.

❺ 교양대학 교육은 '글쓰기' 교육이 기본이 되도록 해야 한다.

❻ 교양대학 학생들의 수업료 수준은 현재 고등학교 학생들의 수준과 동일하게 한다.

❼ 국공립대학의 비중 확대와 성부의 지원 확대를 통해 현재 20~80%인 국립대학-사립대학 비율을 역전시켜 대학교육의 공공성을 확장한다.

❽ 서울대를 포함한 국공립대학 통합네트워크로 묶인 대학들의 공동선발 및 공동학위제를 통해 수도권 집중을 억제하고 지역 간 교육적 균형발전의 기반이 될 수 있도록 한다.

❾ 통합적 기초학문에 기반을 둔 교양교육의 전면적 확대를 통해, 3년 과정 이후 수학할 전공 기반을 튼튼히 하여 대학교육의 질을 향상시킬 수 있다면 요동치는 세계 체계의 혼란기에 맞서 능동적으로 헤쳐 나갈 수 있는 미래 세대를 육성할 수 있을 것이다.

민교협 안은 초등학교(5년), 중등학교(5년), 대학교(5년)의 학제 개편까지를 다루는 광범위한 안으로서 이에 대한 사회적 합의를 별도를 이끌어내야 한다. 이것은 현재 한국의 학제 시스템뿐만 아니라 세계 어느 곳의 학제 시스템과도 다른 방식이다. 이 안의 초점은 초등학교와 중등학교(중학교+고등학교) 과정을 1년씩 줄여서 전국 단일 국립교양대학(2년)을 만드는 데 있다. 대학 과정은 교양대학 2년+일반대학 3년으로 총 5년이 되며, 대학이 1년 더 늘어난다. 이 중에서도 민교협 안의 핵심은 바로 국립교양대학이

다. 이를 왜, 어떻게 하는지는 위의 표에 제시된 것과 같다.[174]

민교협의 대학개혁안은 대단히 원대하고 대학의 이상에 가깝다는 측면에서 장점이 있다. 시장중심적인 대학을 거부하고 독립적인 이성을 가진 민주적 시민을 길러 내는 대학으로 바꾸자는 데 그 초점이 있다. 교양교육은 "인간을 자유롭고 해방시키는 비판적 지성인이 되게 하는 것이다".[175] 민교협의 안은 서열주의와 시장주의가 판치는 한국 대학을 비판적 지성인을 길러 내려는 곳으로 변혁하자고 주장한다.

문제는 실현 가능성이다. 첫째, 민교협 안은 대학의 역사, 대학의 발전 계기, 대학의 다양성을 고려하지 않은, 심광현 교수 스스로 밝혔듯이, '사고실험Thought Experiment'이었다.[176] 즉 너무나 이상적이어서 현실과의 괴리가 큰 점이 문제다.

이 책에서 밝혔듯이 현대 대학은 연구중심대학의 승리로 귀결되었으며 하버드, 스탠퍼드, 버클리, 존스홉킨스, 케임브리지, 옥스퍼드와 같은 대학조차도 교양중심대학에서 연구중심대학으로 탈바꿈했다. 미국 대학과 영국 대학의 개혁은 19세기 내내 기나긴 논쟁을 거쳤다. 즉 하루 만에 이루어진 게 아니라 거의 반세기 만에 개혁이 이루어졌다.

19세기 독일의 연구중심대학이 헤게모니를 잡자 미국과 영국의 대학들에서 대학개혁에 대한 기나긴 논쟁이 일어났고 대부분의 대학은 개혁에 저항했다. 19세기 중반까지만 해도 미국과 영국의 대학들은 상류층을 길러 내는 교양대학이었다. 미국과 영국의 상류층 사람들에게 독일 대학의

174 심광현, 위의 글, 42~44쪽. 일부 글의 길이를 편집했음.

175 심성보, 『한국 교육의 현실과 전망: 세계교육의 담론과 운동 그리고 민주시민교육』, 살림터, 2018, 557쪽.

176 심광현, 위의 글, 28쪽.

연구실 모습, 즉 실험실에서 죽도록 노동하는 것은 그들이 보기에 도저히 할 수 없는 일이었다. 상류층의 고담준론 아비투스가 연구라는 고된 노동의 아비투스와 정면으로 충돌했다. 예일은 그 어떤 개혁도 거부하는 보수 세력의 중심지가 되었고 하버드도 개혁을 단행하지 않았다. 2차 산업혁명이 유럽을 휩쓸고 독일 대학들이 화학, 전기, 철강 등의 분야에서 세계적인 연구들을 발표하자 미국 대학들은 위기에 빠졌다. 교양중심교육에서 연구중심교육으로 전환하지 못했던 것이다.

1869년부터 40년 동안 하버드 대학교 총장이 된 찰스 엘리어트는 하버드대 화학과 교수 출신이었다. 그는 총장이 되기 전 학교 내분으로 교수직을 그만두고 독일과 프랑스로 건너가 2년 동안 유럽 대학들의 조직과 운영을 탐구했다. 화학과 교수였던 그는 특히 독일 대학의 화학과 독일의 화학산업의 대혁신에 매우 큰 자극을 받았다. 그는 2년 후에 미국으로 귀국한 다음 「새로운 교육」이라는 글을 당시 가장 영향력 있던 매체 중 하나인 〈월간 애틀랜틱The Atlantic Monthly〉에 발표함으로써 스타가 되었다. 보스턴의 기업가들은 그의 아이디어를 높이 사 그는 35세에 최연소 하버드 총장이 되었고 40년 동안 하버드를 개혁했다. 물론 하버드는 그 후 수십 년 동안의 개혁과 외부의 자극을 받아서 연구중심대학으로 자리 잡았다. 미국 최초의 연구중심대학은 1876년 세워진 존스홉킨스였으며 이 새로운 대학의 부상은 전국적인 파장을 일으켰다. 이제 독일식의 연구중심대학으로의 전환은 불가피해 보였다. 2차 산업혁명의 거대한 물결이 드디어 미국 대학을 휩쓸었다.

민교협 대학개혁안은 교양과정을 강조함으로써 시장화된 한국 대학의 지나친 상업화를 극복하려는 매우 훌륭하고 이상적인 시도였다. 하지만 이것은 인문주의자들의 이상에 가까웠다. 세계의 많은 대학이 대학 1, 2학년 때 교양과목을 가르치지만 교양대학이 대학의 발전과 구성에 핵심적인 것은 아니다. 대학의 성장, 발전, 생존을 위해서는 연구중심대학의 구축이 대학통합네트워크의 핵심이어야 한다.

민교협 안은 한국 대학의 특수성, 즉 사립대학의 만연과 신자유주의로 인한 한국 대학의 황폐화에 대한 처방이라는 큰 장점이 있다. 하지만 다시 한번 대학사회학의 창시자 버턴 클라크의 말을 기억하자. 대학의 역사에서 가장 중요한 혁명은 '연구중심대학의 형성'이 19세기 독일에서 일어났고 이 모델을 미국을 비롯해 전 세계의 대학들이 받아들인 것이다.

물론 미국을 비롯한 세계 곳곳에 '리버럴 아츠 칼리지Liberal Arts College(교양대학)'라는 학부 중심의 탁월한 교육중심대학이 존재한다. 리버럴 아츠 칼리지는 단순히 교양학이 아니라 "자립적이고 창의적인 인간으로 성장하여 자유로운 자아실현을 하도록 하는 데 필수적인 지식과 지혜를 쌓고, 대화와 협력의 자세를 확고하게 갖춘 민주시민을 육성하기 위한 토론식 교육"이다.[177] 대부분의 명문 대학들이 이러한 교양학 프로그램을 대학 저학년 때 가르치지만, 이것이 대학의 핵심은 아니다. 대학의 핵심은 전문 영역에 대한 전문적인 지식을 가르치는 일이다. 유럽의 대학들은 교양교육을 주로 고등학교 때 끝내고 전문 지식을 대학에서 가르친다. 미국의 대학들도 일부 교양과목을 1~2학년 때 가르치지만, 핵심은 역시 학과마다 교육하는 전문 교과목이다.

민교협 안은 교양교육이 함축하는 귀족적인 경향을 제거하기 위해 국가에 의한 평등한 교육을 내세웠다. 시장이 아니라 국가가 국립교양교육개발원을 설립하여 단일하게 전국 대학에 교양 프로그램을 제공하는 안이다. 이는 숭고하고 탁월한 이상이지만 현실적으로 적용하는 데 한계가 있다. 교양교육은 대단히 광범위하기 때문에 국가가 관리할 필요도 없으며 대학

177 심광현, 위의 글, 45쪽.

스스로 자율적으로 맡기면 된다. 또한 대학의 다양성, 자율성, 개별성, 민주성이 대단히 중요한데 국립교양교육개발원을 통한 단일한 교양교육은 이러한 원칙들과 상충한다.

민교협 안의 가장 큰 문제는 학제 개편이다. 대학을 4년 과정에서 5년으로 늘리자는 것인데 2년은 교양교육, 3년은 전공교육으로 재편하자는 안이다. 이러한 과정은 세계 어디에도 없는 학제다. 가령 유럽의 여러 나라가 3년의 대학과정을 갖추고 있는데 이들은 교양교육이 아니라 전문교육을 중심으로 커리큘럼을 구성한다. 대학을 4년 과정에서 5년 과정으로 늘리는 것은 대학 관계자들의 이익이 반영된 안이다. 민교협의 학제 개편안을 안선회 교수는 다음과 같이 비판한다.

> '2-5-5-2-3'제 학제 개편은 실현이 거의 불가능하다. 현재 초중등 12년(6-3-3) 학제를 '5-5'(2는 유아교육이라 별도로 봄) 학제로 바꾸자는 건데, 현실적으로 어렵다. 초중등 교원들과 교대·사대 학생들의 격렬한 반대에 부딪힐 것이다. 우리 사회의 집단이기주의는 결코 만만한 것이 아니다. 이 방안은 철저하게 대학교수의 구미에 맞는 정책으로 다수 이해 당사자의 합의를 끌어내기 어렵다. 달리 말하면, 초중등교육의 파이를 좀 줄이고 고등교육의 파이를 더 늘리자는 주장을 고상하게 표현한 것이다. 초중등교육은 12년에서 10년으로 줄이고, 대학교육은 4년에서 5년으로 늘리고 지원자는 자격고사만 보게 하고 모두 다 받아들이자는 주장이다.[178]

학제 개편은 개혁 범위가 너무나 광범위하고 이해 당사자들의 갈등을 극도로 유발하는 안이다. 이에 더해 민교협은 입시폐지를 통해 대학자격고사화를 주장했다. 물론 글이 작성될 당시가 2014년경이라 학점제가 전면적으로 도입되는 2025년을 예상할 수 없었겠지만, 대학자격고사화라는 유럽식의 입시 모델은 대학평준화를 전제한다. 유럽식 평준화 대학 모델은 나도 전적으로 찬성하나 현재의 독점화 모델에서 바로 평준화로 만들기는 불가능하다. 따라서 나는 그 중간에 서울대 10개 만들기라는 상향평준화를 통한 다원화 정책을 현실적으로 제안했다.

민교협의 안은 대단히 이상적이고 신자유주의로 점철된 한국 대학의 병폐를 고치려는 고귀한 의도를 가진 안으로 높이 평가할 만하다. 대학통합네트워크를 통한 대학평준화와 교양교육을 통한 민주시민의 배양이라는 민교협의 높은 이상은 새겨들어야 한다. 하지만 의도가 좋았다고 문제가 해결되는 것은 아니다. 17년 동안 대학개혁이 이루어지지 않았다는 점에서 우리는 교훈을 얻어야 한다. 이상에서 내려와 대학독점체제를 무너뜨릴 수 있는 현실적인 대안이 필요하다.

178 안선희, 「진보진영 대학교육개혁 전략에 대한 분석과 제언」, 대학학회 발표, 2016년 11월 11일, 8쪽.

서울교육청 대학개혁안의 장단점

교육청이라는 곳은 초중등교육을 담당하는 곳이다. 각 시도별로 교육청이 있으며 교육감이 관리하고 지휘한다. 전국에 총 17개의 교육청이 있는데 서울, 부산, 대구, 인천, 경기, 강원 등 특별시, 광역시, 도를 단위로 교육청이 이루어져 있다. 서울이 한국의 중심이기 때문에 교육감 중에서는 서울교육감이 가장 유명하고, 보수, 진보, 중도의 학부모들과 교사들이 다양한 이슈로 거의 매일 데모를 하는 곳이 서울교육청 앞이다. 서울교육청은 '통합국립대학-공영형 사립대학에 기초한 대학 공유네트워크 구축(안)'을 2017년에 발표했다. 초중등교육을 담당하는 서울교육청이 왜 대학개혁안을 내놓았을까?

> 현재 초중등교육이 대학입시와 대학학벌체제에 종속되어 있는 상황에서 고등교육의 개혁 없이는 초중등교육의 정상화는 요원한 기대일 수밖에 없음. 서열화된 대학체제하에서 좋은 대학에 들어가기 위한 과도한 경쟁이 '블랙홀'처럼 초중등교육에 악영향을 미치며, 어떠한 좋은 정책이라도 이것이 왜곡된 효과를 만들어 내고 있음. 따라서 초중등 공교육의 정상화를 위해서는 대학체제 개혁이라고 하는 근원적 계기가 필요함. 초중등을 담당하는 교육감, 특히 서울교육감이 대학체제 개혁을 제안하는 이유도 여기 있음.[179]

서울교육청은 혁신학교 등 대표적인 정책을 실행했지만 현재의 초중등교육을 정상으로 돌리기는 불가능하다는 것을 일찌감치 깨달았다. 따라서 서울교육감 자신이 직접 나서서 대학개혁을 외쳤다. 한국 교육에 대한 이런 문제의식과 충정은 대단히 높이 평가해야 한다. 서울교육감을 제외한 어떤 교육감도 이렇게 대학개혁에 적극적이지는 않았다. 따라서 서울교육청 안도 영혼을 불어넣은, 한국교육개혁에 대한 소망이 담긴 안이다. 아래 그림은 서울시교육청 안의 대학체제 개편의 전체 설계도다.[180]

〈그림 6-1〉 단계 별 대학체제 개편(안)

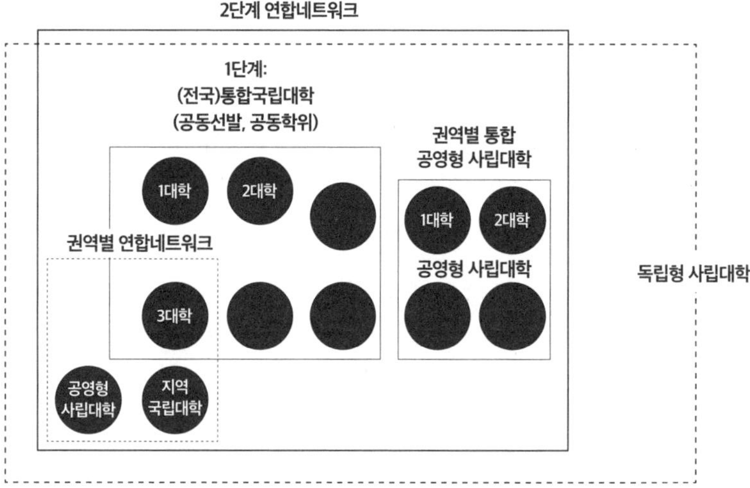

서울교육청의 대학개혁안은 실로 방대하고 체계적이다. 이런 점에서 이 안은 대단히 높이 평가되어야 한다. 서울교육청의 대학통합네트워크 안

179 서울특별시교육청, 「통합국립대학 - 공영형 사립대학에 기초한 대학 공유네트워크 구축(안)」, 2017, 2쪽.

180 서울특별시교육청, 위의 글, 10쪽.

은 총 3단계로 1단계는 거점국립대 10개 대학 간의 제도적 통합이다. 이때 서울대는 포함될 수도 있고 포함되지 않을 수도 있다. 형식적으로는 파리대학 모델을 따라 서울1대부터 서울10대까지 호칭을 붙인다. 다만 1단계에서 지역국립대나 사립대가 구조조정을 통해 통폐합될 경우 이들을 포함할 수 있다. 나의 서울대 10개 만들기는 이 1단계와 유사하다.

2단계 연합네트워크부터는 다양한 역학관계 때문에 서울교육청 안에서조차 불투명하다고 말하고 있다.[181] 2단계에서는 "거점국립대학들 간의 통합을 전제로 하지 않은 지역별 국립대학의 연합"이다.[182] 이는 "통합국립대학에는 참여하지 않으나, 인적·물적 자원을 공유하는 '수평적 다양화'의 네트워크를 만들기 위해 별도의 협력관계를 모색"하는 것이다.[183] 곧 2단계는 제도적인 통합보다는 학점교류, 도서관과 실험실 공유, 프로그램과 인프라 공유 등의 지역 내 협력을 의미한다. 따라서 사실상 가상 중요한 단계는 1단계이며 2단계부터는 유연하게 권역 내에서의 대학들끼리의 협력을 의미한다. 3단계는 통합국립대학과 사립대학을 포함한 협력체계를 의미한다. 이는 "네트워크화된 대학 간에 공통교양과정 운영뿐만 아니라, 학점·학생·교수 등 교육 및 학교 운영"에서의 상호 교류를 의미한다.[184] 이렇게 보았을 때 사실상 서울교육청의 안은 1단계가 가장 중요하고, 2단계와 3단계는 열린 가능성으로서의 네트워크라고 보아도 무방하다.

서울교육청 안은 대단히 복잡하게 만들어져 있다. 이는 모든 대학을 포함하고 있고 모두를 만족시키려는 의도가 깔려 있다. 왜냐하면 거점국립대 10개만을 통합하여 지원한다는 말은 지역 중심 국립대학과 사립대의 반발을 불러올 것이 불을 보듯 뻔하기 때문이다. 대학통합네트워크의 형성은 이해 당자자들의 합의를 끌어내어야 하는 과정이기 때문에 모두를 만족시키려는 방대한 안은 충분히 이해가 간다. 문제는 일반 국민들이 이해하기 어렵다는 점이다. 나 같은 대학 전문가도 서울교육청이 제시한 안을 몇 번이나 읽어 보고 나서야 비로소 전체적인 그림이 잡혔다. 하물며 가뜩이나 학벌 욕망에 들끓고 있는 일반 국민들에게 이들이 내놓은 안을 설득시키는 것은 어렵다. 이들의 입장을 아주 쉽게 전달하면 다음과 같다. "1단계는 전국의 거점국립대 10개를 통합하고, 2단계는 지역 대학을 중심으로 연합 네트워크를 형성하고, 3단계는 일반 네트워크로 공영형 사립대와 독립형 사립대를 포함시키자."

〈표 6-1〉 대학 공유네트워크의 세 가지 차원[185]

단계	범주	대상	공유 모델의 3차원	사례
1	전국	거점국립대	통합 네트워크	10개 거점 국립대학들 간의 제도적 통합, 통합된 틀 내에서의 자율성(통합은 '단일'과는 다르다. 즉 10개 국립대학이 하나의 단일 국립대학이 되는 것은 아니다. 그런 점에서 앞의 제1유형으로 되는 경우에도, '서울대 폐지'는 아니다)
2	권역별	거점국립대 +지역 중심 국립대 +공영형 사립대	연합 네트워크	권역별로 통합국립대학, 지역 중심 국립대학들, 공영형 사립대학들 간의 인적·물적 공유와 협력
3	권역별	거점국립대 +지역 중심 국립대 +공영형 사립대 +독립형 사립대	일반 네트워크	권역별로 통합국립대학, 지역 중심 국립대학들, 공영형 사립대학들은 물론, 독립형 사립대학들까지 포괄하는 네트워크형 협력

결과적으로 서울교육청의 핵심은 1단계다. 1단계 통합국립대학의 기본 구조는 공동학위제, 교수와 학생의 자유로운 이동, 1년 동안의 공통교양

181 서울특별시교육청, 위의 글, 15쪽.
182 서울특별시교육청, 위의 글, 16쪽.
183 서울특별시교육청, 위의 글, 17쪽.
184 서울특별시교육청, 위의 글, 18쪽.
185 서울특별시교육청, 위의 글, 11쪽.

과정 운영, 학과 및 전공 간의 통합적 운영과 협력체제 구축, 중층적인 이사회 구조로 이루어진다. 학생 모두가 서울대 또는 한국대라는 공동학위를 받고 전국 어디서나 수업을 들을 수 있다. 각 대학 캠퍼스는 반은 자율성을 갖지만 전체 통합대학 이사회나 운영위원회의 결정을 따라야 하는 반 타율적인 성격도 지닌다. 이는 향후 10개의 서울대로 이루어진 대학통합네트워크가 만들어진다면 충분히 고려하여 채택될 필요가 있는 세부 방안이다.

서울교육청 안도 다른 대안들과 마찬가지로 이론의 부재 속에서 모두를 만족시키고자 너무 복잡한 안을 만들었다는 데 문제점이 있다. 고속도로 10개를 뚫어 주면 되는데 다른 사람들이 반발하니 국도와 지방도까지 추후에 만들어 주겠다는 것이다. 고속도로 10개 뚫기가 사실상 핵심인데, 사립대 관계자들과 여러 이해 당사자들이 반발하니 2단계와 3단계를 추가해서 만들었다. 서울교육청 안에서 알 수 있듯이 1단계가 핵심이고 나머지 2단계와 3단계는 사실상 미지의 영역이다. 대학개혁안을 너무 복잡하게 만들어서 쉽게 전달할 수 없는 단점이 있다.

서울교육청 안의 또 다른 문제점은 바로 예산이다. 서울대 수준만큼의 예산을 다른 거점국립대에 보장한다는 말이 없다. 학생들의 자유로운 이동을 보장한다고 해도 사실상 대부분의 학생들은 한 캠퍼스에서 수강할 가능성이 높고, 1~2학기 정도 다른 캠퍼스에서 수학하거나 인터넷 강의 등으로 수강 기회를 늘릴 수 있다.

서울교육청 안도 대학개혁과 대학입시를 동시에 건드려 정책 어젠다의 초점을 흐리게 하는 문제가 있다. 서울교육청 안은 초기에는 기존의 선발 방식을 유지하되 차후에는 통합된 방식으로 입학자격을 부여하자고 한다. 서울교육청 안은 자격고사화된 수능과 고교 내신을 중심으로 선발한다. 이는 바람직해 보이나 고교학점제가 미래의 대세로 굳어질 가능성이 큰 마당에 적절치 않은 듯하다. 이 안에서는 고교 내신성적으로 70퍼센트를 선발하고 대학입학자격시험으로 30퍼센트를 선발한다.[186] 내신성적으로 선발하는 것은 학생부교과전형과 같은 것이나 대학입학자격시험은 유럽식의 입학전형이다. 이런 방식의 선발은 "대학서열, 전공서열, 지역서열이 존재하는 상황에서의 네트워크 또는 통합이라면 네트워크 또는 통합대학 안에서도 지역별 선호 또는 특성화된 대학이라고 하더라도 사회적으로 높은 인정을 받는 전공으로의 쏠림이 나타날 수밖에 없고, 균형배정이라는 원칙과 충돌하게 될 우려" 때문이다.[187]

서울교육청 안은 앞에서의 대학개혁안과 마찬가지로 공통적인 문제를 안고 있다. 기본적으로 이들은 내가 앞에서 비판한 '완벽주의자'다. 모든 것을 고치려고 하고 모든 사람의 이해관계를 따져서 살피고 모든 주요한 원칙들이 충돌 없이 실행 가능해야 한다. 곧 이들은 모든 이를 만족시키기 위해 안을 최대한 복잡하고 정교하게 만들었다. 이것은 큰 장점이 될 수 있으나 국민들에게 전달이 되지 않는 단점이 있다. 나는 이러한 접근법을 최대주의자Maximalist 접근이라고 명명했다. 반대로 나의 안은 최소주의자Minimalist 접근법이다. 왜냐하면 모든 사람을 만족시킬 수 있는 완벽한 대학개혁이란 존재하지 않는다. 비유를 들자면 나는 고속도로 10개의 이름 변경과 예산 확보만을 제시하는 것이 옳다고 이 책에서 주장한다. 곧 서울대 10개를 만들고 이 10개 대학에 서울대 수준의 예산을 투입하여 대학병목을 해소하자는 간단한 주장이다. 이 고속도로에 어떤 차를 어떻게 들여보내야 하고, 운영은 어떻게 하고, 고속도로 이외에 국도와 지방도를 어떻게 만들고, 어떻게 운영하는 안까지 모두 정교하게 마련하는 것은 오히려 대학개혁을 방해하는 것임을 다시 한번 강조한다. 내가 이 책을 쓰는 이유는 가장 중요한 문제를 풀려는 것이지 모든 문제를 풀려는 것이 아니다.

186 서울특별시교육청, 위의 글, 20쪽.

187 서울특별시교육청, 위의 글, 20쪽.

대국민 동원과 설득을 위한 대학개혁안: 사걱세와 이범 버전의 장단점

'사교육걱정없는세상'(사걱세)이라는 대단히 명성 높은 교육시민단체가 있다. 일반 시민들도 그 이름을 많이 들어 본 단체다. 교육에 대한 이슈가 나오면 의뢰 언론이 찾아가 인터뷰를 하는 곳인데, 나는 대학개혁 문제로 이 단체에 몇 번 초청을 받았고 이들이 내놓은 대학개혁 정책에 대해 여러 번 논평을 했다. 이런 인연으로 나는 사걱세의 회원이 되었다.

사걱세는 학부모와 학생들에게 사교육 걱정을 없애 주겠다는 취지로 2008년 설립된 시민운동단체로 현재까지 꽤 큰 영향력을 발휘하고 있다. 사걱세의 홈페이지noworry.kr에는 지난 13년 동안의 성과가 일목요연하게 정리되어 있다. 사걱세가 여러 교육 현안에 기여한 바는 크다. 그럼에도 한국의 사교육은 전혀 줄어들지 않았다. 2008년의 초중등학교 사교육비는 총 20조 9,000억 원이었다.[188] 10년이 지난 2018년 초중등학교 사교육비는 총 19조 5,000억 원이었다.[189] 학생 1인당 월평균 사교육비는 2008년에 24만 2,000원이었고, 2018년에 29만 1,000원이었다. 10년 동안 초저출산으로 인해 학생 수가 줄어서 사교육비 총액은 약간 줄었지만 1인당 사교육비는 오히려 늘었다. 사걱세가 설립된 2008년 이후 사교육비에 대한 걱정은 전혀 줄어들지 않았다.

사걱세는 사교육비가 줄어들지 않는 이유를 발견했다. 이들은 사교육비의 증가 원인이 대학서열체제에 있음을 알아챘고 이를 무너뜨려야 한다는 결론에 도달했다. 대학서열체제를 무너뜨리기 위한 방식으로 대학통합네트워크가 제시되어 있었지만 대중적인 지지를 전혀 받지 못했다. 따라서 사걱세는 대중을 최대로 끌어들일 수 있는 안을 제시했다.

사걱세가 대학개혁 방안으로 내놓은 안은 소위 '대학입학보장제'와 좋은 대학 120개를 만드는 '상생대학네트워크'다.[190] 대학입학보장제는 간단하다. 고등학교만 나오고 최소 요건만 충족하면 대학 입학을 자동적으로 보장하겠다는 말이다. 문제는 인구절벽 시대에 학령인구는 줄어들고 대학은 넘쳐나서 고등학교만 나오면 대학 입학은 보장된다는 사실이다. 부산대도 초유의 미달 사태를 겪고 있고 대학 입학 정원이 고등학교 졸업 정원보다 많은 시대다. 우리는 대학 입학 정원이 적었던 1980~1990년대를 살고 있는 것이 아니라 초저출산 시대의 인구절벽 시대에 살고 있다. 대학 입학은 보장되어 있으나 자기가 들어가고 싶은 대학에 못 들어가는 것이 문제다. 사실상 '양적인 대학 입학 기회'는 대학교육의 보편화로 해결되었다. 문제는 '질적인 대학 입학 기회'다.

따라서 사걱세 안을 정확하게 말하면 '학생들이 들어가고 싶은 대학의 입학을 보장하는 제도'다. 학생들은 어떤 대학에 들어가고 싶어 하는가? SKY에 들어가기를 원한다. 따라서 사걱세는 좋은 대학 120개 만들기라는 제도로 이를 보완하려고 한다.

사걱세가 제시한 좋은 대학 120개 만들기 '상생대학네트워크' 안은 실현 가능성이 문제다. 갑자기 대단히 많은 수의 대학을 단기간에 좋게 만들기는 불가능하기 때문이다. 따라서 사걱세는 이를 3단계로 나누어서 추진하는 안을 발표했다. 1단계는 15개의 대형 종합대학과 25개의 소형 특성

188 통계청, 「2009년 사교육비조사 결과」, 2010년 2월 23일, 2쪽.

189 통계청, 「2018년 초중고 사교육비조사 결과」, 2019년 3월 12일, 1쪽.

190 사교육걱정없는세상, 「대입제도의 새 패러다임으로 '대학입학보장제'를 제안한다」, 2019년 7월 10일, 토론회 자료.

화대학을 묶는다. 입학 인원은 국공립대 7만 명, 사립대 3만 명을 포함하여 총 10만 명이다. 2단계는 80개 대학 15만 명, 3단계는 120개 대학 25만 명으로 확대된다. 191

이 방안이 왜 나왔는지는 이미 오래전에 제시되어 진화한 '대학통합네트워크' 방안과 관계된다. 120개의 '상생대학네트워크'가 이렇게 원대하게 계획된 이유는 사걱세가 국민들 특히 학부모들이 '대학통합네트워크'에 무관심하고 국민 여론이 시원치 않다는 데 있다. '대학통합네트워크' 안의 핵심은 서울대를 포함하여 전국의 거점국립대 10개를 공동학위제로 운영하는 방안이다. 대학통합네트워크 10개 대학의 입학 인원은 2020년 기준 3만 5,725명이고 이는 전체 입학 정원의 7~8%에 해당된다. 이 인원은 현재 1~2등급(현재의 내신등급에서 상위 11%)의 학생들이 들어올 수 있기 때문에 학부모의 광범위한 관심을 끄는 데 한계가 있다고 판단했다. 따라서 사걱세의 해법은 국민들의 관심을 끌고 대학개혁을 위한 여론 형성의 관점에서 대단히 광범위하고 야심차게 대학개혁안을 내놓았다.

문제는 설득력과 실현 가능성이다. 사걱세 안은 대학통합네트워크에서 입학생 수를 늘리기 위해 1단계에서 과도한 대학의 숫자를 넣었다. 즉 대중 동원과 설득을 위해 대학통합네트워크의 덩치를 엄청 키웠다. 이것은 장점이 될 수 있지만 동시에 단점도 될 수 있다.

사걱세 대학체제 개편 방식의 문제점은 무엇인가? 사걱세 안에 따르면 1단계 네트워크는 공모를 통해 종합대학 15개, 특성화대학 25개로 이루어진다. 먼저 종합대학 15개는 어떤 방식으로 공모되는가? 이 종합대학은 거점국립대와 일부 사립대를 포함하는 듯하다. 만약 공모를 한다면 서울대는 이 네트워크에 들어오지 않을 가능성이 대단히 크다. 네트워크에 들어오지 않더라도 자신의 입지를 굳건히 지킬 수 있기 때문이다. 또한 서울대를 제외한 거점국립대 9개 대학을 목표로 삼아 모집하는 것은 공모라고 보기 어렵다. 만약 1단계에서 거점국립대를 포함한다면 거점국립대를 제외한 나머지 5~6개 대학은 어떤 방식으로 어떻게 공모할 것인가? 이 또한 풀기 힘든 복잡한 과정이다.

15개로 공모해서 모인 종합대학의 이름은 무엇이 되나? 기존의 이름을 그대로 사용하나, 아니면 '한국대'와 같은 통일된 이름을 붙이나? 파리대학이나 캘리포니아대학체제와 같은 이름을 공유하는 것이 상향평준화에 도움이 된다면 충분히 같은 이름을 생각해 볼 수 있다. 대학의 이름은 상징가치를 함께 공유하기 때문에 대단히 중요하다.

15개 종합대학을 공모하는 것은 애초 의도한 바와는 전혀 다른 결과를 낳을 수 있다. 가령 서울의 사립대와 지방의 국립대가 비슷한 숫자로 모집되고 특정 지역의 학교(예를 들어 전북대 또는 경상대)가 이 네트워크에 포함되지 못하면, 서울/지방의 대학격차, 지방/지방의 대학격차, 도시/농촌의 대학격차를 양산하게 된다. 따라서 공모 방식을 통한 대학네트워크 형성은 대학의 병목현상을 방지하고 대학의 상향평준화와 국토의 균형발전이라는 철학에 위배될 위험성이 상당히 있으므로 바람직한 방식이 아니다. 이는 사걱세 방안이 기존에 역사적으로 형성된 대학서열의 구조적 불평등에 대해 둔감하다는 점을 드러낸다. 서울/지방의 대학 양극화를 교정하기 위해서는 지방대학에 더욱 집중적인 투자를 해야만 한다. 곧 사걱세안은 서울이라는 공간권력과 학벌이라는 지위권력의 독점을 해체하고 민주화시키지 못한다. 다시 말해 15개의 종합대학을 네트워크로 묶는 방안에서 서울/지방의 양극화를 어떻게 극복하고 '기회의 지리학'을 어떻게 창출할 것인가에 대한 고민이 없다.

1단계 특성화대학 25개의 공모는 종합대학의 공모보다 훨씬 어려운

191 사교육걱정없는세상, 위의 글, 32쪽.

문제다. 25개 대학의 공모 기준은 무엇인가? 25개 대학 특성화대학의 네트워크는 어떤 의미를 지니는가? 사격세는 특성화대학의 예로 아키타 교양대학, 리버럴 아츠 칼리지, 한국예술종합학교, 한동대 등을 들고 있는데, 이들의 공통점은 무엇인가? 일본의 아키타 대학과 미국의 리버럴 아츠 칼리지는 전형적인 교육중심대학이며, 한국예술종합학교는 예체능계 대학이고, 한동대는 개신교 계열의 교육중심대학이다. 교육중심대학과 예체능계 대학을 섞는 것은 좋지 못한 방안이다. 사격세가 제시하는 특성화라는 것이 애매한 개념이고, 25개 대학을 어떤 목적에서 어떤 방식으로 선발하고 그 지향점이 무엇인지가 대단히 애매하다. 대학을 분류하는 방식은 여럿이지만 연구중심대학, 교육중심대학, 직업중심대학으로 나누는 것이 일반적이다. 사격세 안 중 15개 종합대는 연구중심대학(세계적 수준의 학문 경쟁력을 갖춘 대형 종합대학)과 25개의 교육중심대학(작지만 특색 있는 소형 특성화대학)으로 나누고 있는 것으로 판단된다.

사격세의 대학체제 개편은 두 가지 네트워크의 동시적 형성으로, 두 가지 네트워크 안의 목적이 혼재되어 있기에 혼란을 일으킨다. 상생대학 네트워크를 실시할 때 연구중심대학 네트워크와 교육중심대학 네트워크를 나누어서 선발하는 기준은 무엇인가? 가령 캘리포니아대학체제에서 UC University of California System(10개의 연구중심대학)에 입학하려면 고등학교 성적이 12.5%에 들어야 하며, CSU California State University System(23개의 교육중심대학)는 성적이 33.3% 안에 들어야 한다. 입학 선발 기준이 다르다는 이야기다. 사격세의 대학체제 개편에서 15개는 연구중심대학, 25개는 교육중심대학으로 분류될 수 있고 대학체제의 우열 관계상 차등이 분명히 존재한다. 두 개의 네트워크에 소속된 40개 대학에 입학할 때 어떤 차등도 없이 입학한다는 것은 논리적으로 설득력이 떨어진다.

사격세의 대학입학보장제는 사교육비를 낮추고 초중등교육의 정상화와 혁신을 위해서 대단히 창의적인 것으로 보이고, 대중 동원을 최대한으로 끌어올리는 데 장점이 있는 것이 분명하다. 하지만 대학입시에 끼워 맞춰서 대학개혁이 이루어지는 것이 단점이다. 이는 원인과 결과를 혼동한 것으로 거의 모든 교육전문가와 국민들이 겪고 있는 문제이기도 하다.

사걱세와 마찬가지로 입시 위주로 대학개혁안을 제시한 사람은 교육평론가 이범이다. 그는 스타 강사 출신으로 사교육에 염증을 느껴 한국 교육을 개혁해 보겠다는 포부를 가진 사람이다. 민주연구원 부위원장과 서울교육청 정책보좌관을 역임하기도 했고, 특히 입시에 대해서는 한국 최고의 전문가 중 한 명이다.

이범은 한국 교육의 공익을 위해 기여하고자 하는 좋은 의도를 지녔고 언론도 그의 선의를 기꺼이 받아들였다. 그는 교육평론가로서 입시에 대해서는 누구보다도 현장 경험이 많은 사람이다. 그 또한 사교육 문제의 해결은 "대학의 포용적 상향평준화와 사회적 타협"으로 이루어져야 한다고 주장했다.[192] 대학개혁이 되어야만 한국 교육이 바뀐다는 대전제는 일치하나 대학통합네트워크에 대해서는 극구 반대한다.[193]

> 서울대를 포함하여 전국 10개 거점국립대를 통합하면 어떤 결과가 나올까? 이렇게 되면 '1등 대학'이라는 서울대의 상징적 지위는 즉시 연고대로 넘어갈 것이다. (중략) 학부생 3,000여 명을 선발하던 서울대의 특권적 지위를 내려놓고 10개 거점국립대가 연합하여 3만 4,000여 명을 공동 선발하는 가칭 '통합대'를 만든다고 가정해 보자. 정원이 합쳐서 약 8,000명인 연세대·고려대와 정원이 3만 4,000명인 통합대에 동시에 합격한 학생은 어디를 선택할까? 대체로 연세대·고려대를 선택할 것이다.

192 이범, 『문재인 이후의 교육』, 메디치, 2020, 333쪽.

193 이범, 위의 책, 345~346쪽.

일반 시민과 비전문가들이 보기에 일견 타당해 보이지만 단기적인 관점에서 입시 위주로 대학개혁을 바라보는 입장이다. 이범은 이렇게 된다면 미국과 같이 된다고 주장한다.[194]

> 결국 국립대 통합네트워크의 귀결은 미국식 대학구조, 즉 아이비리그로 대표되는 일부 사립대들이 최상위 서열을 차지하고 그 아래에 주립대들이 위치하는 식이 되어 버릴 가능성이 높다. 과거 서울대 학부가 차지했던 지위와 기능을 연고대가 차지하고, 서울 지역 최상위 사립대들이 아이비리그와 유사한 그룹을 이루는 결말이다.

이범은 입시파인 이혜정과 마찬가지로 미국의 대학체제에 대해 오해를 하고 있다. 미국의 대학체제를 한국 대학체제와 같이 아이비리그를 정점으로 한 피라미드 구조라고 착각하고 있다. 2장에서 자세히 설명했듯이 미국 대학에도 서열이 있지만 이것은 다원적인 서열구조다. 미국은 서울대 수준 이상의 대학이 60개 정도 있고 이것이 전국에 골고루 퍼져 있다. 대학병목과 공간병목이 한국보다 현저히 낮다는 것을 명심해야 한다.

전문가들로부터 가장 신뢰를 받는 Academic Ranking of World Universities의 세계 대학 순위 중 미국 대학만 따로 떼어 놓고 보자. 이범의 설명과 달리 미국대학체제는 아이비리그 대학과 주립대학들의 이중적 구조로 이루어져 있지 않다. 다음은 주립대학 중 세계대학랭킹 50위 안에 드는 대학들이다. UC 버클리(5위), UCLA(14위), UC 샌디에이고(18위), 워싱턴 대학-시애틀(19위), UC 샌프란시스코(20위), 노스캐롤라이나 대학교(29위), 위스콘신-매디슨(31위), 미네소타 대학교(40위), 텍사스-오스틴(41위), 콜로라도 대학교(46위), 텍사스 남부 의대(48위) 등 세계적으로 쟁쟁한 주립대학들이 존재한다. 세계대학랭킹 100위 안으로 더 넓힌다면 주립대의 숫자는 늘어난다. 이처럼 미국대학체제는 이범이 생각하는 것처럼 피라미드의 독점체제가 아니라 내가 2장에서 말했듯이 다원체제다. 미국 학부모들은 아이들을 아이비리그에 보내려고 목숨을 걸지 않는다. 따라서 미국은 입학사정관 제도를 하더라도 한국처럼 전국적인 이슈가 전혀 되지 않는다. 좋은 대학들이 전국에 널려 있기 때문이다.

이범은 입시전문가이기 때문에 입시문제를 풀기 위한 대학개혁안을 제시했다. 이범의 안은 사걱세와 같이 대중 동원과 설득을 위한 안으로 큰 장점이 있다. 그는 '공동입학제'라는 것을 제안하는데, 이는 다음과 같다.[195]

> 나의 방안은 대학공동입학제에 동의하는 대학들에 현재 교수 1인당 1억 원 수준의 파격적인 정부지원금을 매년 지급하자는 것이다. 물론 교수 개인에게 주는 것이 아니라 대학 당국에 주는 정부지원금을 이러한 비율로 증액하는 것이다. 공동입학제에 동의하는 모든 국공립대와 사립대에 지원금을 지급하면 서울대는 2,260억 원, 연세대는 1,682억 원, 경희대는 1,434억 원, 부산대는 1,335억 원 등 추가로 지원금을 받게 된다. 대학으로서는 외면하기 어려운 엄청난 지원이다. 서울대의 경우 정부지원금이 현재 대비 50% 증가하는 것이고, 사립대의 경우 훨씬 큰 폭으로 증액되는 셈이다. 이런 식으로 전국의 모든 국공립대 및 서울·수도권 소재 사립대 다수와 비수도권 사립대 일부를 공동입학제로 끌어들이자는 것이다.

이범은 이렇게 해서 15만 명을 공동입학시키자고 주장한다. 이 책에서 누누이 말하듯이 한국의 대학병목은 SKY 위주의 대학서열체제 때문에 발

194 이범, 위의 책, 346쪽.

195 이범, 위의 책, 349쪽.

생하며, 이것은 각 대학의 예산 차이에서 비롯된다. 이 점에서 이범의 제안은 한편으로 매력적으로 들리기도 한다. 하지만 앞서 사걱세의 안처럼 이범의 안은 수도권과 지방의 양극화를 교정하지 못한다. 이범의 방식대로 대학들에 교수 숫자에 비례해서 지원을 한다면 서울대는 1조 7,000억 원, 연세대는 1조 6,000억 원, 고려대는 1조 3,000억 원, 부산대는 9,000억 원, 강원대는 5,000억 원, 제주대는 4,000억 원, 경상대는 3,500억 원 예산의 대학이 된다. 결과적으로 서울 중심의 명문대와 지방대의 격차가 전혀 줄어들지 않는다. 왜냐하면 모든 대학이 교수 수에 비례해서 돈을 받기 때문이다. 그의 방안대로 되었다고 치자. 그럼 서울대가 좋은 대학인가, 부산대가 좋은 대학인가? 서울대가 좋은 대학인가, 경상대가 좋은 대학인가? 1조 7,000억 원짜리 서울대가 9,000억 원짜리 부산대나 3,500억 원짜리 경상대보다 훨씬 좋은 대학이다.

이는 애초에 계획했던 대학의 인프라를 상향평준화시키는 전략에서 벗어난다. 서울의 명문대가 계속해서 인프라 권력과 지위 권력을 독점하기 때문이다. 이렇게 된다면 공동입학은 더욱더 문제가 된다. 이범의 안에 의하면 학생들은 추첨에 의해서 학교에 배정되기 때문이다. 어떤 학생은 서울대에 배정되고 어떤 학생은 경상대에 배정된다. 도서관, 실험실, 인프라, 교수진 등이 질적으로 큰 격차를 지닌다. 대학생들의 발달 기회에 큰 차이가 난다.

15만 명이 입학하게 되면 공동학위를 갖게 되는가? 이범의 안에서는 그렇지도 않다. 입학은 공동으로 하고 졸업할 때는 서로 다른 대학의 학위를 갖게 된다. 서울대를 나오면 서울대 졸업장을 주고 경상대를 나오면 경상대 졸업장을 준다. 이범에 의하면 학교 배정은 추첨에 의해 이루어진다. 그렇다면 모두가 SKY에 가고자 하지 않겠는가? 지방에 추첨 배정된 실력이 높은 학생들은 실력이 낮은 학생들이 추첨으로 SKY에 들어가게 되는 것이 엄청나게 불공정하다고 생각지 않겠는가? 이범은 이렇게 답한다.[196]

초기에는 다들 서울대·연고대를 1지망으로 삼을 것이다. 하지만 어차피 입학 성적에 따라 배정되는 것이 아닌 데다가 졸업 이후 차별받지 않을 것이라는 인식이 확산되면 점차 지원 경향이 변화할 것이다. 출신 대학에 따른 차별을 할 이유가 해소되므로 대학 이름보다는 대학에서의 성적이나 졸업논문에 대한 평가 등이 졸업자에 대한 주된 평가자료가 될 것이다.

이 주장이 설득력이 있는지는 독자 스스로 판단하기 바란다. 전국 15만 명을 공동입학제로 뽑고 학생들은 추첨을 통해 SKY와 지방대 등 공동입학제에 참여한 대학에 배정된다. 인서울 대학과 지방대의 격차는 여전히 좁혀지지 않고 불공정 시비가 끊이지 않을 것이다.

15만 명 안에 들어서 추첨으로 A학생은 서울대에 입학하고, B학생은 경상대에 배정되었다고 가정하자. 인프라가 훨씬 좋은 서울대에 입학한 학생의 발달 기회가 인프라가 열악한 경상대에 입학한 학생보다 훨씬 높을 것이다. 학생들과 학부모들의 불만이 어마어마하지 않겠는가.

이범의 전문 영역은 대학입시다. 따라서 대학개혁을 입시를 중심으로 만들어 '공동입학제'를 제안한 것이다. 이것은 내가 1장에서 말했듯이 원인과 결과를 뒤바꾼 것이다. 대학이 원인이고 입시가 결과이지 그 반대가 아니다. 그만이 아니라 거의 대부분의 사람들이 입시파이고 원인과 결과를 헷갈린다. 하지만 이범 또한 대학서열체제에 대해 대단히 심각히 고민해 보고 나름대로 안을 제시한 것에 대해서는 높이 평가받아야 한다. 그의 교육에 대한 공익과 열정은 충분히 인정받아야 한다.

196 이범, 위의 책, 354쪽.

사걱세와 이범의 공로는 어렵게만 보이는 대학개혁안을 어떻게 대중들을 상대로 설득할 것인가라는 문제를 본격적으로 파고들었다는 데 있다. 한국의 학부모들과 학생들의 최고 관심사는 입시이기 때문에 이들은 입시에 맞는 대학개혁안을 제시함으로써 대중들을 설득하려고 노력했다. 이 책에서 내가 가장 많이 고민한 부분도 어떻게 대중들을 설득할 것인가의 문제였다. 이 문제는 사걱세가 끈질기게 탐구했던 부분이고 나도 사걱세로부터 큰 자극을 받았다. 내가 이 책에서 '서울대 10개를 전국에 만들자'고 한 것은 대중을 어떻게 쉽게 설득할 것인가에 대한 고민에서 나왔다. 대학통합네트워크라는 말보다도 '서울대 10개를 만들자'는 말이 직관적이고 매력적이며 호소력이 있다. 무엇보다 각 지역에 서울대 수준의 대학을 만들어야 한다는 주장은 차별받는 지역 주민들을 설득시키기 쉽다.

완벽은 좋음의 적이다:
반상진과 김영석 버전의 장단점

반상진 교수와 김영석 교수는 정진상 교수 이후 대학통합네트워크 안을 가장 적극적으로 지지하고 연구해 온 교육학자다. 정진상의 대안이 17년 전 나왔기 때문에 이들은 기존의 안을 발전시켜 자기들 나름의 버전을 제시했다. 반상진은 '대학 연합체제', 김영석은 '국립대 네트워크'라는 용어를 사용한다. 이들은 기존의 대학통합네트워크를 수정하여 가장 체계적으로 발전시켰다. 이런 점에서 반상진과 김영석은 정진상과 더불어 '대통영 학파'의 가장 중심적인 인물들이다. 반상진과 김영석은 완벽한 대학개혁안을 만들려고 노력했다. 이것이 최대 장점이자 최대 단점이다. 왜냐하면 볼테르의 말처럼 '완벽은 좋음의 적이다'.

반상진은 "대학체제의 대전환을 단계적으로 접근해야" 한다고 주장하는데, "교육정책은 성과가 장기적이고, 비가시적이며, 측정이 용이하지 않다는 특수성 때문에, 정권 내에 단기적으로 추진하여 결과를 얻으려고 한다면 반드시 부작용이 발생"할 것이라고 예상하기 때문이다.[197] 따라서 이러한 부작용을 피하기 위해서 반상진은 대단히 광범위하며 체계적으로 대학 연합체계 구축 방법을 다음과 같이 제시한다.[198]

197 반상진, 「'국립대 연합체제' 구축 방안 논의: 국립대 공동선발과 공동학위제 실현을 위한 방안 탐색」, 『교육비평』 35, 2017, 70쪽.

198 조옥경, 『대학의 공유성장을 위한 대학체제 개편 방안 연구』, 2019, 93쪽.

1단계: 정부의 행·재정적 책무성 강화

❶ 국립대학법(가칭) 제정: 국립대 법적 설치 근거 마련

❷ 사립대학법(가칭) 제정

❸ 고등교육재정교부금법 제정

❹ 대학 재정 지원 방식의 이중화

2단계: 국립대 연합체제 구축

❶ 세 가지 유형(연구중심, 교육중심, 종합폴리텍)으로 구분하여 연합체제로 운영

❷ 지역 거점국립대를 중심으로 연합체제를 추진하여 대학원 중심 연합대학체제로 발전시키고, 교육중심 국립대, 종합국립대 연합체제는 단계적으로 추진

❸ 학력인증제 도입

❹ 국립대학 연합운영위원회 설치·운영: 대학자치운영기구의 성격

3단계: 국공립대-사립대 연합체제 구축

❶ 국공립대 연합체제 완성: 공동학위제 도입(세 가지 유형의 국공립대 연합체제 내 동일 졸업장 수여)

❷ 국공립대 연합체제와 공영형 사립대 연합체제 간의 중장기적인 연합

반상진의 안은 너무나 광범위하고 야심차다. 대학체제를 개편하기 위해 법을 세 가지나 통과시켜야 하고 국립대 연합체제도 세 가지로 만들고 국공립대-사립대 연합체제도 구축한다. 대학개혁을 위해 법 제정이 필요하기는 하지만 이 또한 수년이 걸리는 꽤 긴 과정이다. 국립대학법을 제정한다는 것은 단지 거점국립대 10개만 포함하는 것이 아니라 지역 중심 국립대학, 특수목적 국립대학, 교육대학 등을 모두 포함한다.

반상진의 법률 제정에서 중요한 것은 '고등교육재정교부금법'이다. 현재 초중등교육의 예산 지원의 법률적인 근거는 「지방교육재정교부금법」이다. 이 법에 의해서 국세의 20.79%를 초중등교육을 위해 반드시 지출하게 함으로써 초중등교육의 질적 향상을 보장하고 있다. 반대로 대학 재정 지

원에 대한 명확한 법률적 근거가 없기 때문에 반상진을 비롯한 여러 교육학자가 오랫동안 '고등교육재정교부금법'의 제정을 주장해 왔다. 반상진은 "고등교육재정의 안정적 확보를 통해 정책의 일관성, 지속성, 행정 권력으로부터의 자율성을 확보할 수 있고, 아울러 국공립대학과 사립대학이 공생하며 대학경쟁력을 강화시킨다는 관점에서 고등교육재정의 안정적 확보 관련 법안 제정이 필요"하다고 강조한다.[199]

대학계의 오랜 숙원인 '고등교육재정교부금법'의 취지는 충분히 이해하지만, 이 법 하나를 만들기 위해 벌써 10여 년째 논의하고 있지만 별다른 진전이 없었다. 문재인 대통령의 공약인 '국가교육위원회' 법률이 만들고 시행되는 데 5년이 걸렸다. 나의 주장은 대학개혁의 선결 조건으로 꼭 여러 법률을 제정할 필요가 없다는 점이다. 목적에 맞게 '서울대 10개 만들기 특별법' 또는 '대학통합네트워크 특별법(가칭)'을 바로 만드는 것이 바람직해 보인다.

반상진의 대학 연합체제 구상도 너무나 광범위하고 복잡하다. 연합체제가 세 가지나 되는데 연구중심, 교육중심, 종합폴리텍을 구분하여 연합체제를 만들자는 것이다. 정치외교학에서는 '도를 넘은 제국주의Imperial Overreach'라는 개념이 있다. 제국이 도를 넘어 세계적인 지배의 야욕을 펼치면 부작용이 일어난다. 대표적으로 히틀러의 소련 침공이 그렇다. 히틀러는 서유럽, 동유럽, 미국, 영국과의 확전에다 상호 불가침 협정을 맺은 소련까지 침공함으로써 모두를 적으로 만들었다. 히틀러의 결정적인 패착이었다. 모두를 적으로 만들고 모두를 지배하려는 것이 '도를 넘은 제국주의'다.

반상진의 광범위한 대학 연합체제의 구상은 일종의 '도를 넘은 정책

199 반상진, 앞의 글, 72쪽.

Policy Overreach'에 해당한다. 너무 많은 것을 완벽하게 하려고 한다. 이들 각각의 연합체계는 도대체 어떻게 만들 것인가? 3단계에서는 국공립대-사립대 연합체제의 구축까지 제시되어 있다. 1, 2단계도 힘들어 보이는데 3단계까지는 더더욱 힘들어 보인다. 반상진의 대안은 너무나 광범위하며 모든 것을 준비하여 대학개혁을 하자는 최대주의자 접근이다. 이것은 큰 장점이자 단점이다. 교육정치에서 변수는 너무나 많고 이해관계자들의 해석과 갈등은 넘쳐나기 때문에 대학개혁은 분명한 목표와 초점을 가지고 있어야 한다.

반상진과 더불어 대학통합네트워크의 적극적인 지지자이자 대안을 내놓은 대표적인 학자는 경상대 교육학과 김영석 교수다. 정진상의 오리지널 안은 경상대 사회과학연구원의 '대학개혁연구팀'에서 만들어졌고 이 팀의 가장 핵심적인 일원이 정진상과 더불어 김영석이었다. 김영석은 지난 17년 동안 대학통합네트워크에 대해 수많은 논쟁과 고민을 해 왔으며 자기 나름대로의 발전안을 제시하였다. 그 안의 정책 추진 로드맵은 다음과 같다.[200]

1단계 고등교육개혁심의위원회 구성 및 대안적 입시체제 및 대학균형발전 방안 연구, 입학전형 간소화 및 지방대 육성 정책 추진, 새로운 입시 개발(자격시험 혹은 대안적 수능)

2단계 국민 여론 수렴 및 네트워크 구성 방안 확정 및 지방대 육성 정책 추진, 새로운 입시 개발 및 현장 검증, 사립대 구조개혁, 국립대 국고 지원 확대, 새로운 입시제도 예고

3단계 관련 법제 정비 및 재원 마련, 초중등교육 정상화 방안 및 사교육시장 연착륙 대책 수립, 새로운 입시 현장 검증, 사립대 구조개혁 및 지방대 육성 정책 추진

4단계 새로운 입시 실시, 거점국립대학(Big Ten: 서울대 포함 10개)을 중심으로 한 네트워크 구축(공동선발 및 공동학위), 지방대 육성 정책 추진, 초중등 학교교육 정상화를 위한 학교교육 개선 정책 추진

5단계 새로운 입시에 의한 학생 선발, 지역 중심 국립대 및 공영형 사립대가 참여하는 네트워크 구성, 지방대 육성 정책 추진 및 엄격한 학사관리를 통한 대학교육 신뢰 확보.

김영석의 안은 반상진의 안과 비슷하게 대단히 방대하고 체계적이다. 고등교육개혁심의위원회의 설립, 국민 여론 수렴, 관련 법제 정비, 초중등교육 정상화 방안, 대학통합네트워크, 지역 중심 국립대와 공영형 사립대 네트워크 등 실로 그 내용이 방대하다. 정책 추진 로드맵이라고 할 수 있다. 하지만 하나하나의 사안이 수년 동안이나 걸린다는 점에서 실현 가능성에 의문이 생긴다. 김영석은 4단계에서 비로소 거점국립대학을 중심으로 네트워크를 제시하는데 3단계까지는 반상진과 마찬가지로 일종의 정지작업이다. 그런데 가장 큰 문제는 국민이나 정치인들이 대학통합네트워크가 무슨

200 김영석, 「국립대 네트워크의 의의와 쟁점」, 『교육비평』 35, 2017, 94쪽.

말인지 알아듣지 못한다는 점이다. 즉 4단계까지 가기 위해 국민 여론이 일어나야 하는데 지난 17년 동안 대학통합네트워크에 대한 국민 여론은 차가웠다.

김영석은 이것을 단계적으로 추진해야 한다고 말한다. 하지만 근래 정책 형성에서 구성주의라는 관점이 대세를 이루고 있는데, 이것은 정책이라는 것이 어떤 단계를 밟아서 이루어지는 것이 아니라 다양한 요소들이 우연히 모여서 맥락에 따라서 만들어진다는 뜻이다. 모든 것을 준비했다고 대학통합네트워크가 되는 것이 아니다. 예를 들지만 '고등교육재정교부금법'을 만들었다고 그것이 대학통합네트워크를 보장하는 것은 아니다. 그것은 전국 426개 대학을 위한 재정 지원 방안이지 서울대 10개 만들기의 재정 방안이 아니라는 말이다. 김영석도 반상진과 마찬가지로 모든 것을 완벽하게 준비하고 만들어야 한다는 완벽주의자 또는 최대주의자 접근 방식을 채택하고 있다.

한마디로 이들은 정진상과 같이 대학개혁의 종합적인 청사진을 제시했다. 이것은 장점으로 볼 수 있으나 너무 많은 것을 담고 있기에 출발을 어렵게 한다. 또한 처음부터 너무나 자세한 설계를 하는 것은 수많은 변수와 이해관계에 제대로 대처하지 못할 위험성을 내포한다. 대학통합네트워크 방안에 수많은 문제를 동시에 다루는 것은 너무 많은 사회적 저항을 촉발한다. 법률적 해결책 하나만을 만드는 데도 수년이 걸린다. '서울대 10개를 전국에 만들자'는 정치권과 시민사회의 합의가 이루어지면 어떻게든 법과 제도는 만들어진다. 이 합의가 만들어진 다음에 정진상, 반상진, 김영석의 제안들을 검토하고 토론하여 받아들일 것은 받아들이고 부족한 것은 창조적으로 만들면 된다. 유연하고 구성주의적 시각에서 일을 진행해야지 처음부터 너무 많은 짐을 지게 되면 정치권과 시민사회가 부담스러워한다. 따라서 나는 '서울대 10개를 만들자'는 국민 여론을 형성한 다음 정진상, 반상진, 김영석의 안들을 검토하자는 입장이다.

대학통합네트워크는 17년 동안 여러 사회운동과 여론을 환기시키는 데는 성공했으나 정작 정책으로 입안되지 못했다. 왜냐하면 최대주의자 접근으로 너무 많은 것을 요구했기 때문이다. 비유를 들자면 배가 출발도 하기 전에 너무 많은 것을 실어 버려서 아예 출발 자체를 못 했던 것이다. 짐을 들어내어야 한다. 지난 17년 동안 대학통합네트워크는 정책적으로 한 발짝도 못 나갔다. 이론이 없어 혼란에 빠져 버렸고, 사립대 교수들의 끈질긴 반대에 부딪혔고, 무엇보다 국민들과 정치인들에게 어필하지 못했다.

더욱 중요한 것은 사람들이 이 말을 알아듣지 못한다는 점이다. 대학통합네트워크라는 말을 처음 듣는 사람은 이 말이 도대체 무엇을 지칭하는지를 모른다. 어떤 대학을 어떻게 통합하자는 것인가? 통합하는 목적은 무엇인가? 무슨 말인지 종잡을 수 없다. 따라서 나는 대학통합네트워크라는 말을 '서울대 10개 만들기'로 바꾸어서 제안한다. 대입제도와 법령제도 등의 선결 요건 없이 추진해야 한다. 먼저 국민들과 정치권이 알아들어야 법과 제도를 만들 게 아닌가. 대학통합네트워크는 17년 동안 출발도 하지 못했다. 모비 딕을 잡기 위해 피쿼드호에 실린 너무나 많은 짐을 버려야 한다. 꿈은 원대하게 가지되 가볍게 출발하자. 모비 딕을 잡기 위해.

7장

서울대 10개로 구성된 대학통합네트워크

캘리포니아대학체제의 벤치마킹

서울대 10개로 구성된 대학통합네트워크는 상향평준화를 위해 공립대학이면서 세계적인 대학체제를 갖추고 있는 캘리포니아대학체제University of California System, UC System를 벤치마킹한다. 이전에 대학통합네트워크는 파리대학을 모델로 하는 것으로 알려졌는데, 1대학부터 13대학까지 있는 파리대학은 단과대College의 연합이다. 한국의 거점국립대와 캘리포니아대(10개 캠퍼스)는 종합대학으로 파리 대학보다 규모가 훨씬 크다. 따라서 서울대 10개 만들기 프로젝트의 실질적 대학개혁 내용은 공공성, 접근성, 기회균등을 확보하면서도 탁월한 대학체제를 이룩한 캘리포니아대학체제를 모델로 한다. 사이먼 마긴슨Simon Marginson은 캘리포니아대학체제가 1960년대 만들어졌지만 탁월성과 평등성을 동시에 충족시키는 장점이 있기 때문에 현재에도 미국을 넘어서 세계 여러 나라의 대학의 모범적 모델이 되고 있다고 설명한다. 202

일반적으로 대학의 서열은 연구중심대학-교육중심대학-직업중심대학 순으로 되어 있다. 캘리포니아대학체제도 10개의 연구중심대학University of California System 또는 UC System, 23개의 교육중심대학California State University System 또는 CSU System, 116개의 직업중심대학California Community College, CCC System의 3중 구조로 되어 있다. 203

〈표 7-1〉 캘리포니아 3중 공립대학체제

University of California (UC)	California State University (CSU)	California Community College (CCC)
4년제 연구중심대학 10개교	4년제 교육중심대학 23개교	2년제 직업중심대학 116개교

여기서 우리가 모델로 삼는 것은 4년제 연구중심대학 10개로 이루어진 UC 시스템이다. 캘리포니아 3중 체제는 모두 공립이고 한국 대학은 사립대가 75% 이상을 차지하기 때문에 구조적으로 3중 체제 전부를 따를 수는 없다. UC 시스템은 10개 대학, 즉 UC 버클리University of California, Berkeley, UCLA, UC 샌프란시스코, UC 샌디에이고, UC 산타바바라, UC 어바인, UC 데이비스, UC 산타크루즈, UC 리버사이드, UC 머시드로 이루어졌으며 캘리포니아 전역에 퍼져 있다. 대학병목과 공간병목을 동시에 막은 것이다.

201 이 장은 김종영, 「세계적 대학체제로서의 대학통합네트워크」, 『경제와사회』 122, 2019, 171~213쪽 논문을 대폭 수정, 발전시킨 것이다.

202 Simon Marginson, *The Dream Is Over: The Crisis of Clark Kerr's California Idea of Higher Education*, Berkeley: University of California Press, 2016.

203 대학무상화·대학평준화 추진본부 연구위원회, 앞의 책, 160쪽의 표를 가져온 것임.

〈그림 7-1〉 캘리포니아대학체제(University of California System) 지도

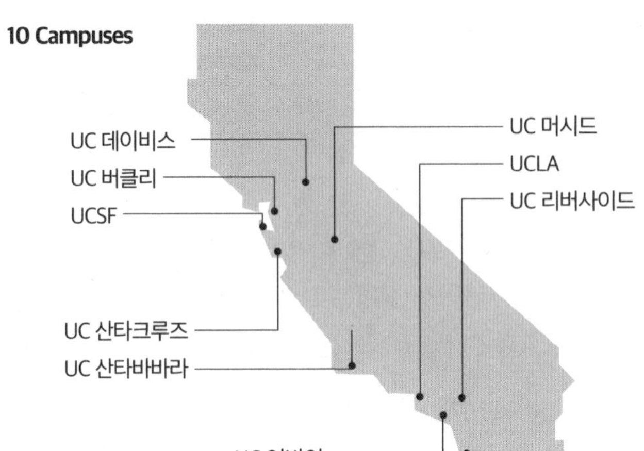

이런 질문이 나올 수 있다. 캘리포니아 3중 체제가 서열을 이루고 있기 때문에 병목을 일으키지 않는가? 그렇지 않다. 캘리포니아대학체제의 설계자들은 2년제 직업중심대학을 졸업한 학생들이 UC나 CSU로 대대적인 편입을 할 수 있도록 설계해 놓았다. 2021년 기준 UC 대학들에 커뮤니티 칼리지 학생 중 28%가 편입했다.[204] 병목현상을 막기 위한 장치가 캘리포니아대학 마스터플랜에 이미 구조적으로 잘 짜여 있었다. 편입생들의 UC 시스템으로의 입학허가율은 인기가 높은 UC 버클리와 UCLA는 25% 내외이고 다른 캠퍼스들은 40~50% 내외다. 미국의 교육사회학자이자 캘리포니아대학체제 전문가인 스테파니 김Stephanie Kim(조지타운대 교수)은 UC 10개의 연구중심대학에 들어가기 가장 쉬운 방법은 편입이라고 말할 정도다.

연구중심대학 10개로 구성된 대학통합네트워크는 가칭 '국립서울대학' 또는 '국립한국대학'으로 지칭한다. 대학의 이름이나 숫자를 붙이는 방식은 협의를 통해 조정될 수 있다. 서울대로 할지 한국대로 할지는 대단히 중요한 문제이기 때문에 여러 단계의 논의를 거쳐서 결정하면 된다. 특정 이름을 고집할 필요는 없으며 핵심은 서울대 수준의 연구중심대학 10개를

전국에 만드는 것이다.

각 캠퍼스의 이름을 붙이는 방식은 크게 두 가지가 있는데 하나는 파리대학처럼 숫자를 붙이는 방식이며 다른 하나는 캘리포니아대학처럼 뒤에 도시 이름을 붙이는 것이다. 캘리포니아대학은 도시의 위치에 따라서 10개의 캠퍼스로 나뉜다. 버클리란 도시에 있으면 University of California, Berkeley, 로스앤젤레스란 도시에 있으면 University of California, Los Angeles와 같이 이름이 붙여진다. 가령 충북대학교의 경우 서울1대학, 한국1대학, 서울대-청주, 한국대-청주와 같은 이름 중 하나를 선택할 수 있을 것이다.

만약 파리 대학처럼 숫자를 붙인다면 충북대가 서울1대가 된다고 가정하고 시계 반대 방향으로 번호를 붙여 마지막으로 서울대(관악)가 10대학이 된다.[205] 현재 관악에 위치한 서울대가 10대학이 되는 이유는 수도권 안에 인천대와 같이 추가적으로 대학통합네트워크로 들어올 가능성이 큰 대학들이 존재하기 때문이다. 수도권 인구가 전체 인구의 절반을 차지하므로 더 많은 대학들이 네트워크에 포함되는 것이 바람직하다.

숫자가 아니라 도시 이름을 붙인다면 유연성은 더 높아지지만 도시 이름을 붙이면 수도권과 지방의 이미지가 작용할 가능성이 있다. 가령 1920년대까지 캘리포니아대학체제 내에는 UC 버클리와 UCLA 둘밖에 없었으며 현재 캘리포니아대학체제 내에서도 이 두 대학에 대한 선호도가 가장 높다. 이 대학들은 모두 각 캠퍼스의 이름을 학위에 표시한다. UCLA를 졸업하면 학위증에 UCLA가 찍힌다. 따라서 이름을 붙이는 것은 전문가와 시민들의 의견을 수렴해서 최종적으로 결정하면 된다.

204 https://100students.universityofcalifornia.edu를 참조할 것.

205 대학의 이름이나 숫자를 붙이는 방식은 협의를 통해 조정될 수 있다. 여기서는 하나의 예시를 제시할 뿐이다.

〈표 7-2〉 서울대 (수준) 10개로 구성된 대학통합네트워크

충북대	서울1대 (한국1대, 서울대-청주, 한국대-청주))
충남대	서울2대 (한국2대, 서울대-대전, 한국대-대전)
전북대	서울3대 (한국3대, 서울대-전주, 한국대-전주)
전남대	서울4대 (한국4대, 서울대-광주, 한국대-광주)
제주대	서울5대 (한국5대, 서울대-제주, 한국대-제주)
경상대	서울6대 (한국6대, 서울대-진주, 한국대-진주)
부산대	서울7대 (한국7대, 서울대-부산, 한국대-부산)
경북대	서울8대 (한국8대, 서울대-대구, 한국대-대구)
강원대	서울 9대 (한국9대, 서울대-춘천, 한국대-춘천)
서울대	서울10대 (한국10대, 서울대-관악, 한국대-관악)

나는 서울대라는 이름을 한국대라는 이름보다 선호한다. 모두 서울대 학위를 원하기 때문이다. 다음 장에서 설명하듯이, 이는 서울대 학위의 급격한 양적 완화를 통해서 서울대 학위의 신용경색을 순식간에 풀 수 있다. 학위를 줄 때도 도시 이름이나 번호를 표기하지 않고 모두 '서울대' 학위를 주는 방향이 바람직해 보인다. 캘리포니아대학체제처럼 도시 이름이 표기된다면 또다시 서울과 지방의 이분법적 사고로 학위라는 상징자본의 가치 서열이 매겨질 수 있기 때문이다.

또한 서울대로 이름을 정하게 되면 기존에 존재하는 서울대(관악)의 반발이나 저항을 차단할 수 있다. 서울대는 그대로 유지되고 인프라도 유지되고 학부 신입생도 그대로 뽑는다. 이렇게 된다면 서울대 학위의 양적 완화만 일어난다. 서울대의 저항으로 지난 17년간 대학통합네트워크는 한 발짝도 못 나갔다. 나의 제안은 이렇다.

"서울대를 가만히 두어라. 창조는 저항을 극복하는 과정인데 저항이 너무 거세면 창조가 대단히 어렵다. 따라서 이 책에서는 앞서 설명했듯이 최소주의자 전략을 택한다. 가능하면 저항이나 이해관계가 일어날 수 있는

일들을 시도하지 않으며 대신 서울대 수준의 10개 대학을 만듦으로써 지지 세력을 광범위하게 넓히는 것이다."

2장에서 설명했듯이 대학통합네트워크를 프랑스대학체제 모델로 오해하는 경우가 허다하다. 68혁명 이후에 파리 대학이 평준화되었기 때문에 기존의 안들은 평준화를 위한 방법론적 수단으로 이를 끌어왔다. 하지만 많은 이들로부터 프랑스도 그랑제콜과 같은 엘리트 대학들이 존재한다는 비판을 받아 왔다. 서울대 10개로 구성된 대학통합네트워크는 이름을 붙이는 단계에서 파리 대학 모델의 형식만을 고민할 필요가 있다. 내용상으로는 캘리포니아대학체제처럼 전국에 서울대 수준의 연구중심대학을 세우는 것을 의미한다. 따라서 이 책에서 제시하고 있는 서울대 10개로 구성된 대학통합네트워크는 프랑스대학체제 모델을 따르는 것이 절대 아니다.

이전의 대학통합네트워크에 대한 논의들은 이 대학들이 지향하는 바에 대한 심각한 고민이 없었다. 곧 이전의 대학통합네트워크론자들은 지방의 거점국립대가 서울대 수준이 되려면 어떻게 구조적, 조직적, 문화적 격차를 극복해야 하는지에 대한 명확한 개념이 없었다. 대학통합네트워크가 추구하는 바가 연구중심대학인지 아니면 단순히 이름만을 같게 만드는 것인지에 대한 기본적인 인식이 부족했다. 소위 이들에게 대학은 지위권력으로만 인식되었지 창조권력(연구중심대학)이라는 인식이 없었다.

대학통합네트워크는 연구중심대학 모델을 채택해야만 한다. 왜 연구중심대학인가? 2장에서 설명했듯이 근대 대학은 '연구중심대학의 승리'로 요약할 수 있으며, 이는 새롭고 중요한 지식을 생산하는 대학일수록 명성이 높음을 의미한다.[206] 연구중심대학은 세계 지식 생산을 선도하고 글로벌 영향력을 행사하며 대규모 연구와 실험을 수행할 수 있다.[207] 곧 연구중심대학은 창조권력이다. 우리가 이름을 들어 알고 있는 유명한 대학은 거의 모두 연구중심대학이다. 또한 연구중심대학은 새로운 산업을 추동하여 창조와 경제의 엔진으로 작동한다.[208] 이것이 각국 정부가 연구중심대학에 대규모 연구비와 지원을 아끼지 않는 이유이기도 하다. UC 시스템은 미국 경제를 견인하는 혁신적인 연구들을 이끌어 왔다. 가령 UC 버클리는 전자공학과 컴퓨터공학 분야의 선두 주자로 실리콘밸리의 정보산업 발전에, UC 샌디에이고는 무선통신산업의 발전에, UC 샌프란시스코는 세계적인 생명공학회사의 발전에 기여했다.[209]

따라서 대학통합네트워크의 거점국립대학들이 지방에 우수한 대학을 만들겠다고 말하는 것은 곧 연구중심대학을 만들겠다는 말과 동의어다. 만약 연구중심대학을 지향하지 않는다면 그것은 '상향'평준화와 배치된다. 또한 서울대와 같은 위치를 목표로 하지 않는다는 말과 같다. 동시에 연구중심대학을 목표를 잡아야만 4차 산업혁명에 대비한 대학개혁과 글로벌 시대의 경쟁력 강화라는 정당성과 부합한다.

연구중심대학을 지향한다는 말은 교육의 가치를 부정하는 것이 결코 아니다. 오히려 교육의 가치를 더 강조하며 교육이 창조적인 연구로 이어지는 것을 독려한다. 연구중심대학이라는 것은 교육 중심 플러스 연구 중심이라는 말과 같다. 교육중심대학은 창의적 연구를 수행할 수 있는 물적, 인적 기반이 취약해서 교육에 올인하는 것이다. 연구중심대학에서는 학부 교육뿐만 아니라 대학원 교육에 중점을 둔다는 점이 교육중심대학과 다르다.

연구중심대학에서 개설되는 학부 강의는 우수한 교양교육과 전공교육이 동시에 이루어진다. 가령 버클리에는 최우수 전임교원이 담당하는 디스커버리 프로그램Discovery Program과 다양한 리더십 강좌가 개설되어 있다. 연구중심대학이 오히려 학생들의 교육에 더 나은 이유는 교수진의 양과 질 때문이다. 한 예로 연구중심대학인 미시간 대학의 심리학과의 경우 100여 명의 교수진이 있어서 다양한 심리학 과목을 개설해 학생들이 매우 전문적인 수업을 들을 수 있다. 가령 '협상심리학' 같은 경우 조그마한 교육중심대학에는 개설되지 않는 경우가 많지만 규모가 큰 연구중심대학의 심리학과에는 이런 종류의 심리학 과목이 개설된다. 따라서 연구중심대학은 절대 교육을 등한시하지 않으며 오히려 전문적이고 폭넓은 강좌를 학생들에게 제공한다는 점에서 교육에서도 절대적으로 유리하다.

연구중심대학의 연구역량 정도를 드러내는 가장 중요한 지표는 상해교통대학이 만드는 Academic Ranking of World Universities[ARWU]이다.[210] 그 외에도 THE, QS 등이 있지만 전문가들로부터 가장 신뢰받는 랭킹은 ARWU다. 이 지표는 연구역량을 중심으로 구성하며 다른 기관과 달리 서베이와 같은 주관적인 요소에 의존하지 않고 객관적인 데이터를 기반으로 한다. 곧 연구대학중심인지 아닌지를 알 수 있는 가장 효과적이면서 신뢰할 수 있는 지표이다. 2021년 ARWU에 의하면 캘리포니아대학체제에 든 10개 대학의 랭킹은 〈표 7-3〉과 같다. 이 중 UC Berkeley 5위, UCLA 14위, UC San Diego 18위, UCSF 20위, UC Santa Barbara 57위 등 캘리포니아대학체제는 세계 최상층을 차지하고 있다.

전 세계적으로 15,000~17,000개 정도의 대학이 있는데, 세계 100위권 대학은 슈퍼 엘리트 대학으로 분류될 수 있다. 캘리포니아대학체제에 속한 10개 대학 중 무려 7개가 100위 안에 포함되어 있고 비교적 규모가 작은 UC Santa Cruz가 151~200위 사이, UC Riverside가 201~300위에 든다. 지역균형발전 때문에 2005년 새롭게 생긴 UC Merced가 401~500위 사이를

206 김종영, 앞의 책, 28쪽.

207 클라크 커어, 『대학의 효용: 연구중심대학』, 이형행 옮김, 학지사, 2000.

208 Jason Lane and Bruce Johnston, *Universities and Colleges as Economic Drivers: Measuring Higher Education's Role in Economic Development*, Albany: SUNY Press, 2012.

209 Martin Kenney and David Mowery, *Public Universities and Regional Growth: Insights from the University of California*. Stanford: Stanford University Press, 2014.

210 이 책에서 대학랭킹은 탁월성을 나타내는 지표로 사용하는 것이지 대학랭킹의 향상을 대학통합네트워크의 궁극적인 목표라고 말하는 것은 아니다. '대학랭킹의 물신화'를 필자도 충분히 인식하고 있으며, 이 책에서는 대학랭킹을 대학통합네트워크의 질적 향상을 위한 지표로 사용하고 있다. 랭킹은 대학뿐만 아니라 현대사회의 조직과 문화에 널리 퍼져 있다. 최근의 랭킹 연구에 대해서는 Leopole Ringel et al., "Worlds of Rankings", *Research in the Sociology of Organizations*, 74, 2021, pp. 1~23을 볼 것.

차지한다.

미국 연구중심대학에 반해 한국 대학의 글로벌 랭킹은 열악하다. 2021년 기준 세계 100위 안에 40개의 미국 대학이 있는데, 한국 대학은 이 지표에서 100위 안에 든 적이 한 번도 없었다. 반면 일본의 연구중심대학은 세계적인 경쟁력을 오래전에 확보하여 도쿄 대학교 24위, 교토 대학교 37위, 나고야 대학교 84위 등 100위권에 3개 대학이 속해 있다.

몇 년 전까지만 해도 서울대와 비슷한 위치였던 중국 대학들이 급부상했다. 2021년 기준 칭화대 28위, 북경대 45위, 저장대 52위, 상해교통대 59위, 중국과학기술대 63위, 복단대 77위, 중산대 89위 등 7개 대학이 포진했다. 또 다른 아시아권 대학은 싱가포르의 대학들이다. 싱가포르국립대학은 75위, 난양공대가 81위에 들면서 공격적인 투자를 한 정부를 기쁘게 하고 있다. 이는 한국 대학의 극심한 정체와 극명한 대조를 이룬다. 한국 대학들은 침체되어 있고 일본 대학들은 명맥을 유지했으며 중국 대학들은 G2 시대에 걸맞게 세계적인 대학으로 부상하고 있다. 이런 추세는 앞으로도 계속해서 유지될 것으로 보인다.

이에 반해 한국 대학의 세계랭킹을 살펴보면 서울대가 101~150위에 있고, 201~300위 사이에 연세대, 고려대, 성균관대, 한양대, 한국과학기술원(KAIST)이 포진해 있으며, 301~400위 사이에 울산과기원과 경북대가, 401~500위 사이에 경희대, 포스텍, 부산대가 포진해 있다. 앞서 말했듯이 전 세계 15,000~17,000개 대학 중에서 500위 안에 드는 대학은 전체 대학의 3% 내외로 엘리트 대학에 속한다고 볼 수 있고 연구중심대학으로 분류될 수 있다. 한국 대학들의 상대적인 글로벌 위상은 최근 떨어지고 있다. 10년간의 등록금 동결 등 예산이 늘어나지 않아 연구에 투자할 여력이 상당히 떨어졌고, 중국 정부와 달리 한국 정부는 대학에 무관심으로 일관했기 때문이다. OECD 국가 중 1인당 대학생 교육비가 초중등 학생들보다 낮고 큰 차이가 나는 국가는 한국이 유일하다.

〈표 7-3〉 University of California System과 한국 대학들의 2021년 세계대학랭킹 비교

World Rank 5	University of California, Berkeley
World Rank 14	University of California, Los Angeles
World Rank 18	University of California, San Diego
World Rank 20	University of California, San Francisco
World Rank 57	University of California, Santa Barbara
World Rank 70	University of California, Irvine
World Rank100	University of California, Davis
World Rank 101-150	서울대학교
World Rank 151-200	University of California, Santa Cruz
World Rank 201-300	University of California, Riverside
World Rank 201-300	연세대학교
World Rank 201-300	고려대학교
World Rank 201-300	성균관대학교
World Rank 201-300	KAIST
World Rank 201-300	한양대학교
World Rank 301-400	울산과기원
World Rank 301-400	경북대학교
World Rank 401-500	경희대학교
World Rank 401-500	POSTEC
World Rank 401-500	부산대학교
World Rank 401-500	University of California, Merced

대학통합네트워크에 속하는 거점국립대의 글로벌 대학랭킹을 보면 101~150위에 속한 서울대와 301~400위에 속한 경북대, 401~500위에 속한 부산대가 유일하다. 이 지표는 서울대뿐만 아니라 거점국립대 중 가장 선두에 위치한 부산대의 대학통합네트워크에 대한 반응을 이해하는 데 도움이 된다. 국내 대학랭킹과 세계대학랭킹에서 서울대와 나머지 9개 대학

의 격차는 현격해서 서울대의 입장에서는 대학통합네트워크가 하향평준화로 해석될 수 있다. 또 한편 다른 거점국립대학 중 경북대와 부산대가 유일하게 세계대학랭킹 500위 안에 들었는데, 이는 그 외의 거점국립대학들 중에서 이들의 우위를 입증하는 자료이다. 나는 다양한 세미나나 회의에서 거점국립대 관계자들을 만날 기회가 있었는데 부산대와 경북대 관계자들이 콧대가 제일 세다. 이들은 부산대와 경북대가 다른 거점국립대와 비교되는 것 자체를 기분 나빠한다. 거점국립대 중 서울대 다음이 부산대와 경북대이기 때문이다. 예산과 규모에서 부산대는 경상대, 강원대, 제주대와 2배 이상 차이가 난다. 따라서 이들은 대학통합네트워크를 통해서 이런 대학들이 자신들과 어떻게 같아질 수 있는지에 강한 불만을 제기한다. 그렇다면 서울대 관계자들이 부산대와 경북대와의 통합을 왜 그토록 반대하는지도 이해할 것이다. 이런 경향 때문에 일부 부산대 구성원들이 대학통합네트워크에 다소 부정적이거나 꺼려 한다는 뉴스가 보도되었다. 또한 2017년 7월 4일 거점국립대 총장협의회가 개최한 '지역균형발전을 위한 거점국립대학의 역할과 발전 방향' 토론회에서 부산대 전호환 총장이 명확하게 연구중심대학의 지향을 말했다. 나머지 8개 대학의 총장들은 지역균형발전, 대학 거버넌스의 자율성 확대, 재정 지원 등을 주로 말했다.

눈여겨볼 만한 대학은 지방에 있으면서 급격하게 명성을 얻고 있는 울산과기원이다. 한국 대학에 대해서 좋은 뉴스들이 별로 없는 상황에서 울산과기원은 세계적인 명성을 쌓는 분야가 늘어났다. 정부가 대대적으로 투자한 결과다. 따라서 지방에 위치해도 정부가 투자를 많이 하면 좋은 대학이 되는 것은 분명한 사실이다. 이것은 대전의 카이스트나 포항의 포스텍과 같은 당시 신생 대학들이 정부 지원에 의해서 급격하게 성장할 수 있었던 것과 같은 사실이다.

〈표 7-3〉는 캘리포니아대학체제의 10개 대학과 세계대학랭킹 500위 안에 든 한국의 대학과 거점국립대학의 순위를 일목요연하게 정리한 것

이다. 저명한 대학사회학자인 버턴 클라크는 19세기까지만 해도 하버드를 포함한 미국 대학들College이 '모기떼'와 같아서 1만여 명의 미국 학생들이 연구를 배우기 위해 유럽 대학University, 특히 독일로 유학을 갔다고 설명한다.[211] 이들은 유럽에서 유학하면서 미국 대학도 언젠가는 '독수리떼'가 되기를 희망했지만 2차 대전 전후로 유럽 대학으로부터 헤게모니를 빼앗아 오기까지는 상당한 진통과 노력이 있었다. 하버드도 100여 년 전에는 모기였다.

대학통합네트워크와 캘리포니아대학체제의 차이를 알기 쉽게 설명하기 위해, 나는 편의상 대학의 글로벌 위계를 캘리포니아대학체제 같은 세계대학랭킹 100위 대학들을 1급 연구중심대학, 세계대학랭킹 101~300위에 속한 대학을 2급 연구중심대학, 300위~500위 사이의 대학을 3급 연구중심대학, 500위 밖의 대학을 비연구중심대학으로 구분한다. 같은 집단에 속한 연구중심대학도 큰 차이를 보이는 것은 사실이나 우리가 목표로 하는 서울대 수준의 대학을 만들기 위해 어느 정도의 규모와 수준이어야 하는지를 가늠하게 해 준다. 가령 세계 20위권에 속하는 UC 버클리, UCLA, UC 샌디에이고, UC 샌프란시스코는 1급 연구중심대학으로 '넘사벽'이다. 대학 인프라의 격차가 지난 100여 년간 축적되어 왔기 때문에 상위 20~30위권의 대학에 진입하는 것은 대단히 힘든 일이다.

세계 101~150위에 속하는 서울대는 2급 연구중심대학으로, 3급 연구중심대학인 경북대, 부산대와 상당한 격차가 있다. 기존의 대학개혁안에서는 다른 지방거점국립대를 어떻게 세계적인 연구중심대학으로 발전시킬 것인가에 대한 고민이 없었다. 지방거점국립대학 대부분은 비연구중심대

211 버턴 클라크, 앞의 책, 165쪽.

학으로 이루어져 있다. 기존의 대학개혁안에서는 적어도 2급 연구중심대학(서울대 수준)으로 키울 수 있는 전략과 비전이 없었다.

〈표 7-4〉는 캘리포니아대학체제에 속한 10개 대학과 거점국립대학 10개 간의 예산, 교수, 학부생, 대학원생, 노벨상 수상자 수의 극명한 차이를 보여 준다. 예산은 8.6배, 교원 수는 2배 정도 차이가 나지만 학생 수는 비슷하다. 즉, UC 시스템은 교육도 중시하지만 연구중심대학임을 알 수 있다. 이에 반해 거점국립대들은 서울대만 제외하고 모두 교육에 집중할 수밖에 없으며, 예산이 영세해 연구중심대학으로 발돋움하기가 대단히 어렵다.

〈표 7-4〉 연구중심대학 캘리포니아대학체제와 10개 거점국립대학 비교 [212] 2020년 기준

	University of California System 10개 대학	10개 거점국립대학
예산	49조 3,000억 원($ 41.6 billion)	5조 7,031억 원
교원 수	24,400명	10,653명
학부생	226,449명	222,757명
대학원	59,413명	51,437명
노벨상 수상자	64명	0명

클라크의 설명대로 하버드가 모기에서 독수리로 변할 수 있다면 대학통합네트워크에 속한 대학들도 꿈을 꿀 수는 있다. 하지만 과학사회학에서 말하는 누적이점 이론Cumulative Advantage Theory을 적용한다면 하버드를 비롯한 미국의 연구중심대학이 걸었던 길을 한국의 거점국립대학이 밟기는 어려울 것이다.

여기서 대학통합네트워크에 서울대를 포함하는 것이 여러모로 유리하다. 일단 서울대라는 상징적인 이름(상징자본)을 공유할 수 있고, 서울대가 대학통합네트워크에 포함된다면 나머지 9개 대학의 질적 수준을 향상시키는 견인차 역할을 할 수 있다. 곧 '상향'평준화를 위해 서울대가 필요하다.

국내 최고의 대학이 학문의 영역에서 리더십을 발휘하고 정부가 대대적인 투자를 한다면 대학통합네트워크는 단숨에 적어도 2급 연구중심대학, 곧 글로벌 연구중심대학으로의 지위를 확보할 수 있을 것이다. 거점국립 9개 대학이 서울대를 벤치마킹한다면 전체 대학통합네트워크의 질적 향상을 더욱 쉽게 이룰 수 있을 것이다.

따라서 나는 서울대를 대학통합네트워크에 포함시키면서 서울대 구성원들에게 대학통합네트워크 전체의 질적 향상을 위한 선두 주자로서의 임무를 부여할 수 있다고 생각한다. 서울대가 빠진 대학통합네트워크의 서울대 10개 만들기는 좀 더 많은 시간을 요구한다. 서울대가 대학통합네트워크에 들어온다는 가정 아래 서울대 예산의 30% 내외를 추가로 지원해서 서울대가 독수리로 성장할 수 있는 재정 지원도 고려해 볼 만하다.

그런데 서울대 관계자들, 정치권, 여론이 서울대가 대학통합네트워크에 들어오기를 격렬하게 반대한다면 나는 서울대를 빼고라도 대학통합네트워크를 추진하는 것이 바람직하다고 생각한다. 저항이 너무나 크다면 이것을 뚫고 갈 필요는 없다. 17년 동안 대학통합네트워크는 한 발짝도 내디디지 못했다. 그렇다면 대학통합네트워크의 이름은 한국대로 통일하고 한국1대(한국대-청주)부터 한국9대(한국대-춘천)까지 이름이 붙여질 가능성이 높다. 다만 이들 대학을 서울대 수준으로 키우려면 최소한 연고대만큼의 예산을 투여해야 하고, 시간이 지남에 따라 서울대 수준의 예산을 투자해야만 한다. 그렇게 해서 이름은 서울대가 아니지만 서울대 수준의 대학들을 지방에서 키울 수 있다. 누차 이야기하듯이 이것은 대학병목과 공간병목을 해소하기 위해서다.

212 캘리포니아대학체제(University of California System)에 대한 자료는 "The University of California at a Glance"에서 가져왔다. 이 자료는 다음의 웹사이트에서 구할 수 있다. https://ucop.edu/institutional-research-academic-planning/_files/uc-facts-at-a-glance.pdf

9개 거점국립대학의 구조조정과 대개혁

현 수준에서의 예산 투자와 구조조정이 없는 대학통합네트워크는 기본적으로 '소규모 비연구중심대학 네트워크'다. 소규모 네트워크의 구조조정과 대개혁 없이 캘리포니아대학체제와 같은 장밋빛 미래를 제시하는 것은 환상이자 기만이다. 분야에 따라서 약간의 차이가 있겠지만 서울대를 제외한 9개 지방거점국립대학의 학술적 역량은 대체로 저조하다. 나는 교수와 학생 등 대학 구성원들과 심심찮게 토론을 한다. M 교수는 나에게 대뜸 "A 대학과 같이 놀고먹는 교수들을 위해 대학통합네트워크를 참 열심히도 공부하십니다"라며 비아냥거렸다. 또 다른 반대자인 N 교수도 "B 대학과 같이 공부도 안 하는 사람들을 위해서 그렇게 대대적인 투자를 해야 합니까?"라며 거친 질문을 던졌다. 나는 거점국립대학인 A 대학과 B 대학에 대한 통계 자료들을 샅샅이 훑어보며 이들의 지적이 옳다는 것을 깨달았고 절망했다. 이 두 대학 교수진의 연구 업적은 바닥을 기었다. '이들이 어떻게 캘리포니아대학체제와 같이 연구중심대학이 될 수 있단 말인가!'

물론 최근 신진 교수들은 연구 실적 기준이 강화되어 연구중심대학으로 나아갈 여지가 있다는 점은 동의한다. 하지만 연구중심대학은 '규모의 학문' 곧 학문 분과(주로 학과)의 교수진 숫자가 많아야만 하는데, 교수진 규모가 작으면 연구중심대학으로 발전하기가 불가능하다. 탁월한 상품을 만들기 위해 규모가 크고 탁월한 생산 시스템이 있어야 하는 것처럼 탁월한 대학은 탁월한 교수들이 많아야 한다. 곧 연구중심대학이 되려면 교수진의 임계치Critical Mass가 형성되어야 하는데 한국의 대학들은 그렇지 못하다.

현재 서울대를 제외한 9개 거점국립대학은 약간의 입장 차이가 있지만 대학통합네트워크를 반기고 있고 여론을 주도하고 있다. 이들은 자체적인 개혁 방안은 제시하지 않고 대학 자율화, 예산 상향 조정, 국립대학 지원을 위한 특별법 제정 등의 요구만을 쏟아 내고 있다. 그럼에도 우리는 왜 학문적 역량이 저조한 대학들을 지원해야 하는가? 왜 수조 원의 국민 세금을 해마다 우수하지 못한 대학들을 위해 써야 하는가? 다른 지방 국립대와 사립대들의 불만이 고조되는 상황에서 대학통합네트워크를 지원하는 교육부와 정부는 정당성 위기에 직면할 수 있다. 대학통합네트워크가 세계적 대학체제가 되기 위해서는 이 대학들을 지원하되 대대적인 구조적, 조직적, 문화적 개혁을 요구해야 한다.

구조적 개혁의 핵심은 거점국립대학들끼리의 구조조정이라 할 수 있다. 연구중심대학은 연구 인력의 집중화, 연구 자원의 집중화, 연구 결과물의 집중화가 필요하다. 대학에서 학문의 실행 단위Operating Unit는 학과인데, 학과의 연구역량은 그 학과의 명성과 직결되며 우수한 인재를 끌어들이는 주요 원인이 된다. 따라서 거점국립대학의 학과와 대학통합네트워크가 지향하는 캘리포니아대학체제에 속한 학과 일부를 비교할 필요가 있다. 학과의 연구역량은 학과 교수진의 양Quantity과 질Quality에 의해 결정된다.[213]

213 이 표는 2021년 10월 기준 각 학과의 웹사이트를 바탕으로 작성되었다. 따라서 실제 상황과는 다소 차이가 있을 수 있다. 가령 퇴임이나 이직을 했는데 웹사이트상에는 교수 재직으로 된 경우 등이다. 이 표가 보여 주려는 것은 서울대를 제외한 거점국립대 모두가 비연구중심학과라는 점이다.

〈표 7-5〉 거점국립대학 4개 학과 교수 인원

거점국립대학	사회학과 교원 수	사학과 교원 수	물리학과 교원 수	수학과 교원 수
서울1대(충북대)	6	7	17	10
서울2대(충남대)	6	6	18	16
서울3대(전북대)	9	10	16	9
서울4대(전남대)	6	12	16	15
서울5대(제주대)	6	6	7	6
서울6대(경상대)	7	7	9	7
서울7대(부산대)	7	9	19	16
서울8대(경북대)	8	11	20	15
서울9대(강원대)	6	6	9	8
서울10대(서울대)	16	28[214]	39[215]	36

〈표 7-6〉 University of California System 4개 학과 교수 인원

세계대학랭킹/대학		사회학과 교원 수	사학과 교원 수	물리학과 교원 수[216]	수학과 교원 수
5	UC Berkeley	29	49	84	51
14	UC Los Angeles	38	55	58	55
18	UC San Diego	26	39	64	63
20	UC San Francisco	11	13	7	10
57	UC Santa Barbara	27	38	56	37
70	UC Irvine	26	36	54	45
100	UC Davis	22	35	47	51
151-200	UC Santa Cruz	20	27	21	18
201-300	UC Riverside	17	30	45	35
401-500	UC Merced	13	11	18	17[217]

〈표 7-5〉는 거점국립대학 10곳의 사회학과, 사학과, 물리학과, 수학과 교수진 수이다. 서울대를 제외한 9개 학과의 교수진은 〈표 7-6〉의 캘리포니아대학체제에 속한 동일한 학과의 교수진보다 한참 적다. 캘리포니아대학체제의 사회학과 교수진 수는 20~30명 내외로 9개 거점국립대의 사회학과 교수진 5~9명보다 3~6배 정도 많다. 다른 학과들도 별로 다르지 않다. 이 표는 연구중심대학이 되려면 학과에 우수한 교수가 많아야 함을 나타낸다. 즉 그 대학의 명성은 학문자본의 양(교수진의 수, Quantity)과 질(탁월한 교수진, Quality)로 구성된다. 예를 들어 UC 버클리 물리학과는 위의 비교 그룹에서 가장 많은 교수진을 보유하고 있을 뿐만 아니라 이 중에서 가장 많은 노벨상 수상자가 나왔다. UC 버클리 물리학과는 총 16명의 노벨상 수상자를 배출했다.

연구중심대학을 그들의 상대적인 위치에 따라서 편의상 등급을 매겨 볼 수 있다. UC Berkeley, UCLA, UC San Diego, UC Santa Barbara, UC Davis, UC Irvine, UC Santa Cruz는 1급 연구중심대학으로, 서울대는 2급 연구중심대학으로, 부산대, 경북대, UC Merced는 3급 연구중심대학으로 그 외 거점국립대는 비연구중심대학으로 분류할 수 있다.

학과도 마찬가지다. ARWU는 2021년 학과별 세계랭킹을 발표했는데 사회학과 세계랭킹을 보면 UC Berkeley 5위, UCLA 14위, UC Irvine 22위, UC San Diego 51~75위, UC Santa Barbara 51~75위, UC Davis

214 서울대 사학과 교수진 수는 국사학과, 동양사학과, 서양사학과의 교수진의 수를 합한 것이다.

215 서울대는 물리천문학부로 분류되어 있고 이 학부에 포함된 모든 교수들의 수를 합했다. 물리학과 천문학을 같이 묶는 경향은 미국의 연구중심대학에서도 마찬가지다.

216 UCLA, UC San Francisco, UC Irvine, UC Davis, 그리고 UC Riverside는 물리학과와 천문학과(Department of Physics and Astronomy)가 합쳐져 있고 이 숫자는 이 두 분과의 교수진을 합쳤다.

217 UC Merced는 응용수학과(Department of Applied Mathematics)의 교수진의 수이다.

51~75위, UC San Francisco가 76~100위에 각각 포진해 있다. 사회학과 세계랭킹 200위 안에 서울대 사회학과는 포함되어 있지 않다. 여기서 말하고자 하는 연구중심학과의 요건은 자명하다. 학과의 규모가 커야 한다(규모의 학문). 따라서 거점국립대학의 구조조정은 학과별 그리고 학과를 묶는 단과대별로 통합이 있어야 한다. 가령 충남대 사회학과 6명과 충북대 사회학과 5명을 통합하면 전체 11명이 되고 이를 통해 단숨에 학과의 규모를 키울 수 있다. 이 교수진의 수도 미국 연구중심대학의 교수진보다는 적지만 추가 교수 증원 등이 이루어진다면 연구중심학과로 발돋움할 수 있는 발판이 마련된다.

9개 거점국립대학의 사회학과뿐만 아니라 사학과, 물리학과, 수학과 또한 비연구중심학과로 분류할 수 있다. 연구중심대학이 되기 위해서는 권역별, 학분분과 단위별로 통합이 일어나야 한다. 예를 들면 충북대 사회과학대 전체가 충남대로 흡수되고 농업생명환경대학은 충북대로 보내는 식으로 구조조정이 일어나야 한다. 기존의 학과 체제로는 연구중심대학으로 발돋움하는 것은 불가능하다. 가령 현 상태에서 대학통합네트워크가 구조조정 없이 일어난다고 가정해 보자. 정부의 지원으로 충북대 사회학과는 교수 몇 명을 더 충원할 수 있을 것이다. 대략 3~4명을 추가로 뽑는다고 해도 교수진의 총수는 9~10인이 되며 이는 비연구중심학과의 지위를 벗어나지 못한다. 이런 소규모의 학문자본과 지리적인 위치 등을 고려한다면 연구중심학과는커녕 서울에 위치한 기존의 사회학과들과도 경쟁이 어렵다. 학과 규모를 키워야만 하며 이는 컨트롤 타워(교육부와 국가교육위원회)의 주도하에 강하게 거점국립대학에 압박을 가해야 한다. 경쟁력을 확보할 수 없는 대학통합네트워크를 지원하는 것은 여론과 국민들의 비판에 직면할 것이다. 대학통합네트워크가 세계적 수준의 연구중심대학을 지향한다면 거점국립대학들을 통폐합하는 수준까지 고려해서 구조조정 방안을 마련해야 한다.

위의 UC 시스템에서 UC 샌프란시스코UCSF의 위상은 시사하는 바가 크다. 이 대학은 의대 중심의 대학원중심대학으로 의학과 생명공학계열이 대단히 우수하다. 표에서 알 수 있듯이 UC 샌프란시스코는 사회학과, 사학과, 물리학과, 수학과의 교수진이 상당이 적다. 왜냐하면 이 대학은 의대 중심의 대학원중심대학으로 의학과 생명과학 분야에 집중 투자하기 때문이다. 이 대학은 일종의 특성화대학이라고 할 수 있는데, 의학과 생명공학을 특성화하여 세계 최고 대학의 반열에 올랐다. 2021년 ARWU 학문분과별 세계랭킹을 보면 UCSF는 진료 의학Clinical Medicine 2위, 약학 및 약물과학Pharmacy and Pharmaceutical Sciences 2위, 치과학Dentistry and Oral Sciences 5위, 생물과학Biological Sciences 7위, 간호학Nursing 8위, 의공학Medical Technology 10위, 인간생물학Human Biological Sciences 11위, 공중보건Public Health 14위 등을 차지했다.

UC 샌프란시스코는 생명공학Biotechnology, BT 회사들과 산학협력이 탁월하다. UCSF의 과학을 이용하여 BT의 전설인 제네텍Genetech이 1976년 세워졌고, 뒤이어 수많은 BT 회사들이 세워졌다. UCSF의 연구진들은 오픈 사이언스 접근으로 BT 회사들의 과학자들과 공동 연구를 진행하여 어떤 대학보다 우수하고 많은 논문을 출판했을 뿐만 아니라 수많은 특허도 취득했다.[218] UCSF는 의학과 생명공학 분야를 특화함으로써 세계적인 명성을 얻은 경우로, 대학통합네트워크에서 벤치마킹을 고려해 볼 만하다.

가령 충북의 오송생명과학단지는 충북대와 가까우면서 의학 분야의

218 Steven Casper, "The University of California and the Evolution of the Biotechnology Industry in San Diego and the San Francisco Bay Area", in *Public Universities and Regional Growth*, Martin Kenney and David Mowery (Eds.), Stanford: Stanford University Press, 2014, pp. 66~96.

우수한 인프라를 갖추고 있어 충북대(서울1대)를 UCSF와 같이 특화할 수 있을 것이다. 경상대학교(서울6대)는 우주항공산업과 관련하여, 부산대학교(서울7대)는 조선산업과 해양산업과 연계하여 분과 학문을 발전시킬 수 있을 것이다. 이는 몇 가지 예에 불과하며 자세한 특화의 방향과 대학 조직의 개편은 구성원들의 자발적인 노력과 정부의 구조조정을 통해서 이루어져야 한다.

구조적 개혁 이외에 대학의 조직적, 문화적 개혁이 동반되어야 한다. 조직적 개혁으로는 학과장과 학장 중심의 대학 조직 운영, 종신교수직 제도 도입, 연구역량의 질적 평가, 강의 시수를 줄이고 연구 시간을 늘리는 방안, 행정인력 증원 등을 들 수 있을 것이다. 문화적 개혁으로는 권위주의적 학과 운영 타파, 남성 중심의 문화 개혁, 유능하고 젊은 교수들의 보호와 지원, 학벌 문화 타파 등을 들 수 있을 것이다. 조직적, 문화적 개혁은 미국과 유럽 등의 연구중심대학의 조직문화를 연구하여 적용할 필요가 있다.

지방대가 서울대 될 수 있나요?: 스루프공대(칼텍)의 교훈

대학통합네트워크를 통한 서울대 10개 만들기를 주장하면 꼭 다음과 같은 질문이 나온다. "교수님, 지방대가 서울대 될 수 있나요?" 이에 나는 스루프공과대학Throop Polytechnic Institute의 이야기를 들려준다. 이 대학은 미국 캘리포니아의 패서디나Pasadena라는 작은 도시에 1891년에 설립된 직업전문대학이었다. 무명의 지방대학은 지역 사업가이자 정치인인 아모스 스루프에 의해 만들어졌지만, 1920년에 MITMassachusetts Institute of Technology를 모델로 캘리포니아공과대학California Institute of Technology, 또는 Cal Tech으로 이름을 바꾼다.

이 대학을 세계적인 명성을 떨치는 대학으로 이끈 과학자는 조지 헤일, 아서 노이에스, 그리고 노벨물리학상 수상자인 로버트 밀리컨이다. 이들은 '칼텍의 트로이카'라고 불리는데, 밀리컨이 1921년부터 1945년까지 칼텍의 총장을 맡았기 때문에 칼텍의 별칭은 '밀리컨의 대학Milikan's School'이다.

스루프공대가 있는 패서디나는 로스앤젤레스에서 18km 떨어진 곳이지만 20세기 초만 해도 지방의 조그마한 도시였다. 이 직업전문대학을 연구중심대학으로 바꾸는 데 리더십을 발휘한 인물은 MIT에서 물리학을 전공하고 24세의 나이에 시카고 대학의 천체물리학 교수로 임명된 조지 헤일Gerorge Hale, 1868~1938이었다. 헤일은 대학 때 스펙트로헬리오그래프라는 기구를 발명해 세계적인 명성을 얻었고 그는 카네기 재단의 기금을 얻어 캘리포니아의 윌슨산에 60인치 천문 관측소 망원경을 짓는 데 성공했다. 그는 1906년 캘리포니아의 스루프공대로 이직했다. 헤일은 MIT 화학과에 재직하던 노이에스 교수를, 그리고 시카고 대학의 물리학자 밀리컨을 칼텍으로 영입했다.

칼텍은 헤일, 노이에스, 밀리컨의 리더십으로 록펠러 재단, 카네기 재단 등의 사립재단으로부터 거액의 연구비를 수주받았을 뿐만 아니라 1차 세계대전 중 국립연구회의National Research Council를 통해서 잠수함 탐지기 개발 등을 위한 연구비를 받을 수 있었다. 칼텍은 1920년대부터 10여 년간 단숨에 20여 개의 대형 실험 프로젝트를 수주했고 이공계 분야에서는 세계적인 명성을 날리는 대학으로 성장했다.

칼텍은 지금까지 40명의 노벨상 수상자를 배출했는데, 라이너스 폴링은 노벨상을 두 번 수상한 인물로서 칼텍에 1922년에 입학했다. 그는 1925년 독일에서 박사학위를 마치고 1927년에 칼텍의 교수가 되었다. 밀리컨은 총장으로서 세계적인 인재들을 모으려고 노력했다. 1930년에는 지진학의 대가 구텐베르크를 지구물리학과 교수로 임명했다. 또한 세계적인 항공물리학자 카르만의 영입에 성공해 칼텍이 항공우주공학의 선두 주자가 되는 데 큰 역할을 했다. 카르만은 2차 세계대전 중 구겐하임항공연구소를 만들었고 이후에 그 유명한 제트추진연구소Jet Propulsion Laboratory, JPL를 칼텍이 운영, 관리하는 데 결정적인 역할을 했다.

칼텍은 선두 주자였던 동부의 하버드나 MIT와는 비교될 수 없을 정도로 작은 규모였으나 공학 분야의 세계적인 인재들을 모으고, 정부와 민간단체들로부터 막대한 연구비를 받아 젊은 인재들을 양성함으로써 단번에 세계적인 명문 대학이 되었다. 2021년 Academic Ranking of World Universties에 칼텍은 9위에 랭크되었으며 지구과학, 물리학, 화학, 대기과학, 자동화 기술 분야에서 세계적인 프로그램을 갖고 있다. 서부의 작은 직업대학으로 출발한 스루프공대가 헤일, 노이에스, 밀리컨의 리더십으로 10년 만에 세계적인 대학으로 부상했는데, 과학사학자 홍성욱은 다음과 같이 설명한다.

20세기 초엽의 사례이지만, 재원을 확보하고 최고급 두뇌를 유치하는 데 성공한 헤일의 리더십은 불과 10년도 안 되는 짧은 기간에 칼텍을 무명의 지방대학에서 미국 최고의 연구대학으로 탈바꿈시켰던 것이다.[219]

칼텍과 같이 지방대도 서울대가 될 수 있다. 정부와 기업이 집중적인 투자를 하고 인재를 끌어모은 카이스트, 포스텍, 울산과기원의 사례만 놓고 보아도 가능함을 알 수 있다. 한국에서 이 대학들을 아무도 지방대라고 부르지 않는다. 카이스트는 1971년 석박사과정의 대학원중심대학으로 세워졌고 1984년부터 학부생들을 받기 시작했다. 한국 최고의 이공계 대학으로 2015년에는 1만 번째 박사학위자를 배출했다. 대전에 위치한 카이스트는 정부의 적극적인 지원으로 20여 년 만에 한국 최고의 대학 중 하나가 되었다. 포스텍은 1986년 포스코의 지원으로 포항에 설립되었고, 역시 국내 최고의 시설과 인재를 끌어모아 불과 15여 년 만에 한국 최고의 대학 중 하나가 되었다. 울산과기원도 15년도 되지 않아 한국 최고의 대학 중 하나가 되었다. 정부가 세계적 연구중심대학을 만들기 위해 카이스트KAIST, 울산과기원UNIST, 광주과기원GIST, 대구경북과학기술원DGIST에 집중적으로 투자했기 때문에 가능했다. 따라서 한국의 지방에 위치한 대학들도 정부의 집중적인 지원으로 세계적인 명성을 지닌 대학이 될 수 있다.

219 홍성욱, 앞의 책, 262쪽.

스탠퍼드도 '듣보잡'이었다

전 세계 부러움의 대상이자 가장 많이 언급되는 대학은 하버드와 더불어 스탠퍼드다. 스탠퍼드는 실리콘 밸리를 낳은 산실로서 3차 산업혁명의 중심지다. 애플, 구글, 페이스북, 인텔, 삼성, 링크드인, 이베이, 시스코, 테슬라, 넷플릭스, 트위터, 페이팔 등 세계에서 가장 높은 수익을 올리는 기업들이 있으며 세계에서 소득이 가장 높은 사람들이 사는 지역이 실리콘 밸리다. 이를 본떠 미국 텍사스 오스틴 지역은 실리콘 힐스라 부르고 경기 성남 북부에 위치한 지역을 판교 테크노 밸리라고 부른다.

스탠퍼드가 없었다면 실리콘 밸리도 탄생할 수 없었다. 그런데 현재의 화려한 이면 속에 사람들이 잘 모르는 것은 스탠퍼드가 무명의 '듣보잡'이었다는 사실이다. 1891년에 세워진 스탠퍼드 대학교는 동부의 대학들보다 200년 이상 늦게 출발했다. 서부 사람들은 동부 사람들의 서부에 대한 이권을 차단하려고 특유의 지역주의로 똘똘 뭉쳤다. 스탠퍼드의 설립자는 철도산업의 재벌이고 상원의원이자 캘리포니아 주지사이기도 한 릴런드 스탠퍼드Leland Stanford였다. 스탠퍼드 대학교는 1891년 당시 팔로 알토의 한 '농장'에 세워졌다. 출발은 정말 보잘것없었다. 초기의 스탠퍼드 교수진은 코넬대와 연관이 많아서 처음에는 스탠퍼드를 '서부의 코넬'로 만들려는 의도가 있었다. 스탠퍼드가 죽고 나서 1893년부터는 재정난을 겪기도 하고 1906년에는 지진으로 캠퍼스가 파괴되는 등 스탠퍼드의 위상은 미국에서 그저 그런 대학 중 하나였다. 20세기 초에 의대, 법대, 경영대, 대학원 등을 세우는 등 진전이 있었지만 스탠퍼드는 여전히 지역의 별 볼 일 없는 대학이었다. 모든 것을 바꾼 것은 스탠퍼드 공대를 이끈 프레드릭 터먼과 그가 데려온 트랜지스터 발명자이자 노벨물리학상 수상자 윌리엄 쇼클리였다. 터먼은 과학기술의 산업화에 신경을 썼고 자신의 제자 2명이 휴렛팩커드라는 회사를 설립하도록 도왔다. 터먼과 쇼클리는 스탠퍼드 공대를 이끌었고, 쇼클리는 반도체 산업의 산파로서 이 둘은 '실리콘 밸리의 아버지'라고 불린다.

윌리엄 쇼클리는 구글 본사가 있는 마운틴뷰로 이사를 오고 1956년 쇼클리 반도체 연구소를 세우고 인재들을 영입한다. 하지만 그의 괴팍한 경영 스타일을 못 견딘 8인은 이 연구소를 뛰쳐나와 1957년 페어차일드 반도체Fairchild Semiconductor를 차린다. 이 8인은 나중에 실리콘 밸리에 65개의 기업을 만든다. 그중 가장 유명한 회사는 1968년 고든 무어Gordon Moore와 로버트 노이스Robert Noyce가 창립한 인텔Intel이다. 쇼클리는 반도체를 가져왔고 그의 연구진은 실리콘 밸리를 만들었다.

1930년대까지만 해도 하위권에 머물던 스탠퍼드 대학교는 25년 만에 하버드와 MIT와 어깨를 나란히 하는 세계적인 대학으로 발돋움하는데, 이는 터먼의 리더십과 더불어 정부와 기업의 전폭적인 지원으로 이루어졌다. 과학사학자 홍성욱은 스탠퍼드가 "과학과 공학의 안배, 최고 수준의 교수와 대학원생으로 구성된 연구 협력자들의 편성, 군부와 산업에의 후원, 그리고 학제 간 협동"이라는 요소들에 의해서 급부상했다고 밝혔다.[220]

특히 터먼은 한정된 자원들로 모든 분야를 발전시킬 수 없다는 판단으로, 당시 새롭게 떠오르던 전자공학과 라디오공학 분야를 발전시켜야 한다고 생각하고 이들을 미국 최고 분야로 만들었다. 또한 터먼은 미국 최초로

220 홍성욱, 앞의 책, 271쪽.

대학을 중심으로 산업단지의 건설을 구상하고 실행해 옮겼는데 이것을 그는 '비장의 무기'라고 생각했고 그의 예상은 적중했다.[221] 1955년에 IBM이, 1956년에 록히드 항공 연구 시설이 들어서고 이후에 세계적인 기업들의 연구소가 이 산업단지에 세워졌다. 대학이 단순히 학생들을 길러 내는 곳이 아니라 산업을 연결시킨 창조의 위대한 공간이 되는 순간이었다.

스탠퍼드의 터먼 학장은 동부의 명문 대학들을 능가하는 연구 업적과 교육 실적을 교수들에게 요구했고, 스탠퍼드 학생들에게는 과학기술을 산업화시킬 수 있는 회사를 직접 설립할 것을 촉구했다.

칼텍과 스탠퍼드의 부상은 우리에게 몇 가지 교훈을 준다. 첫째, 지방대도 서울대가 될 수 있다! 지방대가 서울대가 되기 위해서는 정부와 기업의 장기간 투자, 대학 구성원의 뼈를 깎는 노력, 세계 최고를 향한 집념, 산학관 네트워크의 구성, 과학기술을 산업화시킬 수 있는 전략 등이다. 둘째, 무엇보다 세계 최고의 대학이 되기 위해서는 '축적의 시간'이 필요하다. 지방대를 바로 서울대로 만들기는 힘들다. 칼텍은 10년이 걸렸고 스탠퍼드는 25년이 걸렸다. 서울대 10개를 만드는 데는 최소한 10년이 걸릴 것으로 예상되며, 이것은 정부의 장기간 투자가 없으면 불가능하다.

공간권력의 삼권분립: 부산과 광주는 세계적인 도시가 될 수 없다

세계적인 도시학자 리처드 플로리다 교수는 전 세계적으로 승자독식 도시화Winner-Take-All Urbanism가 일어난다고 말한다.[222] 승자독식 도시에는 자본, 산업, 인재가 집중되고 혁신적인 아이디어와 사람들이 넘쳐난다. 한국의 승자독식 도시는 바로 서울이다. 서울로 인재, 돈, 인프라, 학원이 모두 몰린다. 그렇기 때문에 극심한 공간병목현상이 일어난다. 대학병목과 공간병목이 일어나 최악의 교육병목이 발생한다.

플로리다 교수는 승자독식 도시를 다른 말로 '슈퍼스타 도시'라고 하는데, 〈맥킨지 보고서〉에 의하면 미국의 슈퍼스타 도시는 11개, 중국은 10개, 일본은 3개, 한국은 1개(서울)다.[223] 그는 '창조계급Creative Class'이라는 개념으로 세계적인 석학이 되었으며 이 계층이 가장 높은 소득을 받는다는 것을 실증적으로 보여 주었다.[224] 창조계급은 빌 게이츠, 스티브 잡스, 일론 머스크, 마크 저커버그 등 첨단 지식과 기술로 대표되는 계층이며 경제와 문화를 선도하는 계층이다.

문제는 도시 간의 격차가 날로 심각해지는 것이다. 서울 강남 지역은

221 홍성욱, 앞의 책, 274쪽.

222 리처드 플로리다, 『도시는 왜 불평등한가』, 안종희 옮김, 매일경제신문사, 2018, 42쪽.

223 리처드 플로리다, 위의 책, 46쪽.

224 Richard Florida, *The Rise of the Creative Class*, Basic Books: New York, 2010.

한국에서 교육 수준이 가장 높은 곳이다. 박사와 석사 비율이 한국에서 제일 높다. 한마디로 전문가 계층 또는 창조계급이 밀집되어 사는 곳으로 부동산 가격도 한국에서 가장 높다. 부산의 해운대구나 광주의 봉선동 같은 부동산 가격이 높은 곳이 존재하기는 하지만 부산과 광주는 슈퍼스타 도시도 아닐뿐더러 젊은이들에게 매력적인 곳이 아니다.

플로리다 교수는 슈퍼스타 도시들의 공통된 속성은 존재하지 않는다고 말한다. 뉴욕, 파리, 서울, LA의 공통점이 있는가? 뉴욕은 너무나 거대하고 다인종 도시이며 세계 금융의 중심지다. 파리는 예술과 건축의 도시이며 혁명과 패션의 도시이기도 하다. 서울은 근대와 전통이 섞여 있고 조선왕조 500년의 전통이 경복궁을 중심으로 살아 있는 곳이다. LA는 광활한 해변이 있으며 평평하게 퍼져 있고 세계 영화산업의 중심이다. 플로리다 교수는 슈퍼스타 도시의 공통점이 있는데 그것은 바로 인적 자본을 끌어들이는 곳이라고 강조한다.

> 인재와 경제적 자산의 집중이 일방적이고 불평등한 도시화를 낳는다는 것은 점점 명확해지고 있다. 비교적 소수의 슈퍼스타 도시, 그리고 그 속의 몇몇 엘리트 지역이 혜택을 보는 대신 다른 많은 지역은 정체되거나 뒤처진다.[225]

그는 현대 자본주의를 '지식 자본주의'로 부르며 무엇보다 인적 자본과 대학의 중요성을 역설한다.[226] 노무현 정부는 혁신도시와 세종시를 기획했지만 그 효과는 극대화되지 못했다. 두 가지 이유 때문인데 하나는 기업의 수도권 집중이고 다른 하나는 교육의 서울 집중이다. 혁신도시에 사는 가장 중 주말이면 서울로 올라오는 비율이 상당히 높으며, 교육문제 때문에 서울에 집을 두거나 맞벌이 부부 중 한 명이 수도권에 사는 비율이 높다. 가령 지방대 교수 중 성남시와 용인시에 거주하는 사람들이 많은데 이것은 슈퍼스타 도시 서울과의 근접성 때문이다. 서울은 경제력과 교육력이 집중된 곳이고 지식 자본주의의 중심이자 창조계급이 집중된 도시다.

따라서 부산과 광주는 창조계급을 만들 수 있는 세계적인 대학을 만들 필요가 있다. 왜냐하면 공간 불평등, 자산 불평등, 계층 불평등을 완화시키기 위해 한국 내 공간권력의 삼권분립이 필요하기 때문이다. 부산의 인재든 광주의 인재든 모두 서울로 간다. 미국, 독일, 핀란드에서는 그렇게 하지 않는다. 서울의 공간권력의 독점과 인서울 대학의 지위권력 독점을 해체하기 위해서는 주요 도시들에 서울대 수준의 대학을 만들 필요가 있다. 왜냐하면 창조계급이라는 인적 자본이 성공한 도시들의 공통점이기 때문이다. 도시학의 대가 에드워드 글레이저는 이렇게 말한다.

> 도시들 사이에 실패는 닮았지만 성공은 제각각인 것처럼 보인다. 그러나 성공한 도시들에도 공통점이 있다. 도시는 번성하기 위해서 똑똑한 사람들을 끌어와서 그들이 협력하면서 일할 수 있게 만들어야 한다. 인적 자본 없이 성공한 도시는 없다. 보스턴 같은 도시에서는 오래된 고등(대학)교육의 전통이 좋은 효과를 내고 있다. 미니애폴리스와 애틀랜타에서는 대학들이 도시 경제의 '정신적 지주' 역할을 하고 있다.[227]

세계적인 도시 중에 세계적인 대학을 보유하지 않은 도시는 없다. 뉴욕에는 컬럼비아와 뉴욕대, 보스턴은 하버드와 MIT, 샌프란시스코는 버

225 리처드 플로리다, 앞의 책, 14쪽.

226 리처드 플로리다, 앞의 책, 33쪽.

227 에드워드 글레이저, 앞의 책, 394~395쪽.

클리와 스탠퍼드, 시카고는 시카고 대학교와 노스웨스턴 대학교, LA는 UCLA, USC, 칼텍 등의 세계적인 대학이 있다. 파리는 파리 대학과 그랑제콜을, 런던은 런던대University College London, 런던 임페리얼 칼리지, 런던 킹스 칼리지를 보유하고 있다.

부산과 광주의 문제점은 창조계급을 길러 낼 수 있는 서울대와 같은 대학이 존재하지 않는 데 있다. 부산, 경남, 울산은 메가시티 계획을 구상하고 있지만 여기서 빠진 것은 세계적인 대학의 부재다. 샌프란시스코가 동부에 비해 후발주자임에도 불구하고 세계 최고의 도시가 된 이유 중 하나는 버클리와 스탠퍼드가 있기 때문이다. 사회학자 짐멜이 현대도시를 분석할 때 가장 눈여겨본 조직은 바로 대학과 은행이다. 지식 자본주의를 그는 이미 현대사회의 특징으로 간파한 것이다. 부산과 광주는 세계적인 대학의 보유 없이 결코 세계적인 도시가 될 수 없다. 부산과 광주의 지역 정치인들은 미국 서부의 정치인들처럼 세계적인 도시를 만들기 위해 부산과 광주에 서울대 수준의 대학을 세워야만 한다는 것을 깨달아야 한다. 플로리다는 도시가 성공하기 위해서는 기업이 아니라 인재를 끌어들이고 유지해야 한다고 수십 년의 도시 연구 결과를 강조한다.

> 도시의 성공 열쇠는 기업을 유치하는 것이 아니라 인재를 끌어들이고 유지하는 것이다. 창조계층을 구성하는 지식 노동자, 교사, 예술가와 그 이외 다양한 문화적 창조활동가들은 고임금 일자리가 많거나 노동시장이 두터운 곳, 또는 만나서 데이트를 할 사람이 많은 곳, 즉 이른바 짝짓기 시장이 크거나 활기찬 장소, 그리고 훌륭한 레스토랑과 카페, 음악 공간, 그 이외 해 볼 만한 것들이 많은 곳에 거주하고 있었다.[228]

전국에 서울대 10개를 만들자는 것은 인재를 끌어들이고 배출하고 유지하는 매력적인 도시 수를 늘리자는 것이다. 곧 창조계급을 만들고 도시를 창조적으로 만드는 창조권력인 우수한 대학을 만들자는 뜻이다.

여기서 실리콘 밸리의 부상을 다시 한번 강조하고 싶다. 왜냐하면 1970년대 전까지는 실리콘 밸리는 동부의 경쟁 회사들보다 뒤떨어진 후발주자였다. 실리콘 밸리의 공학자들은 자신들을 새로운 기술들을 실험하는 아웃사이더라고 생각했다. 페어차일드 반도체의 설립과 이와 파생된 인텔과 같은 회사들의 부상은 3차 산업혁명의 물결과 함께 급부상했다. 즉 실리콘 밸리는 1970년대 이전 미국의 변방이었고 3차 산업혁명과 반도체 산업의 혁명으로 향후 수십 년 동안 미국 경제뿐만 아니라 세계 경제를 이끌었다.[229] 실리콘 밸리가 성공할 수 있었던 것은 역시 핵심 인재였다. 스탠퍼드와 버클리의 공학자들은 실리콘 밸리에 인재를 제공했고 이들은 혁신을 이끌었다. 부산과 광주가 도약하기 위해서는 세계적인 대학을 만들어 인재를 모으고 4차 산업혁명의 거대한 물결에 올라타서 이를 주도해야 한다. 스탠퍼드와 실리콘 밸리 모두 초라하게 출발했다. 이들의 글로벌 부상의 시작은 대학과 인재에 대한 투자였다.

228 리처드 플로리다, 앞의 책, 9쪽.

229 AnnaLee Saxenian, *The New Argonauts: Regional Advantage in a Global Economy*, Cambridge, MA: Harvard University Press, 2006.

8장

서울대 10개 만들기 전략과 방향

창조는 저항의 극복이다: 최소주의자 전략

서울대 10개 만들기 프로젝트는 하나의 창조적 기획이다. 지난 17년 동안 '대학통합네트워크'는 통하지 않았다. 일이 통하게 해야 한다. 이 프로젝트는 다양하고 예측 불가능한 변수, 갈등, 타협을 동반할 수밖에 없다. 6장에서 설명했듯이 나는 최대주의자 전략보다는 최소주의자 전략을 택한다. 최대주의자 전략은 국립대 개혁, 사립대 개혁, 전문대학 개혁, 대학입시, 학제, 법률, 제도 등 모든 것을 바꾸는 것을 의미한다. 누가 봐도 무리다. 모든 것을 고치려고 하는 것은 잘못된 전략이다. 결과적으로 개혁이 너무나 방대해서 개혁을 시작하기에 엄두가 나지 않기 때문이다. 지난 17년 동안 대학통합네트워크는 한 발짝도 나가지 못했다. 최대주의자 접근을 택했기 때문이다.

이들과 달리 나는 최소주의자 전략을 택한다. 우선 대학개혁과 대학입시를 분리하여 입시를 건드리지 말자. 대학입시를 건드리는 순간 학부모들과 학생들의 단기적인 관점과 이해관계가 대학개혁을 좌초시킨다. 학종이냐 정시냐를 가지고 문재인 정부 5년을 보냈다. 대입 문제를 대학개혁과 연관시키면 풀어낼 방법이 없고 결과적으로 또다시 한 발짝도 못 나간다.

이 책의 1장인 이론 부분을 다시 보자. 한국의 교육지옥은 SKY를 향한 병목현상 때문에 발생한다. 병목현상을 없애기 위해서는 서울대 10개를 전국에 만들면 된다. 대입을 건드리는 순간 스텝은 꼬인다. 대입은 기존의 제도를 따르자. 경기를 하는 도중에 룰을 바꾸어 버리면 선수들과 관중들이 동의하지 않는다. 대학의 다원화 또는 평준화 없이 고교학점제는 대단히 위험하다. 따라서 이 문제도 그들의 문제로 내버려 두자. 우리는 우리의 갈 길을 가면 된다.

'서울대 10개 만들기 프로젝트'의 법률 제정에 대해서도 일단 미루어 두자. 국민적 동의가 이루어진다면 법률은 어떻게든 만들어진다. 반상진 교수가 주장한 국립대법 개정, 사립대법 개정, 고등교육재정교부금법 제정 등이 바로 서울대 10개와 직결되지는 않는다. 국립대는 거점국립대, 지역 국립대, 특수목적 국립대 등 다양한 국립대를 포함하고 있어 서울대 10개 만들기와 직결되지 않는다. 사립대 법률의 개정도, 고등교육재정교부금법도 서울대 10개 만들기와 직접 결부되지 않는다.

서울대 10개를 만들기를 위한 가장 좋은 법률적 방법은 '서울대 10개 만들기 특별법'(가칭, 또는 대학통합네트워크 특별법)이다. 대통령이 결단한다면 국회를 거치지 않고 대통령령으로 만들 수도 있다. 이명박 정부 당시 만들어졌던 자율형 사립고등학교는 대통령령으로 만들어졌다. 일부 국립대 관련 규제도 대통령령으로 만들어졌다. 법률의 제정을 뒤로 미루자는 이유는 크게 두 가지다. "어떤 과정에서 만들어지는지 모르는 것이 두 가지가 있는데 그것은 소시지와 법률이다"라는 말이 있다. 법률 제정은 대단히 복잡한 정치적 이해관계가 뒤얽혀 있어 예측이 어렵고 복잡한 타협의 과정을 거치는데 이것을 미리 예단할 필요는 없다. '서울대 10개를 만들자'는 국민 여론이 형성되면 행정부와 입법부는 이 뜻에 따라서 법률을 만들면 된다. 가령 국가교육위원회법과 같은 경우 여러 버전이 10여 년 동안 나왔고 문재인 정부에서 이를 만드는 데 4년이 걸렸다.

서울대 10개 만들기 프로젝트에서 사립대 문제도 제쳐 두자. 사립대 문제는 다른 정책적 수단을 이용해서 다루는 것이 좋다. 저출산 문제와 함께 학령인구 문제로 지방 사립대는 위기에 봉착해 있다. 한국 대학체제에서 독립사립대학이 차지하는 비중이 70%가 넘기 때문에 이 문제도 중요하다. 하지만 사립대 문제를 여기에 넣는 순간 모든 것이 꼬여 버린다. 사립대 문제는 대학무상교육을 통한 수요 창출, 고교학점제와의 연계, 공영형 사립대의 확장, 유학생 유치, 사립대의 평생교육원으로의 전환 등 다른 별도의 정책 프로그램으로 해결해야 한다.

우리의 목적은 극심한 병목현상을 해결하기 위해 고속도로 10개(서울대 10개)를 만드는 것이지 지방도와 국도를 만드는 것이 아니다. 비유를 들자면 지방도와 국도는 막히지 않는다. 병목현상이 일어나지 않는다는 말이다. 문제는 이 지방도와 국도에 차가 다니지 않아(학생입학) 지방도와 국도가 점점 없어지고 있으며, 어쩌면 몇 개의 지방도와 국도를 재정 때문에 폐쇄해야 할지도 모른다.

서울대 10개 만들기는 거점국립대 중심이고 공영형 사립대 등의 문제는 사립대들의 문제이기 때문에 이를 같은 바구니에 담아 버렸기 때문에 이해관계자들이 첨예하게 대립했다. 다시 말하지만 이 책의 목표는 가장 중요한 문제를 풀기 위한 것이지 모든 문제를 풀기 위한 것이 아니다.

서울대 10개를 어떻게 만들 것인가는 기본적인 몇 가지 원칙만 세워 두고 치밀한 계획은 차후에 세우자. 왜냐하면 칼텍, 스탠퍼드, 버클리, UCLA가 세계적인 명문 대학이 되는 길은 달랐다. 전국 10개 대학이 처한 현실, 강점, 약점, 기회는 제각기 다르다. 서울대와 나머지 9개의 지방거점국립대에 대한 정부 지원은 평균 3,600억 원 차이가 나기 때문에 각 대학마다 한 해 3,600억 원 정도의 예산을 증액하자. 그렇다면 한 해 3조 2,400억 원(9개 대학×3,600억 원) 정도의 예산 증액이 요구된다. 이 정도로는 서울대 수준이 되는 데 부족하므로 거점국립대 교수들은 산업체와 정부로부터 별도의 연구비(산학협력단 예산)를 자기 실력으로 받아 와야 한다. 이렇게 구성원들이 최선을 다한다면 10여 년이 지나서는 적어도 연고대 수준의 대학이 된다. 지방대 9개가 서울대 수준이 되기 위해 각기 자율적으로 장기적인 발전 플랜을 작성하면 되지 여기서 구체적으로 풀 문제가 아니다.

내가 최소주의자 접근을 하는 이유는 크게 세 가지다. 첫째 창조를 위해 저항을 최소화해야 한다. 우리의 목표는 서울대 10개라는 '인프라 권력'을 만드는 것이다. 창조는 자기 마음대로 되는 것이 아니다. 창조적 유물론이 설명하듯이 창조는 다양한 저항들에 부딪힌다.[230] 여론의 저항, 정치적 저항, SKY 기득권의 저항, 학부모와 사교육 세력의 저항, 관료의 저항, 예산의 저항 등 수없이 많은 저항이 서울대 10개 만들기 프로젝트에 노정되어 있다. 이 모든 저항을 뚫어야만 창조가 가능하다. 따라서 입시 문제를 건드리지 않는 것은 학부모, 관료, 사교육 세력의 저항을 일으키지 말자는 의도다. 입시 문제를 건드려 봐야 서울대 10개라는 인프라를 만드는 데 관계도 없고 도움도 되지 않는다. 법률적 저항을 피하기 위해서 선제적으로 법률적인 개선안을 낼 필요가 없다.

둘째, 이와 같이 최소주의자 접근은 유연성을 확보하게 해 준다. 너무나 여유가 없고 완벽하게 계획을 세운다면 그 계획대로 움직이지 않을 때 문제가 생긴다. 고속도로를 만들 때 예기치 않은 산이나 강을 만날 수 있고 환경 문제나 주민들의 반대에 부딪힐 수 있다. 정밀하고 완벽한 계획은 유연성을 떨어뜨리고 설득력을 잃게 만든다. 서울대 10개 만들기라는 목표와 큰 원칙 몇 가지만 세우고 세부적인 내용은 협의를 통해서 만들어 갈 수 있다.

셋째, 최소주의자 접근을 했을 때 서울대 10개 만들기 프로젝트를 위한 포용력이 생긴다. 가령 서울대 10개를 만들 때 구조조정을 통해 지역 사립대도 포함시킬 수 있다. 거점국립대를 중심으로 하지만 처음부터 사립대를 포함시킬 가능성을 열어 둠으로써 이 프로젝트를 위한 세력들을 규합하기에 용이하다.

230 김종영, 『하이브리드 한의학: 근대, 권력, 창조』, 돌베개, 2019.

가장 중요한 것은 국민과 정치권의 설득이 선행되어야 한다. '대학통합네트워크'라는 정책이 17년 동안 한 발짝도 못 나간 것은 이 말이 우선 너무 어렵기 때문이다. 국민들과 정치인들이 일단 못 알아듣는다. 나도 처음에는 정진상 교수의 주장을 완벽하게 이해하기 어려웠다. 너무 많은 것을 모두 넣어서 짬뽕으로 정책을 만들었기 때문이다. '서울대 10개 만들기'는 이전의 정책보다 이론적으로 세련되어지고 실현 가능이 높은 정책이다. 무엇보다 사람들에게 전달이 된다. 나도 여러 세미나와 토론회에서 '대학통합네트워크'에 대해 발표를 했지만 알아듣는 사람들이 매우 드물었다.

'서울대 10개 만들기'라는 말을 사용하기 시작했을 때 비로소 반응이 왔다. 각 지역에 서울대 수준의 대학을 만들자는 말은 단박에 이해되는 쉬운 용어다. '대학통합네트워크'라는 말은 어떤 대학을 어떻게 통합하고 네트워크는 또 무엇인지가 명확하게 드러나지 않는다. 대학통합네트워크는 1단계에서 서울대를 포함한 10개의 거점국립대의 이름을 통일하고 공동학위를 주는 것을 골자로 한다. 따라서 결과적으로 이 안은 솔직하게 말하면 '서울대 10개 만들기'다. 결론적으로 나는 서울대 10개 만들기를 위해 최소한의 전략과 방향만 제시한다.

수천만 원짜리 이미지: 대학 이름을 '서울대'나 '한국대'로 바꾸어라

이름은 대단히 중요하다. 한국은 인서울/지방대의 구분이 너무나 명확하다. 지방대를 폄하하는 말로 '지잡대'라는 말도 쓰인다. 서울대 10개 만들기는 인서울/지방대의 경계를 없애 버리는 것을 목표로 한다. 따라서 지방대 이미지를 가진 대학 이름 자체를 바꾸어 버려야 한다. 질베르 뒤랑은 "수천만 원짜리 사유도 서푼짜리 이미지들 없이는 이루어질 수 없다"고 말했다.[231] 이미지가 그만큼 중요하다. 아니 매우 중요하다. 지방대의 이름을 서울대나 한국대로 바꾸는 것은 서푼짜리 이미지를 수천만 원짜리 이미지로 바꾸는 것이다.

다시 스루프공대Throop Polytechnic Institute를 칼텍California Institute of Technology으로 개명한 경우를 살펴보자. '폴리테크닉'이란 말은 일반적으로 전문대를 의미한다. 예를 들어 한국폴리텍대학이 있는데 이는 전국 8개 대학에 35개의 캠퍼스를 가진 직업전문대학이다. 한국폴리텍대학의 웹사이트에는 'Polytechnics'라는 이름을 다음과 같이 설명한다.[232]

231 질베르 뒤랑, 『상상계의 인류학적 구조들』, 진형준 옮김, 문학동네, 2007, 33쪽.

232 kopo.ac.kr을 참고하기 바란다.

폴리텍대학Polytechnics은 호주, 영국, 독일, 싱가포르 등 세계적으로 "종합기술전문학교"라는 뜻으로 통용되며, 한국폴리텍대학Korea Polytechnics은 새로운 직업교육 패러다임과 미래지향적이며 역동적인 이미지, 한국을 대표하는 직업교육훈련기관이라는 개혁 의지를 담고 있습니다.

나는 한국폴리텍대학이 직업교육훈련에 지대한 공헌을 했다고 생각하며, 앞으로도 한국폴리텍대학의 성공과 발전을 기원한다. 그런데 이 책의 중심 주제는 '왜 한국만 교육지옥인가'이다. 한국이 교육지옥인 이유는 SKY 중심의 병목현상 때문에 생긴다. 곧 지방대나 직업전문대학 때문에 생기지 않는다. 1년에 30~40조 원에 달하는 사교육비는 직업전문대학이나 지방대에 들어가기 위해 발생하는 것이 아니다. 대학 입학 정원이 고등학교 졸업생보다 많기 때문에 미달 사태가 발생하고 있는데 이들은 대부분 지방대다.

앞 장에서 설명했듯이 UC 버클리, UCLA, UC San Diego와 같은 세계적인 대학은 모두 연구중심대학이다. UC 시스템과 CSU 시스템의 결정적인 차이는 박사학위 과정의 존재 유무이며 연구경쟁력의 차이다. CSU 대학 중 일부가 박사학위 프로그램이 있지만 이들 대부분은 석사학위까지만 수여하는 프로그램을 갖고 있다. 이 책에서 기획하는 서울대 10개는 UC 시스템과 같은 연구중심대학을 만드는 것이다.

스루프공대에서 칼텍으로 혁신을 이끈 리더 조지 헤일의 제안으로 스루프공대 교수가 된 아서 노이에스는 학교 이름을 California Institute of Technology로 바꿀 것을 요청했다. 최고의 화학자이자 MIT 교수였던 그의 제안은 누가 봐도 MITMassachusetts Institute of Technology를 본뜬 이름이다. MIT라는 연구중심대학의 이미지와 스루프 폴리테크닉 인스티튜트라는 직업중심대학의 이미지는 하늘과 땅 차이였다. 노이에스의 이런 제안은 기꺼이 받아들여졌고 1920년부터 대학 이름을 칼텍California Institute of Technology

으로 바꾼다. 폴리테크닉이란 직업중심대학의 이미지를 완전히 벗기고 연구중심대학으로서의 위상을 높이기 위한 명백하고 계산된 전략이었다. 이런 전통 때문에 오늘날도 MIT와 칼텍 학생들은 여러 차례 상대방 학교의 홈페이지 등을 해킹하는 등 신경전을 벌이고 있다. 1920년에는 상상하기 힘든 일이었다. MIT와 스루프공대는 그야말로 하늘과 땅 차이였다.

칼텍의 사례에서 잘 드러나듯이 지방거점국립대의 이름을 서울대나 한국대로 바꾸어야 하는 것은 자명하다. 지방대의 이미지를 벗기고 한국을 대표하는 학교로 탈바꿈하는 것이다. 여기에 두 가지 경우의 수가 존재한다. 하나는 '서울대'라는 이름을 사용하는 경우와 다른 하나는 '한국대'라는 이름을 사용하는 경우다. 나는 이 둘 다의 가능성을 열어 둔다.

만약 서울대라는 이름을 붙이게 되면 거점국립대의 이름은 서울1대부터 서울10대(또는 서울대-도시 이름)가 되며, 학생들은 번호나 도시 이름에 상관없이 서울대 학위를 받게 된다. 거점국립대의 이름을 서울대로 통일시키면 단번에 학벌체제를 무너뜨리는 계기가 될 수 있다. 거점국립대를 모두 서울대로 이름을 바꾼다면 단번에 '서울대 학위의 양적 완화'가 발생하여 서울대 학위의 가치가 급격하게 떨어진다. 모든 사람이 원하는 서울대 학위를 줌으로써 병목현상을 일거에 제거할 수 있다.

여기서 만만찮은 반론이 제기될 가능성이 크다. 부산이나 광주가 서울이 아닌데 어떻게 서울대의 이름을 붙일 것인가라는 반론이다. 또한 서울대 교수진, 재학생, 졸업생의 거센 항의를 받을 수 있다. 일반 국민들조차도 받아들이지 못할 가능성이 있다. 그렇다면 대안으로 한국대National University of Korea라는 이름을 부여할 수 있다. 이 경우 숫자로 대학 이름을 매길 수 있고 한국대-부산과 같이 대학 이름과 지역 이름을 연결하여 사용할 수 있다. 이것은 미국에서 흔한 일이다. University of Texas-Austin, University of Washington-Seattle, University of California-Los Angeles 등의 예에서 알 수 있다. 이 경우 대학의 상향평준화를 위해서 학부 졸업생의 경우 '한국대' 학위라는 공동학위를 부여할 수 있다. 서울대로 이름을 통일하느냐 아니면 한국대로 이름을 통일하느냐는 추후의 여론 형성 과정에서 결정하면 된다.

서울대 10개를 만드는 과정에서 가장 문제가 되는 부분 중 하나는 이 네트워크에 서울대를 포함하느냐 마느냐다. 만약 서울대가 네트워크에 들어오지 않는다면 나머지 9개 거점국립대의 이름을 한국대로 할 수밖에 없다. 서울대가 네트워크에 들어온다면 이름을 서울대로 통일할 것이냐, 한국대로 통일할 것이냐에 대한 논쟁을 피할 수 없다. 만약 서울대로 이름이 통일된다면 서울대 관계자들의 저항이 덜할 것이고 한국대로 통일이 된다면 서울대 관계자들의 저항이 클 수 있다. 현재 서울대의 이름을 한국대로 바꾸는 것이기 때문이다.

나는 이름을 바꾸는 여러 경우의 수 중 어떤 것도 지금보다는 훨씬 낫다고 생각한다. 서울대가 포함되어도 좋고, 포함되지 않아도 좋다. 서울대를 네트워크에 포함시키는 데 너무나 큰 저항이 있다면 이것을 뚫기는 상당히 어렵다. 대학통합네트워크가 출발도 하지 못한 가장 큰 이유 중 하나는 서울대를 포함시켜서 평준화를 시키려고 했기 때문이다. 그렇다면 서울대를 가만히 내버려 두고 나머지 9개 대학에 한국대라는 국가대표의 이름을 부여하고 지방대/인서울의 명확한 위계를 없애 버리면 된다. 서울대가 포함되지 않아서 효과가 떨어지겠지만 한국대 9개를 장기적으로 서울대 수준의 대학으로 키우면 된다.

예산의 격차가 대학의 격차다: 10개 대학에 서울대만큼 예산을 투입하라

"골 때려요!" 기획재정부 관료들의 행태에 대해 A 전문가는 이렇게 말한다. 왜냐하면 기재부 관료들은 지방대 예산을 기를 쓰고 깎으려는 반면에 서울대 예산 증가에 대해서는 문제 제기를 전혀 하지 않기 때문이다. 대학등록금이 10년 넘게 동결되었지만 정부의 서울대 지원 예산은 1,000억 원이 넘게 증가했다. 다른 지방 국립대의 정부 예산 지원은 제자리걸음인데 말이다. 기재부 관료들이 교육을 알 리가 없다. 지난 10년 동안 대학등록금이 동결되었다는 사실조차 모른다. 이런 사실을 알려 주면 기재부 관료의 반응은 이렇다. "근데 교수님들은 왜 피켓 들고 광화문에 안 나오세요?"

교육은 정치다. 이를 에듀폴리틱스라고 부른다. 한국 정치에서 기득권 세력들은 절대적으로 SKY만 밀어주어서 병목사회로 만들어 버렸다. 고속도로 하나만을 만들고 다른 고속도로를 만드는 것을 줄기차게 방해했다. SKY 카르텔과 서울 카르텔, 곧 지위권력의 독점과 공간권력의 독점이 계속해서 만들어졌는데, 이 중심에는 정치와 정부의 기득권 세력이 있다. 결과는 교육지옥이며 이제 기득권조차도 힘들어한다. 조국 사태를 보자. 모든 것을 가진 조국 부부조차도 자녀 입시에 모든 것을 걸었지만 결국 가족 전체가 망했다.

서울대 10개를 전국에 만드는 것은 그래서 정치다. 17년 동안 대학통합네트워크는 통하지 않았고 이제 새로운 무기 즉 '서울대 10개 만들기'라는 새로운 이론과 정책을 가지고 등장했다. 성공할지 실패할지는 아무도 모른다. 기득권 세력의 거센 저항이 있기에, 기득권 인프라의 강고한 버팀

이 있기에 성공 가능성은 낮다. 하지만 우리의 미션은 학생들과 학부모들을 교육지옥에서 구하는 것이니 시도해 볼 가치가 있다.

서울대 10개를 만들려면 서울대만큼의 예산을 투자해야 한다. 지방 무명의 스루프공대가 세계적인 명성을 가진 칼텍이 될 수 있었던 것은 칼텍 구성원의 피나는 노력과 기업, 정부, 재단의 막대한 지원을 받을 수 있었기 때문에 가능했다.

> 노이에스의 (MIT에서) 이적은 칼텍을 단숨에 주목받는 대학으로 부상시켰다. 노이에스의 물리화학 연구실은 X선 결정학을 중점 연구 주제로 잡고, 이와 관련해서 생화학, 유기화학, 공업화학을 연구했다. 1920년부터 10년간 카네기 재단은 노이에스의 실험실에 20개의 연구 프로젝트를 지원했고, 노이에스의 명성에 이러한 내적·외적 지원이 가세해서 그의 실험실은 짧은 시간 내에 미국에서 가장 수준 높은 화학 연구실로 부상했다.[233]

이름만 바꾼다고 세계 최고의 대학이 되는 것은 결코 아니다. 칼텍은 이름을 바꾸고 나서 기업과 정부로부터 대대적인 지원을 이끌어 냈으며, 노이에스, 밀리컨과 같은 최고의 학자들을 중심으로 연구 수준을 세계 최고 수준으로 끌어올렸다. 이런 명성 덕분에 차후에 노벨화학상과 노벨평화상을 동시에 수상하는 라이너스 폴링Linus Pauling이 칼텍 대학원에 화학을 전공하기 위해 1922년에 입학했다.

지방대 9개를 서울대 수준으로 끌어올리려면 얼마만큼의 예산을 투자해야 하는가? 서울대 예산 규모는 얼마가 될까? 〈표 8-1〉은 거점국립대학들의 예산 규모를 비교해서 보여 준다.

대학 예산은 통상 국립대학은 대학회계[234], 산학협력단회계, 발전기금회계의 합으로 구성되고 사립대학은 교비회계와 산학협력단회계로 구성된다. 서울대는 국립대법인이기 때문에 자체의 회계방식을 따른다. 국립대와 사립대의 회계방식이 다르다. 사립대의 기부금은 교비회계에 포함되고 국립대는 발전기금예산으로 따로 예산이 편성되어 있다. 여기서 중요한 것은 가장 큰 부분을 차지하는 교비(대학)회계와 산학협력단회계다. 교비(대학)회계는 교육중심예산, 산학협력단회계는 연구중심예산으로 보면 된다. 교비(대학)회계와 산학협력단회계를 분리한 이유는 전자가 정부출연금과 등록금 등 거의 고정적인 반면에, 산학협력예산은 교수들의 연구비 수주를 주로 기반으로 하기 때문이다. 곧 교수들의 실력에 의해 산학협력단 예산이 결정된다.

교비회계는 정부출연금(정부지원금), 등록금, 수입대체경비 등으로 이루어지고 산학협력단회계는 연구지원금, 산학협력 수입, 간접비 수입 등으로 구성된다. 2020년 기준 서울대의 예산 중 교비예산은 총 8,634억 원이고, 산학협력단 예산은 총 6,760억 원이었다. 따라서 서울대의 총예산은 1조 5,394억 원이었다. 1조 5,000억 원 예산을 가진 대학이라고 보면 된다. 여기서 눈여겨볼 대목은 교비예산 중 서울대는 2020년 정부로부터 4,866억 원을 지원받았고 등록금 수입은 1,836억 원이었다.

그렇다면 SKY를 이루고 있는 연세대와 고려대의 예산은 얼마나 될까? 2020년 기준 연세대의 교비예산은 9,993억 원, 산학협력단 예산은 4,061억 원이다. 따라서 연세대의 총예산은 1조 4,054억 원으로 서울대와 큰 차이를 보이지 않지만, 서울대와 차이가 분명히 드러나는 부분이 있다. 연세대의 교비예산이 서울대의 교비예산보다 많다. 연세대의 높은 등

233 홍성욱, 앞의 책, 258~259쪽.

234 대학회계라고 부르는 것은 대학들이 부설고등학교와 같은 부설기관들을 빼고 대학 자체만의 예산을 계산하기 때문이다. 국립대의 총예산에서 대학회계는 한 부분이다.

록금이 큰 몫을 차지했는데 연세대의 등록금 수입은 총 3,995억 원에 달했다. 이는 서울대 등록금 수입의 2.17배다. 연세대 재학생 수가 서울대 재학생 수보다 약 1만 명 가까이 많다는 점을 고려하더라도 이는 지나치게 높은 등록금이다. 반면 서울대의 산학협력단 예산이 연세대의 산학협력단 예산보다 2,700억 원 많다. 이를 통해 서울대가 연세대보다 연구중심대학임을 알 수 있다. 학생 수가 많을수록 교육에 신경 쓸 수밖에 없으며 연구비의 차이가 곧 두 대학의 연구 실력의 차이이다.

〈표 8-1〉 거점국립대학 규모 [235]

2020년 기준

	예산(억)	교원 수(명)	학부생(명)	대학원생(명)
서울대학교	**15,394**	**1,974**	**17,150**	**11,456**
부산대학교	7,844	1,200	28,124	8,236
경북대학교	5,806	1,196	30,424	6,550
전남대학교	5,289	1,175	26,502	5,342
전북대학교	5,189	1,054	25,159	4,023
강원대학교	4,186	984	30,739	3,560
충남대학교	4,133	915	23,166	5,465
충북대학교	3,664	755	13,277	3,199
제주대학교	2,907	636	14,227	2,300
경상대학교	2,619	764	13,989	1,306
총계	**57,031**	**10,653**	**222,757**	**51,437**

2020년 기준 고려대의 교비회계는 7,245억 원이고, 산학협력단회계는 4,061억 원이다. 이를 합치면 총 1조 1,306억 원이다. 고려대의 등록금 수입은 3,604억 원으로 연세대보다 약 391억 원이 적지만 산학협력단 예산은 비슷하여 두 대학 교수진의 연구 실력은 비슷한 것으로 해석할 수 있다.

SKY의 위상은 예산 규모에서 명확히 드러난다. 한국에서 1년 예산이

1조 원 이상인 대학은 SKY가 유일하다. SKY의 뒤를 잇는 성균관대는 2020년 기준 총예산이 8,949억 원, 한양대는 8,555억 원, 경희대는 6,561억 원, 중앙대는 5,282억 원이다. 대학서열의 차이는 상당 부분 예산 차이임을 알 수 있다. 한국 최고의 대학 인프라를 갖추었으면서 교수들의 실력도 대단히 우수한 것이다. 따라서 어떤 학생이든 SKY에 들어가려는 이유는 명백하다. 지위권력과 공간권력(서울)을 독점한 삼두체제인 것이다.

그렇다면 9개의 지방거점국립대의 예산은 얼마인가? 2020년 기준 부산대 7,844억 원, 경북대 5,806억 원, 전남대 5,289억 원, 전북대 5,189억 원, 강원대 4,186억 원, 충남대 4,133억 원, 충북대 3,664억 원, 제주대 2,907억 원, 경상대 2,619억 원이다. 평균 4,626억 원의 예산이다. 서울대가 2020년 정부로부터 받는 지원금은 4,866억 원이다. 서울대의 정부 지원액이 거점국립대 전체 예산의 평균보다 많다.

한국 정부는 구조적으로 철저하게 수십 년 동안 서울대 중심의 예산을 편성했고 이것은 병목사회 또는 독점사회를 만드는 데 결정적인 역할을 했다. 정부 자체가 특정 지역의 특정 대학을 전폭적으로 밀어줌으로써 사회 불평등을 대대적으로 확대시킨 꼴이다. 나머지 거점국립대 9개가 정부로부터 받는 지원금은 2020년 기준 평균 1,265억 원이다. 서울대와 이들이 받는 지원금의 격차는 평균 3,601억 원이다.

정부가 지방거점국립대에 3,600억 원씩만 투자하면 이들은 10년 안에 연고대 수준의 대학이 될 수 있다. 순식간에 몇 개 대학은 8,000~9,000억

235 이 통계들은 각 대학의 2020년도 통계연보에서 가져왔다. 국립대학의 총예산은 통상 대학회계, 산학협력단회계, 발전기금회계 세 종류로 나뉜다. 일부 대학은 세 종류의 회계를 잘 정리해서 통계연보에 실었다. 대학회계만 공개하고 산학협력단회계와 발전기금회계를 공개하지 않은 대학들은 대학알리미 사이트(academyinfo.go.kr)에 접속해서 해당 기록을 찾아서 정리했다. 서울대는 별도의 법인이기 때문에 법인자료의 통계를 사용했다. 학생 수는 재적생을 기준으로 삼았다.

원대의 예산을 확보할 수 있다. 이렇게 된다면 우수한 인재를 영입하고 인프라에 투자할 수 있어 칼텍의 노이에스처럼 많은 연구비를 정부와 기업으로부터 수주할 수 있다. 우수한 교수진과 연구진의 영입으로 산학협력단 예산이 증가하게 되어 단번에 1조 원대의 대학을 만들 수 있다. 3,600억 원 상당의 정부예산을 지방거점국립대에 투자하라는 주장이 통할 수 있을까? 가만히 앉아 있으면 절대 통하지 않는다. 기재부 관계자의 말대로 청와대 앞에 와서 시위를 해야 한다. 그것도 될 때까지.

국가는 상징자본의 중앙은행이다: 서울대 학위의 양적 완화

> 그들이 생산을 돕는 주관적 구조들[개인의 아비투스, 또는 몸에 밴 문화적, 정신적 능력]과 객관적 구조들[교육구조의 합법적 위계] 사이에 일치가 일어나는 것은 대학이 휘두르는 상징 권력Symbloic Power과 합법적 상징 폭력Symbolic Violence에 대한 독점을 국가가 보증해 주기 때문이다. 상징자본의 중앙은행으로 기능하는 국가가 수여하는 그 명확한 권력은 현대사회에서 점점 더 증가하며, 귀족적인 진정한 이름 즉 대학과 학위를 보증해 주는 독특한 권력이다.[236]

국가는 상징자본의 중앙은행이다! 피에르 부르디외가 왜 교육사회학의 왕인지를 알 수 있게 해 주는 구절이다. 한국 교육이 겪고 있는 지옥은 상징자본의 신용경색 때문이다. 한국 교육은 뇌경색을 일으켜서 매년 쓰러진다. 부르디외는 문화자본 개념으로 유명해진 학자다. 학위와 자격증도 돈과 같은 역할을 하기 때문에 문화'자본'이라고 명명했다. 학벌사회인 한국에서 학위를 이보다 더 정확하게 묘사하는 말은 없다. 학벌은 곧 돈(자본)이다. 이것은 직장에 취직할 때도 유리하고 결혼할 때도 유리하고 인맥

236 Pierre Bourdieu, "Concluding Remarks: For a Sociogenetic Understanding of Intellectual Works", in C. Calhoun, E. LiPuma&M. Postone (Eds.), *Bourdieu: Critical Perspectives*, Chicago: University of Chicago Press, 1993, pp. 267~268.

을 쌓을 때도 유리하다. 따라서 한국인 모두가 서울대 학위라는 문화자본, 곧 돈을 원한다. 상징자본은 사회적으로 승인된 문화자본을 일컫는다. 즉 고급스러운 문화자본이다.

돈이 부족하고 메마르면 중앙은행은 어떻게 해야 하나? 돈을 찍어 내야 한다. 서울대 학위의 양적 완화는 고급스러운 문화자본(상징자본)을 찍어 내는 것을 의미한다. 비유를 들자면 상징자본의 신용경색을 해결하기 위해서 1,000원이나 5,000원 지폐가 아니라 5만 원 지폐인 서울대 학위를 찍어 내야 한다. 상징자본의 양적 완화는 고급스러운 학위를 찍어 내서 그 가치를 떨어뜨리는 데 목적이 있다.

경제가 어려울 때 양적 완화를 해야 기업이 돈을 빌려서 일자리를 만들고 고용을 창출한다. 돈이 돌아야 투자가 늘어나고 소비가 늘어난다. 돈이 부족하면 경제활동이 둔화되거나 멈춘다. 따라서 현대 경제학에서는 중앙은행에서 계속 돈을 찍어 내고 정부는 2% 내외의 인플레이션을 의도적으로 유도한다.

돈이 필요한데 돈을 찍어 내지 않으면 어떻게 되는가? 경제가 망한다. 현대 경제구조에서 돈을 찍어 내지 않은 정부는 없다. 적당한 수준의 인플레이션이 있어야만 경제가 성장한다. 경제학에서의 기초적인 상식이다.

서울대 학위라는 상징자본은 누구나 원한다. 상징자본은 사회적으로 높이 승인된 문화자본이다. 지방대 학위는 문화자본이지만 사회적으로 높이 승인된 것이 아니기 때문에 상징자본이 아니다. 서울대 학위를 내세울 수 있지만 지방대 학위를 내세우는 사람은 대단히 드물다.

서울대 10개를 만드는 것은 서울대 학위의 양적 완화 정책이다. 왜냐하면 서울대 학위라는 돈이 너무나 희귀하고 가치 있어서 가격은 천정부지로 오른다. 독일이나 핀란드에서 특정 대학의 학위를 위해 목을 매는가? 우리가 1장의 이론 부분에서 배웠듯이 지위권력의 가치를 최대한 낮추어야 지대 추구 행위가 사라지고 지대 사회가 사라진다. 한국은 학벌에 의한 상징적 지대 사회Symbolic Rent Society다. 직장에 취직할 때, 결혼할 때, 하물며 드라마 주인공이 어떤 학벌을 가져야 하는지를 작가가 고민할 때도 서울대 학벌이 필요하다.

상징자본의 양적 완화 정책을 쓰는 것은 자명하다. 서울대 학위의 가치를 떨어뜨리기 위한 것이다. 돈이 너무 흔하면 가치는 떨어진다. 서울대 학위라는 상징자본을 찍어 내면 학벌의 가치는 땅에 떨어지고 학문의 가치는 올라간다. 양적 완화의 효과를 코로나 대위기 시대에 우리는 목도하고 있지 않나. 현금이라는 돈의 가치가 떨어지기 때문에 부동산과 주식이라는 자산 가치가 올라간다.

부르디외가 '국가는 상징자본의 중앙은행이다'라고 말한 것은 국가가 이 상징자본을 승인할 수 있는 힘(권력)이 있다는 뜻이다. 아무나 가치 있는 돈을 찍어 내는 것은 아니다. 국가권력이 있어야 한다. 코인들을 보자. 코인 수천 종이 나왔지만 실질적으로 쓰레기나 마찬가지다. 아무 가치가 없다. 왜냐하면 국가라는 권력이 승인해 주지 않았기 때문이다. 따라서 서울대 10개를 만들고 똑같이 서울대 학위를 주면 서울대 학위라는 돈의 가치는 곤두박질친다.

문제는 서울대라는 이름으로 통일되지 않고 한국대라는 이름으로 나머지 9개의 대학이 만들어질 때이다. 한꺼번에 서울대 학위의 양적 완화가 일어나지 않겠지만 명문대 학위의 숫자가 늘어남으로써 명문대 학위의 가치가 떨어지는 효과를 지닌다. 하지만 시간이 좀 더 오래 걸릴 것이다. 빨리 시작하면 시작할수록 유리하다. 왜냐하면 대학이라는 인프라 권력은 시간이 지날수록 계속해서 누적된다. 명문대 학위라는 돈(상징자본)의 가치도 계속해서 상승한다. 누구나 대학에 가는 대학의 보편화가 20세기 후반과 21세기 초반에 실현되었기 때문에 명문대의 학위 가치는 갈수록 올라간다. 한국과 같이 명문대 학위의 신용경색을 국가가 나서서 풀지 못하면 명문대를 향한 지위경쟁이 더욱 가속화되며 교육체제는 마비된다. 한국 교육이 서울대 학위의 신용경색에서 벗어날 수 있도록 서울대 10개를 만들어 서울대 학위를 찍어 내야 한다.

파리고등사범에서 PSL 대학으로: 대학의 통폐합과 특성화를 단행하라

대학의 통폐합, 구조조정, 특성화는 전 세계적으로 일어나는 현상이다. 학령인구의 감소, 대학경쟁력의 저하, 지식경제의 전면화와 노동시장의 변화, 지역경제의 악화, 사회적 양극화 등의 문제로 각국의 중앙정부와 지방정부는 대학의 통폐합과 구조조정을 단행하고 있다.

프랑스 대학들은 그랑제콜의 과도한 투자로 인하여 경쟁력을 상실해 왔을 뿐만 아니라 "경영난, 재정 부족, 중도탈락 학생 증가, 연구역량의 부실과 빈곤"이라는 만성적 문제에 직면하게 되었다.[237] 프랑스 대학 관계자들은 또한 세계대학랭킹에 오래전부터 집착했다. 프랑스 교육 당국은 위기감을 강하게 느꼈고 2013년 프랑스 대학들의 연합과 통합을 위한 법령을 만들었다.[238] 대학들의 연구력과 규모가 중요한데 대학들 간의 통합을 통해 덩치를 키우는 것이 대학랭킹을 올리는 가장 좋은 방법이었다.

예를 들어 파리-샤클레 대학교는 고등교육기관 7개와 연구기관 7개가 참여하여 만든 대학이다. 이 대학은 ARWU에 존재하지 않다가 2020년에는 세계 14위에 오르는 기염을 토했다. 프랑스 대학이 이 랭킹 20위 안에 든 것은 사상 처음이었다. 소르본 대학교Sorbonne Universite는 국립교수법연

237 조옥경, 앞의 책, 148쪽.

238 조옥경, 앞의 책, 149쪽.

구센터, 콩피엔느 공과대학교, INSEAD(세계적인 비즈니스 스쿨), 파리 블로뉴-빌랑쿠르 예술교육중심대학, 국립자연사박물관이라는 5개의 기관이 연합하여 2010년대 중반에 만들어졌다. 이 대학은 ARWU에 2018년 36위로 단번에 진입하여 2021년에는 35위를 기록했다. PSL 대학교는 파리에 위치한 그랑제콜들이 연합한 대학이다. 파리고등사범, 파리 국립광업학교, 프랑스 국립고문서학교, 콜레주 드 프랑스 등이 연합하여 만들었다. 이 대학은 2020년 ARWU에 단번에 세계 36위 대학으로 등극했다. 프랑스 대학과 정부의 대학 덩치 불리기 전략이 제대로 통했다.

대학 간의 연합과 통합은 재정난, 인구절벽, 경쟁력 강화, 대학의 영향력 확대 등을 위해 전 세계적으로 벌어지고 있다. 일본 도쿄의 네 개 대학은 제2의 도쿄대를 꿈꾸며 대학연합체제 결성을 2019년 결의했다. 미국에서 대학 통폐합에 가장 적극적으로 나선 곳은 조지아주였는데 2011년부터 2017년까지 총 9번의 통폐합을 거쳐 35개 대학을 26개로 줄이고 연구중심대학 4개, 종합대학 4개, 주립교육대학 9개, 주립전문대학 9개로 기능을 분화하고 특성화를 단행했다.[239] 이처럼 대학의 통폐합과 구조조정은 급변하는 시대에 대한 대응으로 전 세계적인 현상이다.

서울대 10개를 전국에 만들고 이를 통합하는 것은 국가적 기획이다. 한국에서도 다양한 종류의 대학 연계, 협력, 통합이 지역 단위로 이루어졌다. 가령 경북대와 상주대는 2007년 경북대로 통합되었는데, 경북대 상주캠퍼스의 여러 학과가 대구 캠퍼스로 옮겨지는 바람에 통합 10년 후에 상주 캠퍼스의 학생 수가 33% 정도 줄어들었다. 학생이 줄어듦으로써 상주의 지역경제가 타격을 받았으며 일부 시민들은 통합을 되돌리자는 주장까지 하고 있다.[240] 두 캠퍼스 간 인원 조정이라는 것이 일종의 제로섬 게임이기 때문에 여러 자원은 공유할 수 있으나 학생들이 대구라는 대도시에서 공부하기를 원하기 때문에 상주 캠퍼스의 공동화는 예측 가능했다. 이런 우려에 대비해 상주 캠퍼스에 대한 집중적인 투자 등 정책적인 수단을 통해서 활성화했어야 했다. 이 사례는 통폐합이나 구조조정이 일어날 때 상대적으로 열악한 위치에 있는 캠퍼스나 지역에 대한 집중적인 투자가 필요하다는 점을 일깨워 준다.

최근에 가장 눈에 띄는 지방대들 사이의 통합은 국립경상대와 경남과학기술대학교의 통합이다. 2021년 국무회의를 통해 최종 마무리된 이 안은 거점국립대 규모에서 최하위에 속했던 경상대를 규모 3위의 학교로 단숨에 만들었다.[241] 이름도 국립경상대학교에서 경상국립대학교 Gyeongsang National University, GNU로 바꾸었다. 입학 정원을 줄이지 않고 그대로 유지하여 2022년부터는 4,313명이 경상국립대학교에 입학하게 된다. 이 두 대학의 통폐합은 행정비용을 감소시키며 운영 효율성을 높이는 동시에 대학 특성화에 맞게 구조조정을 단행함으로써 대학 통폐합의 좋은 모델이 될 것으로 기대한다.

그렇다면 여기서 중요한 문제가 제기된다. 전국의 학생들과 학부모들은 2022년 통합된 경상국립대학교에 더 많이 관심을 보이며 지원을 할 것인가? 이 책을 읽는 독자 중 이 두 대학이 통합되었다는 소식을 처음 듣는 사람들도 많을 것이다. 아무리 통폐합을 해도 지방대는 지방대다. 우리는 전국적인 명성을 가진 서울대 수준의 10개 대학을 만들기를 원하지, 몇몇 지방대의 통폐합을 원하는 것이 아니다. 경상국립대학교의 통폐합은 아주 잘한 일이지만 이것이 전국적인 파급효과를 가져오지는 못한다. 이것은 지방국도 2개를 통합한 것이니, 지방국도들 사이에서의 효율성이 높아지겠지만 SKY를 향한 병목현상에는 어떠한 영향도 줄 수 없다.

239 조옥경, 앞의 책, 128~129쪽.

240 매일신문, "상주대-경주대 통합 '빈깡통'… 다시 분리하자", 2017년 9월 9일.

241 한국경제, "경상대학교·경남과학기술대학교 통합, '경상국립대학교' 3월 1일 출범", 2021년 2월 23일.

따라서 통합된 경상국립대가 서울대 수준이 되기 위해서는 앞에 제시된 서울대 또는 한국대로의 이름 변경, 정부의 3,600억 원가량의 추가 예산 지원, 교수진의 연구비 확보와 사활을 건 노력 등이 필요하다. 이렇게 된다면 경상대는 국가대표 이미지를 가지고 1조 원대의 학교로 성장하여 10여 년이 지나면 연고대 수준의 대학이 될 가능성이 크다.

〈표 8-2〉 2020학년도 10개 거점국립대학 모집 정원(단위: 명)

구분	서울대	강원대	경북대	부산대	전남대	전북대
입학 정원	3,361	4,490	4,648	4,250	3,886	3,825
구분	**충남대**	**충북대**	**경상대**	**제주대**		**계**
입학 정원	3,430	2,742	3,023	2,070		**35,725**

〈표 8-3〉 2020학년도 12개 지역국립대학 입학 정원(단위: 명)

구분	강릉원주대	경남과기대	공주대	군산대	금오공대	목포대	부경대
입학 정원	1,938	1,302	3,066	1,865	1,326	1,680	3,592
구분	**서울과기대**	**순천대**	**안동대**	**한경대**	**한밭대**		**계**
입학 정원	2,302	1,745	1,546	1,370	2,178		**23,910**

경상대의 통합은 다른 거점국립대가 서울대 수준의 대학으로 발전시킬 때 눈여겨보아야 할 좋은 사례다. 통폐합을 통해서 학교의 규모를 단숨에 키울 수 있어서 학문의 양을 확보할 수 있다. 따라서 나는 처음부터 9개의 지역거점국립대와 12개의 지역국립대학 통합을 제안한다. 〈표 8-2〉와 〈표 8-3〉은 2020년 기준 거점국립대학과 지역국립대학의 입학 정원이다. 2020년 기준 4년제 일반대학의 총 입학 정원은 31만 6,170명이다. 따라서

서울대 수준이 될 거점국립대의 입학 정원은 전체 일반대학 정원의 11.2%가 된다. 이는 사걱세의 지적처럼 여전히 소수의 입학 정원이라 입시지옥이 해소될지 의문을 제기하는 사람들이 있다. 만약 거점국립대학과 지역국립대학이 통합을 한다면 이는 전체 일반대학 입학 정원의 18.9%가 된다. 이렇게 된다면 일반대학 입학생의 약 5명 중 1명이 서울대 수준의 대학에 입학하게 되어 대학병목과 공간병목을 일시에 제거할 수 있다.

경상대와 경남과학기술대가 통합했듯이 부산의 국립대인 부산대와 부경대가 통합하여 정부가 3,600억 원의 추가 지원을 하고 이름을 서울대나 한국대로 바꾼다면 순식간에 연고대 수준의 대학이 된다. 따라서 지역 대학의 통폐합은 빠른 시간 내에 지방거점국립대학교를 SKY 수준의 대학으로 만드는 데 결정적인 역할을 한다. 지역 대학의 통폐합은 지역 정치인, 지역 주민들, 지역 대학들이 합심한다면 경상대와 같이 얼마든지 실현 가능하다. 이에 중앙정부가 나서서 적극적으로 지원한다면 비교적 쉽게 통합을 이룰 수 있다.

서울대를 제외한 서울의 명문대는 연세대, 고려대, 서강대, 성균관대, 한양대, 중앙대, 경희대, 한국외대, 서울시립대, 이화여대로 통상 인식된다. 이 10개 대학의 입학 정원은 2020년 기준 3만 803명으로 일반대학 입학 정원의 9.7%다. 이 숫자를 앞의 18.9%와 합치면 명문대라고 일컬어지는 대학에 입학할 수 있는 확률은 28.6%가 된다. 이렇게 된다면 사걱세 등이 걱정하는 입시경쟁은 급격하게 완화된다. 지위경쟁을 향한 교육적 무기 전쟁은 급격히 완하되고 사교육비 부담은 줄어들고 대학의 창조권력은 상승하게 된다.

여기서 처음부터 서울대 수준의 대학을 지방에 만들 때 국립대와 사립대 사이 결합의 가능성을 열어 두는 것이 좋다. 경상대와 경남과학기술대는 국립대들이라서 그나마 통합이 쉽게 일어날 수 있었다. 국립대와 사립대의 통합은 좀 더 어려운 법적, 제도적 과정을 거치겠지만 만약 해당 대학

구성원들이 전적으로 동의한다면 불가능한 것도 아니다. 가령 전남대는 국립이고 조선대는 공영형 사립대를 원하는 사립대학교다. 전남대와 조선대 구성원들이 통합에 동의하고, 정부가 3,600억 원 이상의 추가 지원을 하며, 이름을 서울대나 한국대로 바꾸고, 두 대학의 교수진과 구성원들이 노력을 경주한다면 단번에 연고대 수준의 대학으로 발전할 가능성이 크다. 여기에 덧붙여 광주과학기술원도 같이 통합을 한다면 금상첨화다. 왜냐하면 대학의 사이즈가 명문 대학으로 가는 데 중요하기 때문이다. 광주지역의 대학들은 통폐합을 통해 서울대 수준의 대학으로 키우는 방안을 고민할 필요가 있다. 이렇게 사립대 몇 개만 참여해도 서울대 수준의 대학에 입학하는 학생들은 20%를 훌쩍 넘게 되고 전체적인 대학병목과 공간병목은 사라지게 된다.

미래 10개의 서울대는 대학 통폐합과 함께 특성화를 단행해야 한다. 특성화는 그 대학이 가장 잘하는 분야이며 그 대학의 '필살기'다. 라이너스 폴링은 새로 이름을 바꾼 칼텍의 화학과에 세계적인 명성을 가진 교수와 실험실이 있다는 것을 알고 입학했다. 칼텍의 필살기 중 하나가 '화학'이었다.

특성화는 그 대학이 전국에서 또는 세계에서 가장 유명하고 높은 수준의 전문성을 갖춘 분야를 일컫는다. 대학의 학문 분야는 너무나 많기 때문에 모든 분야를 모두 잘하기는 대단히 어렵다. 가령 프린스턴 대학교는 법학전문대학원Law School이 없는 걸로 유명하다. 한국 같았으면 법조인을 배출하기 위해서 로스쿨을 만들었을 텐데 말이다. UC 버클리는 의대가 없다. UC 샌프란시스코는 의대를 특화하여 의학과 생명공학 분야에서 세계 최고의 명성을 얻었다. 특성화는 학교의 철학, 비전, 전략과 맞닿아 있다. 한국 대학의 문제점은 특성화가 잘 이루어져 있지 않다는 점이다. 서울대의 거의 모든 학과는 나머지 거점국립대 9개 대학의 거의 모든 학과보다 우위에 있다. 다원체제의 미국이나 평준화체제의 유럽은 특성화로 대학을 발전시킨다. 대학서열은 특성화를 방해한다. 왜냐하면 자기가 공부하고 싶은 학문이 발전된 특성화된 대학과 학과에 가지 않고 학벌에 따라서 진학하기 때문이다.

나의 경험을 이야기해 보자. 내가 근무하는 대학의 사회학과는 과학기술사회학으로 유명하고 여러 명의 SKY 출신 학생들이 내가 재직하는 사회학과의 대학원에 진학의 뜻을 내비쳤으나 그들은 모두 SKY 대학원으로 진학했다. 나도 그들이 이해된다. 그들은 학문이 아니라 학벌을 택했다. 나는 그 이후에 그들의 이력을 추적해 보았는데 학문적 성과라는 것은 별것이 없었다. 그들은 칼텍이라는 신생 대학이었음에도 학벌이 아니라 학문을 선택하여 노벨상을 수상한 라이너스 폴링이 아니었다. 이처럼 학벌체제는 학문의 특성화를 방해하고 학생들이 학문이 아니라 학벌이라는 잘못된 선택을 하게 만든다.

서울대 10개를 만들 때 10개 캠퍼스 사이에서의 특성화가 조화롭게 이루어져야 한다. 그 분야에서 현재 가장 유망하고 전망이 좋은 학과를 집중적으로 키우는 것이 요구된다. 가령 캘리포니아대학체제에서 UC 샌프란시스코는 의학과 생명공학, UCLA는 대기과학, 수학, 심리학, 법학, 사회학, UC 어바인은 신경과학, UC 샌디에이고는 해양학, 지구학, UC 버클리는 물리학, 화학, 컴퓨터공학, 생태학, 통계학, 사회학 등이 특성화되어 있다. 각 캠퍼스의 자율성은 인정하되 학문 인프라 구축에 예산이 많이 들어가는 분야는 한 캠퍼스에 선택과 집중을 하는 방식이 전체 대학 시스템을 위해서 효율적이다.

경북대는 재료공학, 컴퓨터공학, 수의학, 화공 등이 우수한 분야이고, 전남대는 에너지공학, 나노공학, 식품공학 등이 우수하며, 부산대는 해양공학, 호텔관광학, 대기과학, 치의학 등이 우수하며, 전북대는 수의대, 재료공학, 치의학 등이 유명하다. 통폐합을 할 때 통상 소도시나 지방은 이공계열에 집중하는 것이 바람직하고 인문사회계열은 대도시에 위치한 대학으로 옮기는 것이 낫다. 미국 중부의 대학들이 동부의 명문 대학들과 차별화하기 위해 이공계열 분야를 집중적으로 발전시킨 것은 아주 좋은 예가 될 것이다. 하지만 각 캠퍼스의 학문적 역사와 전통, 교수진의 학문적 역량과 발전 가능성, 학과의 규모 등을 종합적으로 고려하여 특성화와 구조조정이 이루어져야 할 것이다.

나파 밸리, 실리콘 밸리, 소렌토 밸리: 탁월한 산학관 네트워크를 만들어라

> 나파 밸리Napa Valley에서 UC 데이비스의 중요성은 나파 밸리에서 와인 제조업자로 일하는 UC 데이비스 졸업생의 높은 비율로 알 수 있다. (중략) (나파 밸리 사람들을 대상으로 한 조사에서) 231명 중 180명의 와인 제조업자가 UC 데이비스를 졸업했다고 말했다. 그다음으로 큰 숫자는 보르도 대학 졸업생이 14명, 캘리포니아주립대-프레즈노 졸업생이 9명이었다. 분명히 UC 데이비스 졸업생들은 적어도 한 세대 동안 나파 밸리의 와인 생산을 지배하고 있었다.[242]

캘리포니아의 대학들은 실리콘 밸리의 대성공뿐만 아니라 나파 밸리의 대성공에도 혁혁한 기여를 했다. 나파 밸리에서 동쪽으로 72km 떨어진 UC 데이비스의 필살기(특성화)는 재료공학도 물리학도 아닌 와인제조학이었다. 나파 밸리의 와인 산업 선구자 로버트 몬다비Robert Mondavi는 UC 데이비스 교수들이 집필한 『와인 제조의 기술』을 그의 성경이라고 불렀다.

1976년 파리의 와인 평가에서 나파 밸리의 와인이 프랑스 와인을 누른 것은 전 세계 와인 애호가들에게 큰 충격이었다. 결과적으로 캘리포니아 나

242 James Lapsley and Daniel Sumner, "'We Are Both Hosts': Napa Valley, UC Davis, and the Search for Quality", in *Public Universities and Regional Growth*, Martin Kenney and David Mowery (Eds.), Stanford: Stanford University Press, 2014, p. 204.

파 밸리는 미국 내에서 전국적인 명성을 얻었다. 나파 밸리의 와인은 미국의 대표 와인이 되었으며 전국에서 많은 사람들이 다양한 이유로 나파 밸리의 와인 농장을 샀다. 1982년에는 나파 밸리와 소노마 밸리의 크리스티안 브라더스 와이너리, 로버트 몬다비 와이너리, 스털링 와이너리, 베링거 와이너리 등의 주인들은 '북부해안 와인 제조 연구회'를 결성하고 UC 데이비스 와인제조학 교수들에게 대규모 연구비를 지원하기 시작했다.[243] 이 학과의 교수들과 학생들은 와인을 위한 과학을 실행했고 그들은 와인 제조에 대한 체계적인 기법들을 개발하기 시작했다.

1983년 나파 밸리를 뒤덮은 충격적인 사건이 발생한다. 포도 생산량이 줄어들었지만 정확한 이유를 몰랐던 와이너리들은 와인제조학자들에게 원인을 밝혀 달라고 요청했다. 모두를 놀라게 했던 것은 필록세라 해충이 광범위하게 RXRI라는 포도품종에 퍼졌고 이 해충을 막을 뾰족한 수를 발견하지 못했다. 1970년대 미국의 와인 붐은 화이트 와인이었는데 이 해충 사건으로 나파 밸리의 와이너리들은 포도나무를 다른 종으로 바꾸어야 했다. 카베르네 쇼비뇽 품종의 포도나무들이 1980년대에 RXRI를 대체했는데 이는 1990년대의 레드 와인의 유행에 힘입어 나파 밸리의 와인 제조업자들에게 더 큰 수익을 올려주었다. 레드 와인의 질을 높이기 위한 다양한 연구들이 진행되었고 이 연구들의 실제적인 적용은 UC 데이비스 졸업생들에 의해 이루어졌다. 포도 농장에 취직한 졸업생들은 와인의 질을 높이기 위해서 와인제조학과 교수들에게 연락했고 이들은 협력하여 나파 밸리의 와인을 세계 최고의 와인으로 만드는 데 성공했다. 나파 밸리와 소노마 밸리의 와인을 선두로 하여 캘리포니아 와인은 2021년 기준 51조 원(43.6 Billion Dollars)의 매출을 기록하며 캘리포니아 경제에 엄청난 기여를 하고 있다.[244]

UC 버클리는 스탠퍼드만큼은 아니겠지만 실리콘 밸리를 만드는 데 결정적인 역할을 했다. 인텔의 공동창립자이자 무어의 법칙으로 유명한 고든 무어는 버클리에서 화학을 전공하고 칼텍에서 박사학위를 받았다. 쇼클리가 세운 반도체 회사를 뛰쳐나온 '배신자 8'인 중 한 명이었던 그는 1968년 인텔을 창립하고 세계 최고의 반도체 회사로 성장시켰다. 무어는 버클리 연구팀과 협력하여 초기 반도체 시장의 기술 개발을 주도했다. 버클리 연구팀은 인텔뿐만 아니라 IBM, 휴렛팩커드, 벨 연구소 등과 협력했고 헤아릴 수 없는 석사와 박사학위를 받은 인재들을 실리콘 밸리의 반도체 회사로 보냈다.

버클리는 1962년에 집적 회로 연구소Integrated Circuits Laboratory를 세계 최초로 세우고 페어차일드 반도체와 손잡고 반도체 기술의 혁신을 이끌었다. 버클리의 반도체 기술을 이끌었던 세 사람은 피더슨Donald Pederson, 모턴Paul Morton, 에버하트Thomas Everhart였는데 이들의 박사 학생들은 실리콘 밸리의 거의 모든 반도체 회사에 들어가 기술혁신을 이끌었다. 버클리의 반도체 기술자들은 새로운 영역에 도전했으며 금속 산화막 반도체Metal-Oxide Semiconductor, MOS 분야와 마이크로칩 소프트웨어 분야를 개척하는 데 혁혁한 기여를 했다.[245]

캘리포니아는 세계 반도체 산업의 중심이었지만 1980년대 일본의 거센 추격을 받았다. 당시 캘리포니아 주지사였던 제프 브라운은 '마이크로MICRO'라는 반도체 지원 프로그램을 만들어 UC 버클리, UCLA, UC 산타바바라의 반도체 과학자들에게 막대한 연구비를 지원했다.[246] 이 대학들

243 James Lapsley and Daniel Sumner, 위의 글, p. 198.

244 https://discovercaliforniawines.com/media-trade/statistics/

245 Christophe Lécuyer, "Semiconductor Innovation and Entrepreneurship at Three University of California Campuses", in *Public Universities and Regional Growth*, Martin Kenney and David Mowery (Eds.), Stanford: Stanford University Press, 2014, p. 25.

246 Christophe Lécuyer, 위의 글, 31쪽.

에서 반도체 기술에 대한 혁신적인 연구들이 이루어졌고 실리콘 밸리의 성장을 가속화시켰다. 제프 브라운의 정치력과 '마이크로' 프로그램은 산업-대학-정부(산학관)의 트리플 힐릭스Triple Helix의 대표적인 성공 사례다. 산학관 연계의 중요성은 2차 대전 이후 2차 대학혁명과 연관된다.[247]

1차 대학혁명은 19세기 독일의 연구중심대학에서 일어났다. 연구와 교육을 통합하고 연구 실적을 앞세우는 분위기가 역사상 처음으로 만들어졌다. 이전의 대학은 상류층을 위한 교양교육을 담당하는 곳이었다. 미국의 대학들은 독일의 연구중심대학을 모델로 삼아 미국 대학을 건설했다. 미국에서는 19세기 중반까지만 해도 4년제의 학사학위만 수여했다. 즉 석사와 박사과정이 없는 교양교육에 중점을 둔 곳이었다. 독일에 유학했던 많은 학자들이 독일 대학의 우수성을 알아챘고 그대로 미국에 수입했다. 이렇게 해서 20세기 초반부터 미국 대학들은 연구중심대학으로 탈바꿈했으며 세계 1, 2차 대전을 거치면서 미 연방정부로부터 막대한 연구비를 받으면서 세계적인 대학들로 부상했다. 2차 대전 이후 유럽 대학은 완전히 망가진 상태였다. 독일 대학 28개 중 3개만이 온전했고 나머지는 부분적으로 또는 전면적으로 파괴되었다. 미국 대학이 완전하게 유럽으로부터 헤게모니를 빼앗아 오는 순간이었다.

2차 대학혁명은 20세기 후반에 일어났다. 2차 세계대전을 전후로 상상을 초월하는 규모와 예산의 '거대 과학Big Science'이 일어나고 이는 미국 대학이 주도했다. 1957년 미국 대학과 과학계는 스푸트니크 충격에 빠졌고 미 연방정부는 대학과 과학에 대대적으로 투자했다. 1958년과 1968년 사이의 미 연방정부의 대학에 대한 지원은 약 7배 증가했다. 1960년대는 미국 대학의 황금기였다. 하지만 1970년대 경기 침체, 오일쇼크, 베트남전 반대로 인한 미 군대에 대한 대학의 비판 등으로 미국 대학들은 재정적으로 휘청거렸다. 이때 돌파구를 마련한 것이 대학과 산업의 긴밀한 연계였다.

스탠퍼드 대학교와 실리콘 밸리의 동시 성장은 산학연 협력의 대표적인 사례로 항상 회자된다. 재정적 어려움을 겪게 된 스탠퍼드는 1970년에 기술면허국Office of Technology Licensing을 만들고 기술과 특허를 팔아서 대학 재정을 충당하기 시작했다. 대학들이 재정적인 어려움을 돌파하기 위해 미 연방정부는 1980년에 대학들이 연구비로 개발된 대학의 특허를 기업에 팔 수 있는 바이어-돌 법안을 통과시켰다. 이 법안은 상당한 논쟁을 불러일으켰는데 비판자들은 대학이 상업화되는 것을 우려했고 찬성론자들은 대학의 혁신을 위해 기업과의 연계가 필요하다고 주장했다. 이런 논쟁은 여전히 진행 중이지만 대학-기업-정부와의 긴밀한 연계는 하나의 실행적 규범이 되었다.

앞서도 보았듯이 스탠퍼드는 세계 최초로 연구산업단지를 만들었고 졸업생들은 휴렛팩커드, 야후, 구글, 선 마이크로시스템스, 실리콘 그래픽스 등 세계적인 기업들을 직접 창업했다. 실리콘 밸리의 아버지라고 불리는 쇼클리는 스탠퍼드 대학교 교수였으며 그가 모은 사람들은 추후에 인텔 등의 회사를 65개나 설립했다. 스탠퍼드는 성공적인 대학-산업 연계의 대표적인 모델이 되었다.

삼성의 CDMACode Division Multiple Access 기술을 공급하는 퀄컴Qualcomm의 창립자는 UC 샌디에이고의 교수였던 어윈 제이콥스Irwin Jacobs였다. 샌디에이고는 2차 세계대전 당시 군사과학이 발전했고 해군의 통신기술을 개발하는 데 전념했다. 스크립스 해양 연구소Scripps Instution of Oceanography는 캘리포니아대학 소속으로 2차 대전과 냉전 시기 중요한 기술 개발에 참여하여 국방기술과 항공기술의 프런티어가 되었다. 스크립스 연구소는 로

247 Laura Schultz, "University Industry Government Collaboration for Economic Growth", in *Universities and Colleges as Economic Drivers*, Jason Lane and Bruce Johnstone (Eds.), Albany: State University of New York Press, 2012, pp. 129~162.

저 레벨Roger Revelle이 이끌고 있었고, 그는 캘리포니아대학 총장인 클라크 커어와 로버트 스프라울을 설득하여 1960년 UC 샌디에이고를 새롭게 만드는 데 성공했다.[248] UC 샌디에이고는 캘리포니아 남쪽의 버클리를 꿈꾸었고 생물학, 화학, 수학, 물리학 분야의 세계적인 학과를 세우려고 뛰어난 과학자들을 영입했다. 상당수는 미 국방부 연구를 수행했던 과학자들이었고 그중 영입된 사람이 퀄컴을 창립한 제이콥스였다.

UC 샌디에이고는 1964년까지 공대가 없는 학교였다. 공대를 발전시키기 위해 1965년 코넬 대학교의 통신기술 전문가인 헨리 부커Henry Booker를 영입했고 부커는 당시 MIT 교수였던 어윈 제이콥스를 UC 샌디에이고 공대 교수로 영입했다. 제이콥스는 UC 샌디에이고 공대에서 5년간 근무하다 1971년 링카비트Linkabit라는 통신기술회사를 세웠다.[249] 이 회사에 근무했던 수많은 사람이 샌디에이고 지역에 자신들의 또 다른 통신기술회사를 세웠다.

제이콥스는 1985년 퀄컴을 세웠고 이 회사의 무선통신기술의 대성공은 대규모의 인재를 필요로 했다. UC 샌디에이고는 공대 내에 무선통신연구센터를 세우고 수천 명의 박사와 석사를 배출하며 샌디에이고 지역의 통신기술회사에 취직시켰다. 이 연구센터는 LG, 에릭슨, 미쓰비시, 노키아 지멘스 네트워크 등의 회사들로부터 연구 수주를 받았고 세계 최고의 무선통신연구센터가 되었다.

퀄컴은 UC 샌디에이고에서 동쪽으로 6킬리미터 떨어진 소렌토 밸리Sorrento Valley에 본사를 세웠고 그 주위로 수십 개의 협력 통신업체들이 세워졌다. 캘리포니아 주지사 그레이 데이비스는 2000년에 1,200억 원가량을 무선통신기술에 투자했고 산업체들은 대응 연구펀드에 2,400억 원가량을 투자했다. 이는 UC 샌디에이고-무선통신기술회사-캘리포니아주로 이루어진 탁월한 산학관 네트워크의 형성을 가속화시켰다. UC 샌디에이고의 졸업생들은 비아샛ViaSat, 프라이머리 액세스Primary Access, 컴퀘스트

CommQuest, 에어파이버AirFiber 등의 세계적인 회사들을 잇달아 세웠으며 소렌토 밸리와 샌디에이고는 무선통신기술의 세계적인 중심이 되었다. 250 제이콥스는 약 1,500억 원을 UC 샌디에이고에 기부했고 이 대학은 그의 공헌을 높이 받들어 기존의 공대 이름을 제이콥스 공대로 바꾸었다.

나파 밸리, 실리콘 밸리, 소렌토 밸리의 교훈은 창조권력으로서의 대학의 역할을 잘 보여 준다. 연구중심대학을 목표로 하는 서울대 10개로 구성된 대학통합네트워크는 산업과 정부와 긴밀하게 연결되어 일자리를 창조해야 한다. 피에르 부르디외가 말하듯 국가에도 오른쪽과 왼쪽이 있다. 251 경제와 국방이 우파의 영역이라면, 복지와 의료는 좌파의 영역이다. 교육은 오른쪽이기도 하고 왼쪽이기도 하다. 왜냐하면 교육은 지식경제에서 경제와 국방의 기초일 뿐만 아니라 삶의 기회와 사회적 평등의 보루이기 때문이다. 창조권력으로서의 10개의 서울대는 오른쪽과 왼쪽을 뛰어넘어 새로운 산업을 만들고 일자리를 창출해야 한다. 그래야만 전 국민적인 지지를 받을 수 있고 지역경제를 살릴 수 있기 때문이다.

한국은 지난 20여 년 동안 지역혁신 시스템Regional Innovation System, RIS을 만들기 위해 노력했으며 이는 광범위한 대학, 기업, 연구소를 연결시키려는 시도였다. 무엇보다 지역혁신은 "지방 발전과 과학기술이라는 두 가지 서로 다른 개념이 연계되어 발현된 개념"이다. 252 외국의 사례에서는

248 Mary Walshok and Joel West, "Serendipity and Symbiosis: UCSD and the Local Wireless Industry", in *Public Universities and Regional Growth*, Martin Kenney and David Mowery (Eds.), Stanford: Stanford University Press, 2014, p. 130.

249 Mary Walshok and Joel West, 위의 글, p. 140.

250 Mary Walshok and Joel West, 위의 글, p. 141.

251 김종영, "'교육 대통령' 후보는 왜 없는가?", 서울신문, 2021년 8월 17일 자 칼럼에서 이 구절들을 가져왔다.

대학을 중심으로 한 지역혁신의 사례가 많은 반면, 한국은 기업이나 연구소를 중심으로 한 사례가 특징적이다. 한국 대학이 주도해서 성공한 지역혁신 사례는 찾아보기 힘든데 이는 여러 가지 이유로부터 기인한다. 우선 지방정부가 세금 재원이 부족하여 중앙정부에 의존하는 경향성이 강하다. 또한 지역의 혁신 주체들의 역량과 추진력이 약하다. 한국에서 지역혁신에 가장 성공적인 사례는 민간이 주도한 판교 테크노 밸리다. 이는 경기도, 중앙정부, IT 기업들이 모여 만든 혁신 사례다. 무엇보다 지방에 연구역량을 끌어올리고 인재를 모을 수 있는 세계적인 대학이 없다는 점이 문제다.

지역혁신의 사례는 각 지역의 맥락, 재정, 인재가 달라서 성공하기가 힘들다. 하지만 지역 발전의 핵심은 인적 자원이다. 스탠퍼드와 버클리를 중심으로 실리콘 밸리가 발전했고, UC 샌프란시스코와 UC 샌디에이고를 중심으로 글로벌 바이오 클러스터가 만들어졌으며, 케임브리지 과학연구단지를 중심으로 정보통신 및 바이오 클러스터가 형성된 사례들을 유심히 살펴볼 필요가 있다.[253]

리처드 플로리다가 말하듯 지역은 인재를 끌어모아야 하는데 서울 중심의 독점적 기회구조 때문에 인재들이 모두 서울이나 수도권으로 가 버린다. 자녀 교육과 일자리 문제도 인재를 지역에 머물지 못하게 했다. 따라서 인재를 집중적으로 모을 수 있었던 스탠퍼드/실리콘 밸리와 결정적인 차이가 존재했다. 곧 지방거점국립대는 스탠퍼드도 서울대도 아닌 무명의 대학들이었고 인재들은 이들 대학과 지역을 팽개쳤다. 한국의 실리콘 밸리는 반도체 회사들이 있는 수원과 용인이며 판교 테크노벨리는 IT 산업의 중심이 되었다. 노무현 정부 때 만들었던 혁신도시들은 주로 공기업들이 옮겨갔으나 지역경제를 활성화시키는 데 절반의 성공만을 거두었다. 혁신도시 근처에는 세계적인 대학들이 없었으며 자녀 교육과 부부의 일자리 문제로 혁신도시는 수도권을 대체할 혁신적이고 미래가 밝은 곳이 아니었다. 교육의 세계적인 중심지를 지방에 만들어 줌으로써 서울대 10개는 혁신도시의 약점을 보완하여 지역경제를 활성화시킬 것으로 기대된다. 서울대 10개가 만들어지는 지역들은 기존의 산업과의 연결뿐만 아니라 새로운 산업을 창조할 것이다.

252 석명섭·김병근·정혜진, 「키워드 네트워크 분석을 통한 지역혁신체제의 연구경향 분석」, 『한국정책학회보』 26(4), 2017, 197쪽.

253 이종호, 「지역혁신 앵커기관으로서 거점국립대의 역량 평가: 기업가적 대학의 관점에서」, 『대한지리학회지』 56(4), 2021, 372쪽.

서울대 공대 교수들의 지혜: 축적의 시간을 주어라

> 1983년 2월 8일 한국의 삼성전자가 반도체 D램 사업을 시작하겠다고 선언하자, 일본의 미쓰비시 연구소는 〈삼성이 반도체 사업에서 성공할 수 없는 5가지 이유〉라는 조롱 섞인 보고서를 발표했다. 일본이 세계 반도체 시장을 미국과 양분하던 시기를 거쳐, 1991년 일본 반도체 회사들이 세계 1~3위를 휩쓸기까지의 전성기가 시작되는 시점에 가질 수 있던 자신감의 발로였다. 그로부터 10년 뒤인 1993년 5월, 미국의 데이터퀘스트사는 통쾌한 조사 결과를 발표했다. "1992년 반도체 시장 분석 결과 D램 분야에서 삼성이 일본 도시바를 제치고 세계 1위 메이커로 올라섰다." 254

저 멀리서 조롱의 소리가 들려온다. '서울대 10개를 만들 수 없는 100가지 이유'를 쏟아 내는 지식인, 언론, 교육부, 시민들의 집단적 조롱 말이다. 당신들에게 서울대 공대 교수들의 집단지성의 산물인 『축적의 시간』을 권한다.

대학통합네트워크를 통해서 서울대 10개를 만들면 연고대가 1위 자리를 차지해서 학생들이 연고대를 선택할 가능성이 있지 않으냐는 질문을 자주 받는다. 일면 일리가 있어 보이나 이것은 입시를 중심으로 대학개혁을 바라보는 매우 편협한 시각이다. 대학통합네트워크에 속한 10개 대학과 연고대 중 학생들이 어디를 선택할지 시뮬레이션을 해 보자는 사람도 있다. 이 책은 대학개혁이 성공하려면 입시파와 결별해야 한다고 주장해 왔다. 대학개혁은 입시파의 인질이었다. 입시파는 대학을 지위권력으로만 보고 창조권력으로 보지 못하는 외눈박이 대학관을 가지고 있다. 서울대 10개 만들기는 장기적으로 지위권력의 민주화를 겨냥하는 동시에 창조권력의 다원화와 극대화를 목표로 한다.

서울대 10개를 만들면 서울대 학위의 가치가 떨어져 학생들이 서울대를 제치고 연고대를 더 선택할 가능성은 있다. 하지만 나의 대안에서는 서울대 학부를 폐지하지 않고 그대로 유지한다. 기존의 관악 캠퍼스를 손대지 않고 가만두는 것이다. 대신 다른 9개의 대학을 다니는 학생들에게 똑같이 서울대 학위 또는 한국대 학위를 주고 서울대만큼의 예산을 투자한다. 따라서 서울대 (수준) 10개로 구성된 대학통합네트워크를 선택하는 학생들이 여전히 많을 것이다. 물론 대학통합네트워크 중에서 관악 캠퍼스를 제외하고 연고대를 선택하는 학생들이 많을 수 있다. 단기적인 관점에서 학생들과 학부모의 학벌 추구에 흔들리지 말고, 장기적인 관점에서는 서울대 10개 만들기로 인하여 서울과 지방의 대학들의 상향평준화를 목표로 삼아야 한다.

지방거점국립대 9개의 이름을 바꾸고 서울대만큼의 예산을 투자하더라도 당장 이 대학들이 기존의 서울대 수준이 된다고 기대하는 것은 무리다. '듣보잡'에서 세계적인 명문이 되는 데 칼텍은 10년이 걸렸고, 스탠퍼드는 25년이 걸렸다. 9개 지방거점국립대가 국가대표 이름을 가지고 서울대만큼의 투자를 계속 받는다면 10여 년 만에 연고대 수준의 대학이 될 수

254 서울대학교 공과대학, 『축적의 시간』, 지식노마드, 2015, 8쪽.

있다. 왜냐하면 글로벌 기준으로 볼 때 우리가 생각하는 만큼 연고대가 세계적인 대학은 아니기 때문이다. 연고대가 그렇게 세계적인 대학이면 왜 그 대학의 졸업생들은 미국 유학을 가겠는가? 나의 책 『지배받는 지배자: 미국 유학과 한국 엘리트의 탄생』에서 설명했듯이 미국 대학의 격차와 한국 대학의 격차는 상상을 초월한다. 하버드와 스탠퍼드와 같은 최상위의 학교를 제외한다면 미국의 연구중심대학은 서울대 예산의 2배 내외이고 연고대 예산의 3배 내외다. 연고대가 한국에서는 좋은 대학일지 몰라도 글로벌 위상에서는 따라잡을 수 없는 대학들은 아니다. 정부가 연간 한 대학당 3,600억 원 정도를 추가로 지원하고 우수한 교수진이 정부와 산업체로부터 연구 프로젝트를 수주해 온다면 나머지 지방거점국립대도 금방 연고대 수준이 된다. 예산 격차가 그렇게 크지 않았던 1980년대를 생각해 보면 부산대와 경북대는 연고대과 비슷한 수준의 대학이었다는 점을 상기하자.

여기서 중요한 점은 입시파에 휘둘리지 않아야 한다는 점이다. 대학이 구멍가게도 아니고 어떻게 1~2년 만에 세계적인 명성을 획득하겠는가. 입시파는 당장 자식들의 대학 입학만 걱정하는 것이지 대학의 장래, 독점사회 구조, 한국 사회의 불평등 구조 따위는 관심이 없는 사람들이다.

인내하고 또 인내해야 한다. 투자하고 또 투자해야 한다. 이런 점에서 서울대 공대 교수들이 공동으로 집필한 『축적의 시간』은 새겨서 읽어볼 만한 책이다. 축적은 오랜 시행착오와 경험에서 나온다. 산업도 그렇고 대학도 그렇다. 하지만 더 중요한 것은 학문 인프라의 축적이다. 일제강점기에 한국에 대학은 경성제국대학 하나밖에 없었다. 해방 후 서울대는 경성제국대학의 인프라를 물려받았고 그 독점적 지위는 지금까지 이어지고 있다. 경성제국대학과 서울대의 인프라 독점은 계속해서 누적되었고 한국에서 누구도 넘볼 수 없는 지위권력이 되었다. 연고대도 마찬가지다. 1980년대만 해도 지방거점국립대와 비슷한 수준이었으나 이후에 예산의 격차와 서울 집중 현상으로 급격하게 차이가 나기 시작했다. 따라서 서울대 10개 만들기는 축적의 시간에 의한 '인프라 민주주의'를 실현하기 위한 기획이다. 서울대는 하루아침에 만들어지지 않았다. 따라서 서울대 10개를 만드는 데 시간이 걸린다. 그러니 기다려라, 제발!

9장

계급병목과 대학무상교육

사교육비와 계급병목

『병목사회』의 저자 조지프 피시킨은 병목을 크게 세 가지로 나눈다: 자격병목Qualification Bottleneck, 발달병목Developmental Bottleneck, 그리고 도구재병목Instrumental-Good Bottleneck.[255] 자격병목은 가치 있다고 생각되는 특정한 직업이나 지위를 갖기 위해 특별히 요구되는 학위, 자격증, 이력 등을 일컫는다. 이 책에서 문제가 되는 자격병목은 한국의 명문대 학위다.

발달병목은 자격병목과 달리 "사람들이 사회에서 제공하는 여러 경로를 추구하기 위해 필요한 중요한 능력이나 기능을 개발하고자 한다면 반드시 통과해야 하는 결정적인 발달 기회와 관련된다".[256] 가령 읽고 쓰는 능력과 기본적인 수학능력은 다음 단계의 발달 기회를 갖는 데 필수적이다. 따라서 많은 나라에서 초등교육과 일부 중등교육을 의무교육으로 정해서 모든 학생에게 발달 기회를 제공한다.

도구재병목은 기회를 추구하고 목표를 달성할 때 '도구적인 재화의 부족'을 뜻한다. 자격 기회와 발달 기회에 전형적으로 요구되는 도구재는 '돈'이다.[257] 예를 들어 초중등 사교육비와 대학등록금은 자격 기회와 발달 기회를 위해 필요한 도구재이고, 가정의 막대한 교육비 부담이 도구재병목이다. 여러 연구에서 입증된 바 이 도구재병목 때문에 부모의 경제력이 대입에 큰 영향을 미친다.

이 책의 주요 논리를 다시 생각해 보자. 나는 한국의 대학병목체제를 대학병목, 공간병목, 시험병목, 계급병목, 그리고 직업병목으로 분석적으로 구분하였다. 대학병목과 공간병목의 해소는 서울대 10개 만들기로, 시험병목은 학점제를 기반으로 한 절대평가제로, 직업병목은 탁월한 직업교육과 노동시장의 개선으로, 그리고 계급병목은 사교육비 감소와 대학무상화로 풀 수 있다. 이와 같은 종합적인 패키지를 제시했지만, 나는 최소주의자 전략에 의해서 입시제도(시험제도), 직업교육, 노동시장에 대해서는 자세하게 다루지 않았다. 이런 부분들을 모두 다 설계하는 것은 무리일 뿐 아니라 전략적으로 설득력이 떨어지기 때문이다.

그렇지만 계급병목 해소를 위해 이 장을 별도로 구성한다. 사교육비는 서울대 10개가 만들어지면 자연스럽게 줄어들겠지만 이에 대해 자세한 대책을 제시하는 것은 무리다. 다만, 대학무상교육은 학령인구의 급격한 감소로 인해 실현 가능할 뿐만 아니라 현재 유럽 선진국들 대부분이 수행하고 있다.

내가 계급병목 해소에 대학무상교육을 주장하는 또 다른 이유는 대학개혁으로 인한 혜택이 10개의 서울대에 재학하는 학생들에게만 돌아가서는 안 되기 때문이다. 대학무상화는 전국의 국공립대와 사립대에 재학하는 학생들에게 혜택을 주는 방안이다. 그러므로 서울대 10개에 정부 예산 몰아주기라는 비판을 차단하고 대학개혁의 추진을 위한 전 국민적 지지를 이끌어 내는 데 필요한 방편이다. 따라서 대학개혁의 원투펀치는 서울대 10개 만들기와 대학무상교육이다.

사교육의 가장 큰 원인은 명문대 진학을 위한 지위경쟁 때문이므로, 서울대 10개를 만들어서 대학을 상향평준화하면 사교육비는 천천히 줄어들 것이다. 사교육비에 대해 가장 많이 인용되는 논문 중 하나는 이수정의

255 조지프 피시킨, 앞의 책, 33쪽.

256 같은 쪽.

257 같은 쪽.

「명문대 중심의 대입관과 사교육비 지출 간의 관계 분석」이다. 사교육비는 공식 통계로 20조 원으로 대단히 큰 규모이며 통계로 잡히지 않는 액수까지 합치면 30~40조 원에 이른다. 사교육비가 전 국민의 문제이자 정책의 문제이기 때문에 이는 수십 년의 논쟁 역사가 있다. 고교평준화 정책으로 인한 공교육의 질 저하가 사교육의 원인이라고 주장하는 사교육 세력들은 늘 있었다. 이수정은 이런 그릇된 인식에 종지부를 찍었다.

> (이 논문의) 연구 결과는 사회경제적 배경(SES) 변인의 영향을 통제했을 때 학교교육의 질이나 성적 변인이 사교육비 지출에 미치는 영향은 미미한 수준인 데 비해 "명문대 중심의 대입관"이 미치는 영향이 매우 큰 것임을 보여 주었다. (중략) 최근 몇 년간 정치계와 언론계를 중심으로 우리 사회에 사교육비가 증가하게 된 것은 공교육의 질이 낮아졌기 때문이라는 주장이 종종 제기되어 왔다. 특히 고등학교평준화 정책이 학교교육의 질을 하락시켰고 이것이 결국 사교육의 발달을 부추기게 되었다는 지적이 대세를 이루어 왔다. 그러나 이와 같은 주장은 실증적인 연구에 의해 뒷받침되고 있다고 볼 수 없다. 학교교육의 질 하락을 주장하는 고등학교평준화 정책에 대한 비판적 견해는 최근의 거듭된 경험적 연구 결과에 의해 그 논리의 오류가 지적되었을 뿐만 아니라, 사실상 어떤 식으로든 사교육의 수요와 공교육의 질 간의 관계에 대한 어떠한 직접적 증거를 제시하고 있다고 볼 수 없기 때문이다.[258]

학생들은 사교육에 보편적으로 참여하고 있으며 학생들은 부모의 계층에 상관없이 명문대 진학을 꿈꾸고 있다고 이수정은 통계로 보여 주었다. 또 고등학생들이 70% 넘게 대학에 들어가는 현실에서 '양적 대학 입학 기회'가 아니라 명문대 입학 기회, 즉 질적 대학 입학 기회 때문에 사교육이 발생한다고 지적한다.[259] 이것은 우리가 일반적으로 아는 상식과 일치한다. 즉 학생들은 SKY 또는 인서울을 위해 사교육을 받는다. 만약 서울대 들어가기가 너무나 쉽거나 서울대 학위의 가치가 떨어진다면 그만큼 사교육도 줄어들 것이다.

가족의 사회경제적 지위가 높을수록 사교육에 투자하는 비용은 증가한다. 소득 분위를 1-5분위로 나누어 소득 상위 20%(5분위)와 소득 하위 20%(1분위)의 사교육비 지출은 상당한 격차를 보인다. 2007년에는 5분위가 1분위의 6.9배, 2011년에는 8.2배, 2016년에는 8.4배까지 치솟았다. 260 사교육비를 가장 많이 투자하는 것은 고등학교 시기로, 입시를 대비하는 비용이 그만큼 크다는 증거다. 따라서 사교육에 의한 계급병목현상은 전문가들 사이에서 공통적으로 일치하는 견해다. 정부의 여러 대책에도 불구하고 사교육시장의 팽창은 네오베버주의의 주장대로 물질적 자원의 풍족은 사회적 지위에 대한 욕구로 표출되고 지위경제에 대한 투자를 증가시킨다. 지위경제의 대표적인 영역이 교육과 부동산인데 이 둘은 맞물려 있다. 정부가 여러 정책적 개입을 통해 사교육비 비중을 낮추려 시도했지만 사교육비 지출은 계속해서 증가해 왔고 계층 간 격차는 대단히 크다.

문제는 명문대 진학을 위해 모든 계층이 보편적으로 사교육에 참가한다는 사실이다. 중위 소득 50%에 해당하는 상대적 빈곤층의 사교육비 지출에 대한 연구는 이 계층이 일반 가구보다 소득 대비 사교육비 지출 비중이 더 높다는 사실을 밝혔다. 261 이는 대학입시가 학종, 논술, 면접 등 복

258 이수정, 「명문대 중심 대입관과 사교육비 지출 간의 관계 분석: 사교육 원인에 대한 사회심리적 접근」, 『교육행정학연구』 25(4), 2007, 459~460쪽.

259 이수정, 위의 글, 461쪽.

260 이철원 외, 『2017 초·중·고 사교육비 조사 결과 분석 연구』, 사교육혁신교육연구소, 2018.

261 김현철·황수진·박혜랑, 「상대적 빈곤층의 사교육비 지출규모와 변화추이」, 『한국청소년연구』 30(1), 2019, 155~183쪽.

잡해짐으로써 공교육만으로 입시 준비가 힘들기 때문이기도 하지만 계층을 불문하고 명문 대학에 입학하려는 시도가 이루어지고 있음을 뜻한다. 상대적 빈곤층의 사교육에 대한 지출은 자녀가 고등학생일 때 가파르게 상승했다. 지방대와 전문대가 미달되는 상황인데도 대부분의 학생들의 목표는 좁게는 SKY, 넓게는 인서울 대학에 맞추어져 있다.

계급병목현상은 대학 진학 때문에 일어나는 것이 아니라 '명문' 대학 진학 때문에 일어난다. 해마다 국정감사에서 국회의원들은 서울대나 SKY에 입학하는 학생들이 고소득 가구의 자녀라거나 강남 3구의 학생들이 많다고 비판해 왔다. 가령 2020년 한국장학재단의 자료 분석 결과 SKY 대학의 신입생 중 소득이 가장 높은 9-10분위에 해당하는 학생들이 55%인 것으로 드러났다.[262] 서울 내에서도 강남 3구의 일반고 학생들은 다른 구에 비해 압도적으로 서울대에 입학하는 비율이 높았다. 일반고 중 강남 3구 학생들의 서울대 진학은 "2017년 45.1%, 2018년 38.0%, 2019년 44%로 절반 수준에 육박"했다.[263]

사회계층과 교육비 불평등 특히 사교육비에 대한 연구는 교육학과 경제학에서 대단히 많이 수행되었다. 그리고 사교육은 명문대 진학을 위한 필수 요소라고 밝혀졌다. 서울대 신입생 부모의 고소득층과 전문직 비율이 높다는 것, 가계소득 최고집단과 최저집단의 사교육비는 8~10배 정도의 차이가 난다는 연구들도 보고되고 있다. 따라서 사교육이 교육 불평등에 지대한 영향을 미치고 이것은 많은 부분 서울의 명문대 진학을 위한 것이라는 점은 전문가들 사이에서 일치하는 견해다.

서울대 10개 만들기 프로젝트는 분명 명문대를 향한 사교육의 영향을 낮추어 줄 것이다. 서울대의 숫자가 늘어나고 서울대 학위의 대대적인 양적 완화가 일어나면 서울대에 들어가려는 비용이 줄어들기 때문이다. 아울러 앞으로 시행되는 고교학점제에서 절대평가를 채택한다면 시험병목은 줄어들고, 이 또한 사교육의 영향을 제한할 것이다. 한국과 같은 '중요한 시험 사회'는 대학 입학에 가족이 모든 자원을 쏟아붓기 때문에 사교육비가 치솟고 가계는 휘청이게 된다. 서울대 10개 만들기 프로젝트는 '중요한 시험 사회'를 해체하는 것이며 대입이나 명문 대학이라는 극단적인 병목을 제거함으로써 이를 향한 사교육을 크게 낮출 것이다.

262 한겨레, "서울대·고려대·연세대 신입생 55%가 고소득 가구 자녀", 2020년 10월 12일.

263 세계일보, "치솟는 집값이 신분 결정… '넘사벽'이 되어버린 지역격차", 2021년 3월 10일.

OECD 지표를 보다가 충격을 받다: 쓰레기통에 처박힌 한국 대학

2021년 발간된 OECD 자료를 읽던 중 초등학교보다 못한 한국의 대학 교육비를 보고 충격을 받았다. 한국의 교육 관료와 정치인들은 제정신인가? 그들은 한국의 대학을 쓰레기통에 처박았다. 이것은 교육의 본말을 전도시키고 전체 교육생태계를 망가뜨리는 일이다. 교육전문가들은 경제협력개발기구OECD에서 매년 편찬하는 Education at a Glance를 자주 본다. 한국어로 '한눈에 보는 교육' 정도로 번역될 수 있으나 전문가들은 통상 OECD 교육지표라고 부른다. OECD 각국의 교육에 대한 다양한 지표를 한눈에 파악할 수 있다. 〈표 9-1〉을 보면 내가 깜짝 놀란 이유를 독자들도 알 수 있으리라.

미국 달러로 표시된 이 표에는 OECD 평균과 각국의 공교육비 평균이 나와 있다. 한국의 1인당 공교육비는 초등학교 과정 $12,535, 중학교 과정 $13,775, 고등학교 과정 $16,024, 대학교 과정 $11,290이다. 한마디로 정부가 대학에 초등학교보다 못한 교육비를 투자하고 있다. 고등학교 교육은 대학보다 학생 1인당 공교육비 투자가 42%나 높다. 이러니 학부모들이 자식을 한국의 대학에 보내고 싶겠는가.

1인당 공교육비 OECD 평균을 보면 초등학교 과정 $9,550, 중학교 과정 $11,091, 고등학교 과정 $11,590, 대학교 과정 $17,065이다. 한국은 초등학교, 중학교, 고등학교 1인당 공교육비가 OECD 평균을 훨씬 넘는 세계 최고 수준이다. 1인당 OECD 대학 공교육비($17,065)는 고등학교($11,590)보다 47% 높다. 한국 대학은 고등학교 교육비보다 42%가 낮은데 말이다. 본말이 완전히 전도된 것이다. 교육 관료들과 정치인들에게 물어보자. 4차 산업혁명을 고등학교에서 하나? 2차 산업혁명은 독일 대학이 이끌었고 3차 산업혁명은 미국 대학, 특히 캘리포니아에 있는 대학들이 이끌었다. 지난 5~6년 동안 4차 산업혁명을 이들은 입으로만 외치고 실상 아무것도 하지 않았다.

〈표 9-1〉 교육 단계별 연간 학생 1인당 공교육비(2018) ($PPP) [264]

구분	초등학교 과정	중학교 과정	고등학교 과정	대학교육 과정
한국	12,535	13,775	16,024	11,290
OECD 평균	9,550	11,091	11,590	17,065
호주	10,745	14,214	14,071	20,471
핀란드	10,056	16,046	8,639	18,170
프랑스	8,724	11,438	15,107	17,420
독일	10,096	12,561	16,253	19,324
이탈리아	9,947	10,515	12,849	12,305
일본	8,977	10,786	11,838	19,309
영국	11,679	12,199	13,249	29,911
미국	13,139	14,138	15,609	34,036

세계 최고의 대학들이 있지만 비싸다고 소문난 미국의 지표를 보자. 미국은 1인당 고등학교 공교육비로 $15,609를 사용해 한국과 비슷하지만 대학교육에는 1인당 $34,036를 지출하여 고등학교보다 118%가 높다. 대학에 고등학교보다 2배 이상 투자하는 것이다. 영국도 고등학교보다 대학교육에 2배 이상을 투자했다. 신자유주의가 대학을 집어삼켰다고 비판받는 미국과 영국도 대학에 대대적인 투자를 한다. 정부 당국은 대학교육 자체를 아예 포기했고 한국 대학을 쓰레기로 만들어 버렸다.

264 OECD, *Education at a Glance: OECD Indicators*, Paris: OECD Publishing, 2021, p. 241.

대학등록금과 계급병목

> 전 세계 그 어떤 국가도 한국처럼 가계 수입의 큰 몫을 교육에 쓰지는 않는다. 언뜻 보면 칭찬할 만한 일이지만, 이 비용이 50년간 지속된 혹독한 입시경쟁으로 인해 계속해서 상승한 것이라는 사실은 그다지 칭찬할 만한 일로 보기 어렵다. 상급 학교로의 진학과 일류 명문 학교에 들어가기 위한 경쟁은 개인 과외, 학원, 그리고 교장·교감이나 교사에게 주는 뇌물 등에서 막대한 비용을 발생시켰다. 이 비용의 규모는 정확히 측정하기 불가능하지만 엄청나다는 것은 확실하며, 수백만 한국인에게 엄청난 재정적 어려움을 가져왔다. 뿐만 아니라 교육제도와 일반 경제 영역에서도 많은 변칙을 만들어 냈다. 교육재정에 있어 두드러지게 나타난 또 다른 특징은, 정부가 비정상적일 정도로 교육비의 대부분을 학생과 학부모에게 직접 떠넘겼다는 점이다. 265

미국 학자 마이클 세스 교수는 『한국 교육은 왜 바뀌지 않는가?』라는 책에서 위와 같이 한국 교육의 문제를 정확하게 짚었다. 나는 그를 16년 전에 만나고 한 번도 만난 적이 없는데 2020년 그의 책이 번역, 출판되어 한국 지성계에 큰 문제의식을 던져서 무척 반가웠다. 내가 만난 세스 교수는 당시 세계 100여 개국 이상을 방문하고 여행할 정도로 대단히 호기심이 많고 열정이 넘치는 사람이었다. 그가 세계를 돌아다니다가 가장 눈에 띄면서 가장 이해하지 못할 현상 중 하나가 한국의 교육이었다. 전 세계 어느 국가나 민족도 한국처럼 교육에 광적인 사람들이 없었다. 한국 사람들은 자녀의 명문대 입학에 자신의 모든 돈을 걸었다.

학벌은 대학서열 때문에 생긴다. 학벌은 지위재Postional Good가 되고 명문대는 지위권력으로 작용한다. SKY에 집중된 지위권력은 심각한 병목현상을 일으키고 이 병목을 통과하기 위한 도구재병목, 곧 사교육비는 천정부지로 오른다. 명문대를 향한 판돈은 대단히 커지고 명문대 입학의 좌절은 집단적 상처와 열패감을 안긴다. 세스 교수가 지적하듯 사교육비뿐만 아니라 대학 교육비도 한국 정부는 가계에 떠넘겼다. 교육의 공공성이라는 것은 대학교육에서 찾아볼 수도 없고 대학은 가계의 경제와 시장의 논리에 의해 지배되는 정글이 되었다. 한국 대학은 탁월성과 공공성 모두가 없는 최악의 대학체제가 되었다. 전국 대학의 70% 이상이 사립대이며 인서울 대학들은 서울대를 제외하고서는 비싼 등록금을 지불해야 하기 때문에 계급병목은 세계 최고 수준이 된다. 즉 사교육비에 휘청였던 가계가 대학등록금으로 다시 힘들어진다.

위에서 보았듯이 한국 정부는 대학교육을 위해 고등학교 교육의 70% 정도를 투자한다. 대학은 고등학교보다 인프라가 방대하기 때문에 예산 규모가 훨씬 크다. 그렇다면 그 필요 경비는 어디서 오는가? 학부모에게서 온다. 한국 대학교육의 정부 부담과 민간 부담 비율은 38 대 62였는데, OECD 평균은 68 대 29였다. 한국은 민간이 정부보다 24% 더 많이 부담하고 OECD 평균은 정부가 민간보다 39% 더 부담한다. 한국 대학의 등록금 의존율은 OECD 최고 수준이며 사립대학일수록 더욱 그러하다. 〈표 9-2〉는 한국 대학의 등록금 수준을 OECD 국가들과 비교한 것이다. 한국의 대학등록금은 국공립대 기준으로는 영국, 미국, 칠레, 아일랜드, 일본,

265 마이클 세스, 앞의 책, 25쪽.

캐나다, 호주 다음으로 8번째로 높았고, 사립대 기준으로는 미국, 스페인 호주, 에스토니아, 이스라엘, 일본 다음으로 7번째로 높았다.

교육의 계급병목은 사교육비와 등록금의 합으로 이해할 수 있다. OECD 국가 중 한국의 사교육비는 단연 최고이기 때문에 이 둘을 합친다면 계급병목은 OECD 국가 중 가장 높은 수준이다. 여기서 나타나지 않은 것은 한국은 독립사립대학 비율이 70%가 넘는다는 점이다. 이 비율이 50%가 넘는 나라는 한국, 일본, 칠레뿐이다.[266] 따라서 한국 학생의 70% 이상이 사립대를 다니기 때문에 이들의 등록금은 세계 최고 수준이라고 할 수 있다. 또한 연구자들도 인정한 명문 종합대학은 서울대와 서울시립대를 제외하면 모두 사립대학이다. 김창환과 신희연의 연구에 의하면 한국의 엘리트 대학은 경희대, 고려대, 서강대, 서울대, 서울시립대, 성균관대, 연세대, 이화여대, 중앙대, 한국외국어대, 한양대다.[267] 따라서 한국 엘리트 대학의 계급병목은 대단히 심각하다.

〈표 9-2〉 OECD 국가들의 대학등록금(2019-2020) 268

구분	국공립	사립(독립형)
영국(잉글랜드)	12,330	m
미국	9,212	31,875
칠레	8,317	7,368
아일랜드	8,304	m
일본	5,177	8,798
캐나다	5,060	a
호주	5,024	9,226
한국	4,792	8,582
라트비아	4,768	5,243
뉴질랜드	4,584	4,376
이스라엘	2,753	9,004
네덜란드	2,652	m
이탈리아	2,013	7,338
스페인	1,768	10,342
벨기에(네덜란드어권)	1,239	m
오스트리아	952	m
프랑스	233	m
벨기에(프랑스어권)	191	a
독일	148	5,187
노르웨이	0	5,742
핀란드	0	0
스웨덴	0	0
덴마크	0	m

266 대학무상화·대학평준화 추진본부 연구위원회, 앞의 책, 132~133쪽.

267 김창환·신희연, 앞의 글, 48쪽.

268 교육부, 「경제협력개발기구(OECD) 교육지표 2021 결과 발표」, 보도자료, 2021년 9월 15일.

대학무상교육 11조

나는 청년세대를 위해서 대학무상교육이 도입되어야 한다고 생각한다. 부동산 폭등으로 인한 서울의 캐슬화, 조국 가족의 입시비리, 대장동 게이트와 얽힌 곽상도 아들의 50억 원 퇴직금과 법조계의 거대한 부패 등 상상을 뛰어넘는 불평등과 불공정 뉴스들은 청년세대의 분노와 박탈감에 불을 질렀다.

그렇다면 청년들에게 가장 좋으면서 한국의 미래에 도움이 되는 정책은 무엇인가? 그것은 그들에게 돈 걱정 없이 공부할 기회를 주는 것이며, 자신의 능력과 재능을 발전시킬 기회를 제공하는 것이다. 대학무상교육만큼 이를 잘 실현하는 방안도 없다. 이것은 교육의 계급병목을 해소하고, 보편적 복지를 실현할 수 있으며, 기회의 평등을 이룰 수 있을 뿐만 아니라 국가와 경제에도 대단히 긍정적인 효과를 가져온다. 경제학자들이 줄기차게 주장했듯이 대학과 연구개발에 대한 투자가 수익률이 가장 높다. 이것은 사회적 평등, 탁월성, 효율성을 동시에 충족시킬 수 있는 방안이다.

〈표 9-3〉 학령인구와 입학 가능 자원 [269]

학년도	학령인구(만 18세)	입학 가능 자원 추계
2019	59만 4,278	52만 6,267
2020	51만 1,707	47만 9,376
2021	47만 6,259	42만 893
2022	47만 2,535	41만 2,034
2023	43만 9,046	40만 913
2024	43만 385	37만 3,470
2025	44만 9,539	37만 6,128
2026	47만 7,372	40만 7,419
2027	44만 4,255	39만 9,404
2028	43만 7,396	38만 1,300
2029	47만 3,210	39만 2,934
2030	46만 4,869	39만 9,478

* 2018년 기준 대입정원 49만 7,218명
* 학령인구는 통계청 올해 3월 발표 장래 인구 추계(중위 기준)
* 입학 가능 자원은 당해 고교 졸업생(초중고 재학생 수에 진급률 적용), n수생 등 합산 추정치

대학무상교육에는 예산이 얼마나 들까? 여기서는 대학무상교육에 대해 전문성을 지닌 대학무상화·대학평준화 추진본부 연구위원회의 연구 결과를 사용하고자 한다.[270] 2020년 기준 대학생 24%가 국공립대에, 76%가 사립대에 재학 중이다. 국공립대의 평균 등록금은 408만 원, 사립대의 평균등록금은 717만 원, 사립전문대의 평균 등록금은 594만 원이었

269 대학무상화·대학평준화 추진본부 연구위원회, 앞의 책, 100쪽의 표를 그대로 가져왔다.

270 대학무상화·대학평준화 추진본부 연구위원회, 앞의 책, 2장의 보론을 볼 것.

다. 계산의 간소화를 위해 사립전문대를 뺀 국공립대와 사립대의 평균 등록금은 다음과 같이 계산한다.

평균 등록금 산출

(4,083,000×24+7,176,000×76)/100 = 6,434,000 [271]

한국 학령인구의 급격한 감소는 대학무상교육 실시에서 정부의 재정적인 부담을 줄여 준다. 2020년 입학 가능 자원은 47만 9,376명이었고 2030년에는 39만 9,478명까지 떨어진다. 〈표 9-3〉은 학령인구와 입학 가능 자원을 나타낸다. 2022년 새로운 정부가 들어서고 사회적 합의를 거쳐 2025년부터 전격적으로 대학무상교육을 실시한다고 가정해서 계산하면 다음과 같다. 모든 입학 가능 자원이 입학을 한다면 2022년에서 2025년까지 대학 재학 학생 수는 총 156만 명이 된다. 위에서 산출한 1인당 평균 등록금 6,430,000원에 156만 명을 곱하면 10조 370억 원이 산출된다. 만약 등록금을 사립대 기준으로 잡고 조금 느슨하게 계산한다면 예산은 11조 1,900억 원(7,176,000원×1,560,000명)이 소요된다. [272] 한국의 2020년 실질 GDP는 1,831조 원이며 11조 원은 이것의 0.6%다. 한국의 경제 규모로 충분히 감당할 수 있는 예산이므로, 정치적 결단만 있으면 가능하다.

대학무상교육을 실시하는 나라는 꽤 많다. 우리가 항상 부러워하는 핀란드, 덴마크, 스웨덴, 노르웨이 등은 등록금이 전혀 없고 독일, 벨기에, 프랑스는 등록금이 20~30만 원 수준이다. 이 정도면 무상이나 다름없다. 대학무상교육은 보편적 복지뿐만 아니라 인적 자원에의 투자라는 사회적 요구 둘 다 실현할 수 있다.

이 책의 첫 장에서 설명했듯이 서울대 10개 만들기와 대학무상교육은 대학개혁의 원투펀치다. 서울대 10개 만들기를 통해서 지위병목과 공간병목을 한꺼번에 해결할 수 있고 대학무상교육을 통해 교육의 계급병목을 해소할 수 있다. 이 원투펀치는 대학서열 해체, 지역균형발전 실현, 교육의 평등권 확보, 보편적 복지의 실현, 미래 세대에의 투자, 사회의 불평등 해소를 일거에 성취할 수 있는 신의 한 수다. 교육지옥을 끝내기 위해 이제 신의 한 수를 던질 때가 왔다.

271 대학무상화·대학평준화 추진본부 연구위원회, 앞의 책, 98쪽.

272 대학무상화·대학평준화 추진본부 연구위원회, 앞의 책, 100쪽.

에필로그

당신이 '대통령'이 되어야 하는 이유: 인프라 민주주의를 향한 투쟁

나는 이 책을 통해서 '왜 한국만 교육지옥인가?'라는 질문에 대답했다. 그것은 병목현상 때문에 발생한다. 모두가 SKY를 향한 고속도로 위에서 한 방향으로만 달리기 때문이다. 이것은 사회학이 아니라 물리학이다. 고향 명절에 고속도로 위에서 극심한 교통 정체가 벌어지는 것과 같은 원리다. 나는 이러한 사회물리적 현상이 왜 일어나는지 설명했다. 대학의 보편화로 인한 명문대 학위를 둘러싼 극심한 지위경쟁이 병목을 일으킨다. 병목을 방지하기 위해서 고속도로를 넓혀야 한다. 결론적으로 서울대(수준) 10개를 전국에 만듦으로써 이 병목을 해결할 수 있다.

한국의 대학병목체제는 크게 대학병목, 공간병목, 시험병목, 계급병목, 그리고 직업병목으로 이루어진다. 국제비교를 통해 알 수 있었듯이 한국은 이 모든 부분에서 심각한 병목을 일으키고 독일은 이런 현상이 전혀 일어나지 않는다. 따라서 한국인들이 대학평준화체제인 독일교육체제를 부러워하는 이유는 자명하다. 나는 대학병목과 공간병목을 해소하기 위해 서울대 10개 만들기, 계급병목 해소를 위해 대학무상교육을 제안했다. 시험병목은 절대평가를 기반으로 한 학점제가 도입되면 완화될 것이라고 예상되지만 대학의 다원화 또는 평준화가 선행되지 않는 이상 부작용이 만만치 않을 것이다. 대학병목체제가 원인이고 입시가 결과이기 때문에 나는 원인을 파악하고 고치는 데 집중했다. 서울대(수준) 10개 만들기가 거대한 병목을 해소하는 데 도움을 주기 때문에 간접적으로는 모두에게 혜택이 돌아간다. 하지만 직접적으로 10개 대학에 소속된 소수에게만 이익이 돌아가기 때문에 나는 대학무상교육을 통해 다수에게 이익이 돌아가게 함으로써 이 둘을 한 쌍으로 추진할 것을 제안했다. 직업병목의 해소는 전문대학 무상교육, 직업 프로그램 강화, 노동시장의 재구조화 등의 정책 패키지로 해결할 수 있다. 하지만 이 책의 가장 핵심적인 부분은 대학병목과 공간병목을 해소하기 위한 것이므로 나는 서울대 10개 만들기를 전면에 내세웠다.

한국인 대다수가 대학을 학벌로 생각하지만, 이 책에서는 대학을 인프라 권력 또는 창조권력으로 볼 것을 제안했다. 인프라의 격차가 곧 대학의 격차다. SKY는 한국에서 유일하게 1조 이상의 예산을 가진 대학으로 누적 이점Cumulative Advantage 때문에 다른 대학들의 인프라를 압도한다. 이 인프라의 격차가 SKY와 비SKY를 구분하는 결정적인 차이점이다. 이것은 미국 연구중심대학의 인프라가 한국 대학 인프라를 압도하기 때문에 후자가 전자의 헤게모니에 휘둘리는 이치와 같다.

서울대 10개 만들기는 다른 9개 대학을 서울대 수준의 인프라 권력 또는 창조권력이 될 수 있게 장기적인 투자를 요구한다. 서울대가 하루아침에 만들어지지 않았듯이 서울대 10개 만들기는 장기적인 관점과 투자가 필요하다. 하지만 이것은 대단히 원대한 계획이고 이를 추진할 정치적 주체들이 형성되어야 한다.

나는 대학개혁이 되지 않는 이유를 크게 두 가지로 나누었다. 하나는 강고한 지옥동맹의 존재이고 다른 하나는 무능한 교육개혁 세력이다. 정부 관료, 중상층 학부모, 사교육 세력은 개혁의 주체가 되기 어렵다. 교육부 관료는 전문성이 없고 창의적이지 않으며 복지부동의 문화 탓에 기존의 관성대로 움직이는 경향이 있다. 예산을 쥐고 있는 기획재정부는 대학이 창조의 엔진이란 사실을 모를뿐더러 교육을 경제의 부속품으로 취급한다. 중상층 학부모는 단기적 관점에서 자식의 명문대 입학을 우선순위에 놓고 있기 때문에 모두 입시 문제에 몰두한다.

나는 이 책에서 입시 문제와 대학개혁 문제를 분리시켜야 한다고 주장했다.

입시 문제는 수많은 이해관계를 동반하고 매우 단기적인 관점이 되기 쉬워서 장기적 관점을 요구하는 대학개혁과 정면으로 충돌하기 때문이다. 대학병목이 독립변수이고 입시가 종속변수이므로 대학병목을 고치고 난 다음에 입시개혁을 단행하는 것이 바람직하다. 사교육 세력 또한 자신의 경제적 이익 관계가 강력하게 결합되어 있어서 대학개혁의 중심 세력으로 서는 것은 힘든 일이다.

그렇다면 비록 무능할지라도 기존의 교육개혁 세력과 시민들에게서 정치적 동력을 얻을 수밖에 없다. 서울대 10개 만들기와 대학무상교육은 거대한 정치적 기획이다. 이것은 기존의 지위권력과 공간권력의 독점을 해체하고 민주화하는 일이기 때문에 기득권의 반발을 불러일으킬 수밖에 없다. 따라서 나는 최대한 기득권의 반발을 일으키지 않으면서 이 일을 진행하는 것이 좋다고 제안했다.

그것이 바로 최소주의적 전략이다. 이 책은 서울대 폐지를 주장하지 않는다.

서울대는 가만히 두고 다른 대학들을 서울대 수준으로 키우는 전략이다.

따라서 이것은 뺄셈의 정치가 아니라 덧셈의 정치다.

나의 최소주의적 전략은 설계자가 되는 것을 포기하고 서울대 10개 만들기와 대학무상교육을 위한 사회적 합의를 도출하는 것을 목표로 한다.

이 과업을 완수하는 것은 대단히 복잡하고 예상할 수 없는 이해관계들을 맞닥뜨릴 수 있기 때문에 미리 모든 것을 설계하는 것은 위험하다. 따라서 몇 가지 중요한 원칙만 세우는 것이 바람직하다. 나는 이 책에서 기존의 대학통합네트워크 안들이 실패한 이유를 최대주의자 접근을 택했기 때문이라고 분석했다. 즉 국공립대 네트워크, 사립대 공영화, 입시개혁, 전문대 개혁, 고등교육재정교부금법 제정 등 너무 많은 짐을 초기에 지움으로써 한 발짝도 나가지 못했다.

17년 전 이 안이 사회적 어젠다로 제시되었고 사회운동이 일어났지만 정책적 어젠다가 되는 데는 실패했다.

무엇보다 '대학통합네트워크'라는 말이 너무 어렵다. 뜻을 종잡을 수 없고 아무 감흥도 일어나지 않는다. 따라서 나는 이 말을 '서울대 10개 만들기'로 바꾸었다. 대학통합네트워크의 취지는 서울대를 묶어서 거점국립대 10개를 통합하여 서울대 수준의 대학들로 만드는 것이다. 가만히 속을 들여다보면 이것은 서울대 10개 만들기와 같다. 물론 이것은 서울대의 위상을 다른 대학들과 같게 함으로써 서울대 폐지로 해석될 가능성이 있었고 기득권 세력의 완고한 저항을 받았다. 창조는 저항의 극복이기 때문에 내가 제안하는 안은 서울대 폐지가 아닌 점을 분명히 밝혔다. 기득권의 저항을 최소화하겠다는 뜻이다.

'서울대' 10개 만들기라는 말에 알레르기를 일으키는 사람들이 있다. 서울대가 한국 사회에서 특권과 독점을 누려 온 반면, 한국 사회에 책임 있는 역할을 다하지 못한 것 때문에 서울대에 대한 집단적 반감이 있는 것은 사실이다. 이런 감정을 십분 이해하지만 우리는 좀 더 냉정해져야 한다. 병목현상은 서울대 수준의 대학이 적어서 발생한다. 이 책에서 누차 강조했지만 이것은 당신의 감정이나 인식과 상관없이 도로가 좁아서 생기는 물리적 현상이다. 따라서 서울대 10개 만들기를 '교육의 고속도로 10개 만들기'로 이해하자.

내가 서울대 10개 만들기라는 말을 붙인 이유는 광범위한 지지를 받기 위한 것이기도 하다. 자신의 지역에 설치되어 있는 전기시설, 상수도, 하수도는 삶의 질과 연관되는 인프라다. 서울대 수준의 대학을 각 지역에 만드는 것은 교육의 전기시설, 상수도, 하수도를 만드는 일과 똑같다. 따라서 각 지역의 학생들, 학부모, 정치인, 산업계 관계자, 주민들의 광범위한 지지를 받을 수 있다. 서울과 지방이 초양극화된 상황에서 이는 지방민들이 요구할 수 있는 당연한 권리이다.

한 대학당 정부에서 3,600억 원만 투자하면 되기 때문에 한 해 3~4조의 예산만 투입하면 된다. 이는 한국 정부가 감당할 수 있는 규모의 예산이다.

교육개혁은 저절로 일어나지 않는다. 교육지옥동맹이 매우 강고하고 교육개혁 세력이 무능하기 때문에 교육개혁 세력을 광범위하게 동원하는 일이 필요하다. 서울대 10개 만들기를 통한 대학통합네트워크는 교육으로부터 차별받고 고통받는 세력을 동원할 가능성을 지니고 있다. 이것이 성공하기 위해서는 내가 이름 붙인 '대통영'이 필요하다. 이것은 내가 몇 년 전 오스트리아 티롤의 작은 호수를 산책할 때 생각난 말이다. 나는 10여 년 전 오스트리아 빈 대학교에서 연수 프로그램을 진행한 적이 있는데, 그때 빈에 한 달 동안 머물렀다. 연수 프로그램 말미에 잘츠부르크를 거쳐 남쪽 티롤 지방의 알프스를 여행했다.

그 기억이 무척 좋았던 터라 10여 년 후에 다시 티롤 지방을 찾아갔으나 내 머릿속에는 대학통합네트워크가 떠나질 않았다. 알프스 아래 눈 덮인 아름다운 호수에서 나는 실현 가능성이 없어 보였던 대학통합네트워크에 미련을 버리지 못했다. 도대체 내가 왜 여기까지 와서 이 문제에 집착하나 되뇌었지만 이 문제를 떨쳐 내지 못했다. 그것은 일종의 학자적 습관이었다. 학자는 '왜'를 끝까지 물고 늘어지는 사람이다. 나는 당시 한국 대학의 총체적 문제를 알고 있었고, 이를 해결하기 위해 이제까지 나온 안 중에서 대학통합네트워크가 가장 바람직하다고 생각했다. 하지만 15년 이상의 논의가 있었음에도 한국의 대학서열 문제는 풀리지 않았다. 이 문제를 풀기 위해서 소위 영혼을 끌어모아야 했다. 불현듯 호숫가를 산책하다가 하얀 알프스 위에서 내 머리 위로 단어 하나가 톡 떨어졌다. '대통영.' 대학통합네트워크를 위해 영혼을 끌어모은 사람. 대학병목(독점)체제의 해체라는 장대한 정치적 기획이 성공하려면 대학통합네트워크를 위해 영혼을 끌어모은 사람, 즉 '대통영' 집단이 필요하다. 고속도로 10개를 혼자서 만들 수는 없다. 서울대 10개 만들기를 통한 대학통합네트워크는 거대한 정치적 기획이다. 나는 이 기획을 위해 '왜 한국만 교육지옥인가?'라는 문제를 끝까지 물고 늘어졌고 그 해답을 찾았다. 이 책을 읽는 독자가 '대통영'이 되기를 희망한다. 나는 정진상 교수를 한 번도 만난 적이 없지만 그의 아이디어가 너무나 창조적이어서 감탄했다. 대학통합네트워크가 17년 동안 한 발짝도 나가지 못했지만 그것이 나의 책까지 연결된 것은 이 아이디어가 너무나 창조적이고 매력적이어서 생명력이 있기 때문이다.

창조는 저항을 동반한다. 그것은 기득권의 저항, 학부모의 저항, 사교육 세력의 저항, 재정적 저항, 법률적 저항, 관료집단의 저항, 편견의 저항, 무지의 저항 등 무수히 많다. 서울대 10개 만들기가 가능하지 않은 이유는 100가지도 넘는다. 이 거대한 저항을 뚫기 위해서는 영혼을 끌어모으는 사람들이 필요하다. 이 책의 독자들이 '대통영'이 되어야만 이 거대한 프로젝트는 성공할 수 있다. 서울대 10개 만들기는 자기 지역에 매우 탁월한 대학을 만드는 인프라 기획이다. 한국인은 서울과 SKY의 인프라 독점에 의해 지배받고 있다. 모든 것이 서울로 통하는 단일기회구조로 이루어진 사회는 우리가 끝내야 한다. 다원민주주의는 인프라 민주주의를 요구한다. 서울대 10개 만들기는 서울과 SKY의 인프라 독재에 맞선 인프라 민주주의를 향한 투쟁이다.

이 투쟁의 목표는 교육지옥에서 해방되어 저마다의 꿈, 기회, 발달을 이룰 수 있는 다원민주주의와 다원기회구조를 만드는 것이다. 이것이 바로 당신이 '대통영'이 되어야 하는 이유다.

감사의 말

이 책은 내가 '교육계의 인류학'을 은연중에 실행하면서 교육계의 많은 분들의 도움으로 집필되었다. 한국교육개혁전략포럼의 대표로서 교육개혁에 평생을 바쳐 오신 심성보 교수님께 깊은 사의를 표한다. 포럼의 회원들께서는 유아교육, 초중등교육, 대학교육, 평생교육, 마을공동체교육의 전문가들로서 교육에 대한 나의 식견을 넓혀 주셨다. 포럼을 이끌어 주신 김영연, 안승문, 곽형모, 김태정, 이윤미, 성열관, 양병찬, 박동국, 유호상, 윤혁, 정선아, 은수진, 최재정, 김보규, 김한수 선생님께 진심으로 감사드린다.

이 책의 원고를 읽고 날카로운 비판과 격려를 해 주신 유성상 교수님, 김학한 선생님, 박은선 변호사님, 그리고 조희연 교육감님께 깊이 감사드린다. 내가 개인적으로 '유천재'라고 부르는 유성상 교수님의 한국 교육에 대한 탁월한 식견과 깊은 전문성은 이 책을 완성하는 데 큰 도움이 되었다. 김학한 선생님은 대학개혁에 대해 평생을 바쳐 온 '대통영'으로서 이 책이 좀 더 대중적으로 어필할 수 있도록 여러 조언을 주셨다. 박은선 변호사님은 학부모의 입장으로 대학개혁에 관한 필요한 부분을 조목조목 지적해 주셨다. 조희연 교육감님의 날카로운 비판과 건설적인 제안은 이 책이 더욱 설득력 있게 수정될 수 있도록 큰 도움을 주셨다.

'교육계의 인류학'에서 나의 경험은 곧 또 다른 교육이었다. 존 듀이의 말처럼 모든 경험이 교육인 것처럼 교육계의 다양한 분들을 만나면서 나는 한국 교육에 대한 식견을 넓힐 수 있었다. 김누리 교수님의 교육개혁에 대한 열정과 진정성에 깊은 감동을 받았고 이 책을 집필하는 데 큰 힘이 되었다. 임재홍 교수님은 대학 관련 법률전문가로서 깊이 있는 조언을 해 주셨다. 박정원 교수님은 대학무상교육 분야의 전문가로서 내가 이 책에서 대학무상교육을 구상하는 데 큰 도움을 주셨다. 사교육걱정없는세상 회원분들은 대학통합네트워크가 어떻게 좀 더 국민들에게 다가갈 수 있는지 고민하는 데 도움을 주셨다. 반상진 교수님과 김영석 교수님은 대학통합네트워크를 보다 더 체계적으로 이해하는 데 큰 도움을 주셨다. 김영철 교수님은 대학 재정 문제에 대해 탁월한 조언을 해 주셨다.

대통령직속 정책기획위원회 조대엽 위원장님은 지역균형발전, 지방대 살리기, 초저출산 문제 해결을 위한 국가 비전 전략을 담고 있는 이 책에 대해 큰 격려를 해 주셨다.

아이오와 대학교에서 대학사회학을 전공하고 있는 나의 제자 전현식 군에게 고마움을 표시하고 싶다. 그는 최신 대학사회학의 동향과 자료를 제공해 주었다. 또 다른 나의 제자 정인관 교수는 교육사회학의 최신 동향을 파악하는 데 큰 도움을 주었다. UC 버클리 대학교육연구소의 존 더글라스 교수와 조지타운 대학교의 스테파니 김 교수는 캘리포니아대학체제 전문가로서 미국대학체제에 대한 많은 자료를 제공해 주었다. 옥스퍼드에서 수학하신 김지훈 교수님은 영국대학체제를 이해하는 데 큰 도움을 주셨다.

마지막으로 이 책이 출판되도록 힘써 주신 살림터의 정광일 사장님과 이 책이 오랜 시간 읽힐 수 있도록 정성을 다해 주신 살림터 편집진에 고마움을 표하고 싶다. 이 모든 분들과 함께 교육지옥을 끝내고 행복한 교육체제로의 전환을 희망한다.

참고문헌

- 가드너, 하워드, 『다중지능』, 문용린·유경재 옮김, 2007.
- 강내희, 「새로운 국민적 개혁 프로젝트로서 '대안 대학체제'를 구상하며」, 『입시·사교육 없는 대학체제』, 한울아카데미, 2015.
- 강준만, 『서울대의 나라』, 개마고원, 1996.
- 강창동, 「Lacan의 관점에서 본 한국의 학력 도착증의 사회적 현상 연구」, 『한국교육학연구』 25(2), 2019.
- 경향신문, "문재인 정부 2년, 파워엘리트 'SKY 쏠림' 심화", 2019년 5월 8일.
- 교육부, 「포용과 성장의 고교교육 구현을 위한 고교학점제 종합 추진계획」, 2021년 2월 16일.

  「경제협력개발기구(OECD) 교육지표 2021 결과 발표」, 보도자료, 2021년 9월 15일.
- 글레이저, 에드워드, 『도시의 승리』, 이진원 옮김, 해냄, 2011.
- 김누리, "공정의 덫에 걸린 한국 사회", 한겨레, 2021년 9월 14일.
- 김성천·민일홍·정미라, 『고교학점제란 무엇인가?』, 맘에드림, 2019.
- 김성천 외, 「국가교육위원회 설립 관련 쟁점과 과제」, 『교육정치학연구』 26(2), 2019.
- 김신일, 『교육사회학』(제5판), 교육과학사, 2015.
- 김영석, 『한국의 교육: 모순의 근원과 대안』, 경상대학교출판부, 2017.

  「국립대 네트워크의 의의와 쟁점」, 『교육비평』 35, 2017.
- 김정빈, 「고교학점제 도입을 위한 기초 논의」, 『교육비평』 40, 2017.
- 김종영, 『지배받는 지배자: 미국 유학과 한국 엘리트의 탄생』, 돌베개, 2015.

  「세계적 대학체제로서의 대학통합네트워크」, 『경제와사회』 122, 2019.

  "조국 사태 이후의 교육개혁의 방향", 경향신문, 2019년 9월 26일.

  「검투사로서의 지식인: 지식인의 대서사시, 부르디외」, 『경제와 사회』 124, 2019.

  『하이브리드 한의학: 근대, 권력, 창조』, 돌베개, 2019.

  「포스트휴먼 조울증」, 『과학기술학연구』 20(2), 2020.

  "'교육개혁' 논쟁 2라운드: 연구를 위한 연구, 그만하자", 한겨레, 2020년 8월 5일.

  "학벌사회의 민낯", 서울신문, 2020년 12월 17일.

  "대선 주자가 읽어야 할 교육책 2권", 서울신문, 2021년 3월 30일.

  "'교육 대통령' 후보는 왜 없는가?", 서울신문, 2021년 8월 17일.

- 김지영, 「프랑스 교육 불평등에 대한 공간적 접근」, 『IDI 도시연구』 15, 2019.
- 김창환·신희연, 「입시제도에서 나타나는 적응의 법칙과 엘리트 대학 진학의 공공성」, 『한국사회학』 54(3), 2020.
- 김현철·황수진·박혜랑, 「상대적 빈곤층의 사교육비 지출규모와 변화추이」, 『한국청소년연구』 30(1), 2019.
- 김희삼, 「전쟁터가 된 학교에 협력을 심는 길」, 『나라경제』 11월호, 2017.
- 대학무상화·대학평준화 추진본부 연구위원회, 『대한민국 대학혁명』, 살림터, 2021.
- 뒤랑, 질베르, 『상상계의 인류학적 구조들』, 진형준 옮김, 문학동네, 2007.
- 들뢰즈, 질·펠릭스 과타리, 『안티 오이디푸스: 자본주의와 분열증』, 3판, 김재인 옮김, 민음사, 2014.
- 롤즈, 존, 『정의론』, 황경식 옮김, 이학사, 2003.
- 마강래, 『지위경쟁사회』, 개마고원, 2016.
- 매일경제, "서울대 해외서 제대로 평가 못 받아… 재정 1조 늘려 톱10 경쟁", 2020년 7월 1일.
- 매일신문, "상주대-경주대 통합 '빈깡통'… 다시 분리하자", 2017년 9월 9일.
- 밀, 존 스튜어트, 『자유론』, 책세상, 2005.
- 바슐라르, 가스통, 『공간의 시학』, 곽광수 옮김, 동문선, 2003.
- 반상진, 「'국립대 연합체제' 구축 방안 논의: 국립대 공동선발과 공동학위제 실현을 위한 방안 탐색」, 『교육비평』 35, 2017.
- 법률저널, "최근 10년간 임용 검사 1322명, 출신대학을 보니…", 2020년 11월 25일.
- 사교육걱정없는세상, 『현 대학체제를 진단하고 대학입학보장제를 제안한다』, 2018.
  「대입제도의 새 패러다임으로 '대학입학보장제'를 제안한다」, 2019년 7월 10일, 토론회 자료.
- 샌델, 마이클, 『정의란 무엇인가』, 김명철 옮김, 와이즈베리, 2014.
- 서울대학교 공과대학, 『축적의 시간』, 지식노마드, 2015.
- 서울특별시교육청, 「통합국립대학-공영형 사립대학에 기초한 대학 공유네트워크 구축(안)」, 2017.
- 석명섭·김병근·정혜진, 「키워드 네트워크 분석을 통한 지역혁신체제의 연구경향 분석」, 『한국정책학회보』 26(4), 2017.

- 세계일보, “치솟는 집값이 신분 결정… ‘넘사벽’이 되어버린 지역격차”, 2021년 3월 10일.
  “‘개천용’ 기회 박탈 절망… ‘제발 공정만이라도 지켜달라’”, 2021년 4월 24일.
- 세스, 마이클, 『한국 교육은 왜 바뀌지 않는가?』, 유성상 옮김, 학지사, 2020.
- 슈밥, 클라우스, 『클라우스 슈밥의 제4차 산업혁명』, 송경진 옮김, 메가스터디북스, 2016.
- 심광현, 「‘입시폐지·국립교양대학 통합네트워크’ 구성을 위한 교육혁명의 마스터플랜 개요」, 『입시·사교육 없는 대학체제』, 한울아카데미, 2015.
- 심성보, 『한국 교육의 현실과 전망: 세계교육의 담론과 운동 그리고 민주시민교육』, 살림터, 2018.
- 안선회, 「진보진영 대학교육개혁 전략에 대한 분석과 제언」, 대학학회 발표, 2016년 11월 11일.
- 왈쩌, 마이클, 『정의와 다원적 평등: 정의의 영역들』, 정원섭 외 옮김, 철학과현실사, 1999.
- 유성상, 「역자 서문」, 마이클 세스, 『한국 교육은 왜 바뀌지 않는가?』, 학지사, 2020.
  「한국 교육, 왜 바뀌지 않는가?」, 한국교육개혁전략포럼, 2021년 5월 22일 발표.
- 이길상, “서울대학교 입학생을 매년 7만 명 뽑는다면”, 오마이뉴스, 2021년 6월 6일.
- 이범, 『문재인 이후의 교육』, 메디치, 2020.
- 이수정, 「명문대 중심 대입관과 사교육비 지출 간의 관계 분석: 사교육 원인에 대한 사회심리적 접근」, 『교육행정학연구』 25(4), 2007.
- 이종호, 「지역혁신 앵커기관으로서 거점국립대의 역량 평가: 기업가적 대학의 관점에서」, 『대한지리학회지』 56(4), 2021.
- 이주호, 「제4차 산업혁명에 대응한 교육 대전환」, 『선진화 정책시리즈』, 2017.
- 이철원 외, 『2017 초·중·고 사교육비 조사 결과 분석 연구』, 사교육혁신교육연구소, 2018.
- 이혜정, 『대한민국의 시험』, 다산지식하우스, 2017.
- 이혜정 외, 『IB를 말한다』, 창비교육, 2019.
- 정인관 외, 「한국의 세대 간 사회이동과 교육 불평등」, 『경제와사회』 127, 2020.
- 정진상, 2004, 『국립대 통합네트워크: 입시지옥과 학벌사회를 넘어』, 책세상, 2004.
- 조국·오연호, 『진보집권플랜: 오연호가 묻고 조국이 답하다』, 오마이북, 2010.
- 조옥경, 『대학의 공유성장을 위한 대학체제 개편 방안 연구』, 2019.
- 주병기, 「한국 사회의 불평등」, 2018. http://cdj.snu.ac.kr/DP/2016/DP201621.Ju.pdf.
  “엉뚱한 서울대 때리기”, 경향신문, 2019년 12월 11일.

- 참교육연구소 입시연구팀, 『대한민국 입시혁명』, 살림터, 2016.
- 최성수, "'교육개혁' 논쟁 2라운드: 개혁은 구호가 아니다", 한겨레, 2020년 7월 22일.
- 최종렬, 『복학왕의 사회학: 지방 청년들의 우짖는 소리』, 오월의봄, 2018.
- 커어, 클라크, 『대학의 효용: 연구중심대학』, 이형행 옮김, 학지사, 2000.
- 클라크, 버턴, 『연구중심대학의 형성과 발전』, 고용 외 옮김, 문음사, 1999.
- 통계청, 「2009년 사교육비조사 결과」, 2010년 2월 23일.

  『전국사업체조사』, 2018.

  「2018년 초중고 사교육비조사 결과」, 2019년 3월 12일.
- 파이낸셜뉴스, "최근 5년간 신규 임용 법관 중 절반은 서울대 출신", 2020년 10월 5일.
- 푸코, 미셸, 「서문: 비-파시스트적 삶의 입문서」, 질 들뢰즈·펠릭스 과타리, 『안티 오이디푸스: 자본주의와 분열증』, 3판, 김재인 옮김, 민음사, 2014.

  『감시와 처벌: 감옥의 탄생』, 오생근 옮김, 나남, 2020.
- 플로리다, 리처드, 『도시는 왜 불평등한가』, 안종희 옮김, 매일경제신문사, 2018.
- 피시킨, 조지프, 『병목사회』, 유강은 옮김, 문예출판사, 2016.
- 한겨레, "서울대·고려대·연세대 신입생 55%가 고소득 가구 자녀", 2020년 10월 12일.
- 혜민, 『멈추면, 비로소 보이는 것들』, 수오서재, 2017.
- 홍성욱, 『과학은 얼마나』, 서울대학교출판부, 2004.
- 홍정욱, 『7막 7장』, 삼성, 1993.
- 황규성, 「한국 사교육 정책의 작동 메커니즘에 대한 정치적 분석: 공급자의 동원능력과 시장전략을 중심으로」, 『한국사회정책』 20(2), 2013.
- EBS 〈대학입시의 진실〉 제작팀, 『대학입시의 진실』, 다산에듀, 2018.
- Bachrach, Peter and Morton Baratz, *Power and Poverty: Theory and Practice*, Oxford: Oxford University Press, 1970.

- Bourdieu, Pierre, Distinction: *A Social Critique of the Judgement of Taste*, translated by Richard Nice, Cambridge, MA: Harvard University Press, 1984.
  Bourdieu, Pierre, *Homo Academicus*, translated by Peter Collier, Stanford: Stanford University Press, 1984.
  Bourdieu, Pierre, "The Forms of Capital", in *Handbook of Theory and Research for the Sociology of Education*, John Richardson (Ed.), Westport: Greenwood Press, 1986.
  Bourdieu, Pierre, "Concluding Remarks: For a Sociogenetic Understanding of Intellectual Works", in *Bourdieu: Critical Perspectives*, C. Calhoun, E. LiPuma&M. Postone (Eds.), Chicago: University of Chicago Press, 1993.
- Casper, Steven, "The University of California and the Evolution of the Biotechnology Industry in San Diego and the San Francisco Bay Area", in *Public Universities and Regional Growth*, Martin Kenney and David Mowery (Eds.), Stanford: Stanford University Press, 2014.
- Cole, Jonathan, *The American University: Its Rise to Preeminence, Indispensable National Role, Why it Must Be Protected*, New York: Public Affairs, 2009.
- Collins, Randall, *The Credential Society: A Historical Sociology of Education and Stratification*, New York: Academic Press, 1979.
  Collins, Randall, *The Sociology of Philosophies: A Global Theory of Intellectual Change*, Cambridge, MA: Harvard University Press, 1998.
- Deutsche Welle, "BioNTech Founders Win Top German Medicine Award", 2021년 9월 21일.
- Douglass, John, *The California Idea and American Higher Education: 1850 to the 1960 Master Plan*. Stanford, CA: Stanford University Press, 2000.
- Eesley, Charles and William F. Miller, *Impact: Stanford University's Economic Impact via Innovation and Entrepreneurship*, 2017. Available at SSRN: https://ssrn.com/abstract=2227460 or http://dx.doi.org/10.2139/ssrn.2227460
- Felt, Ulrike et al., *The Handbook of Science and Technology Studies*, Fourth Edition, Cambridge, MA: The MIT Press, 2016.
- Florida, Richard, *The Rise of the Creative Class*, Basic Books: New York, 2010.
- Flynn, James, "Massive IQ Gains in 14 Nations: What IQ Tests Really Measure", *101 Psychological Bulletin*, 1987.

- Halliday, Daniel, "Private Education, Positional Goods, and the Arms Race Problem", *Politics, Philosophy&Economics* 15(2), 2016.
- Hirsch, Fred, *Social Limits to Growth, Cambridge*, MA: Harvard University Press, 1976.
- Kenney, Martin, and David Mowery, *Public Universities and Regional Growth: Insights from the University of California.* Stanford: Stanford University Press, 2014.
- Koski, William, and Rob Reich, "When Adequate Isn't: The Retreat from Equity in Educational Law and Policy and Why It Matters", *Emory Law Journal* 56(3), 2006.
- Lane, Jason, and Bruce Johnston, *Universities and Colleges as Economic Drivers: Measuring Higher Education's Role in Economic Development,* Albany: SUNY Press, 2012.
- Lapsley, James, and Daniel Sumner, "'We Are Both Hosts': Napa Valley, UC Davis, and the Search for Quality", in *Public Universities and Regional Growth*, Martin Kenney and David Mowery (Eds.), Stanford: Stanford University Press, 2014.
- Latour, Bruno, *Reassembling the Social: An Introduction to Actor-Network Theory*, Oxford: Oxford University Press, 2005.
- Lawrence, D. H., "Melville's 'Typee' and 'Omoo'", in *Studies in Classic American Literature*, New York: Thomas Seltzer, 1923.
- Lécuyer, Christophe, "Semiconductor Innovation and Entrepreneurship at Three University of California Campuses", in *Public Universities and Regional Growth*, Martin Kenney and David Mowery (Eds.), Stanford: Stanford University Press, 2014.
- Marginson, Simon, *The Dream Is Over: The Crisis of Clark Kerr's California Idea of Higher Education*, Berkeley: University of California Press, 2016.
- Marx, Karl, *Early Writings (Economic and Philosophical Manuscripts)*, T. B. Bottomore (Ed.), London: C. A. Watts, 1963.
- Miller, David, *Principles of Social Justice,* Cambridge, MA: Harvard University Press, 1999.
- Murphy, Raymond, *Social Closure: The Theory of Monopolization and Exclusion*, Oxford: Oxford University Press, 1988.

- New York Times, "Covid Vaccine Pioneers and Others Win 2021 Lasker Awards in Medicine", 2021년 9월 24일.
- OECD, *A Broken Social Elevator? How to Promote Social Mobility*, Paris: OECD Publishing, 2018.
  OECD, *Education at a Glance: OECD Indicators*, Paris: OECD Publishing, 2020.
  OECD, *Education at a Glance: OECD Indicators*, Paris: OECD Publishing, 2021.
- Parkin, Frank, *Marxism and Class Theory: A Bourgeois Critique*, New York: Columbia University Press, 1979.
- Ringel, Leopole et al., "Worlds of Rankings", *Research in the Sociology of Organizations*, 74, 2021.
- Sager, Peter, *Oxford & Cambridge: An Uncommon History*, London: Thames & Hudson, 2003.
- Saxenian, AnnaLee, *The New Argonauts: Regional Advantage in a Global Economy*, Cambridge, MA: Harvard University Press, 2006.
- Schaar, John, "Equality of Opportunity, and Beyond", in *Nomos IX: Equality*, J. Roland Pennock and John W. Chapman (Eds.), 1967.
- Schultz, Laura, "University Industry Government Collaboration for Economic Growth", in *Universities and Colleges as Economic Drivers*, Jason Lane and Bruce Johnstone (Eds.), Albany: State University of New York Press, 2012.
- Sismondo, Sergio, *An Introduction to Science and Technology Studies*, West Sussex, UK: Wiley-Blackwell, 2010.
- Swartz, David, *Culture and Power: The Sociology of Pierre Bourdieu*, Chicago: The University of Chicago Press, 1997.
- Trow, Martin, *Problems in the Transition from Elite to Mass Higher Education*, Berkeley, CA: Carnegie Commission on Higher Education, 1973.
  Trow, Martin, *From Mass Higher Education to Universal Access: The American Advantage*, Research and Occasional Paper CSHE 1.00, Berkeley, CA: Center for Studies in Higher Education, University of California Berkeley, 2000.
- Walshok, Mary and Joel West, "Serendipity and Symbiosis: UCSD and the Local Wireless Industry", in *Public Universities and Regional Growth*, Martin Kenney and David Mowery (Eds.), Stanford: Stanford University Press, 2014.

- Weber, Max, *Economy and Society*, Guenther Roth and Claus Wittich (Eds.), Berkeley, CA: University of California Press, 1978.
  Weber, Max, *Methodology of Social Sciences*, translated and edited by Edward Shils and Henry Finch, London: Routledge, 2017.
- Williams, Bernard, "The Idea of Equality", *Philosophy, Politics, and Society*, Second Series, Peter Laslett and W. G. Runciman (Eds.), Oxford: Blackwell, 1962.

삶의 행복을 꿈꾸는 교육은 어디에서 오는가?

교육혁명을 앞당기는 배움책 이야기 혁신교육의 철학과 잉걸진 미래를 만나다!

한국교육연구네트워크 총서

01 핀란드 교육혁명
한국교육연구네트워크 엮음 | 320쪽 | 값 15,000원

02 일제고사를 넘어서
한국교육연구네트워크 엮음 | 284쪽 | 값 13,000원

03 새로운 사회를 여는 교육혁명
한국교육연구네트워크 엮음 | 380쪽 | 값 17,000원

04 교장제도 혁명
한국교육연구네트워크 엮음 | 268쪽 | 값 14,000원

05 새로운 사회를 여는 교육자치 혁명
한국교육연구네트워크 엮음 | 312쪽 | 값 15,000원

06 혁신학교에 대한 교육학적 성찰
한국교육연구네트워크 엮음| 308쪽 | 값 15,000원

07 진보주의 교육의 세계적 동향
한국교육연구네트워크 엮음 | 324쪽 | 값 17,000원
2018 세종도서 학술부문

08 더 나은 세상을 위한 학교혁명
한국교육연구네트워크 엮음 | 404쪽 | 값 21,000원
2018 세종도서 교양부문

09 비판적 실천을 위한 교육학
이윤미 외 지음 | 448쪽 | 값 23,000원
2019 세종도서 학술부문

10 마을교육공동체운동: 세계적 동향과 전망
심성보 외 지음 | 376쪽 | 값 18,000원

11 학교 민주시민교육의 세계적 동향과 과제
심성보 외 지음 | 308쪽 | 값 16,000원

12 학교를 민주주의의 정원으로 가꿀 수 있을까?
성열관 외 지음 | 272쪽 | 값 16,000원

한국교육연구네트워크 번역 총서

01 프레이리와 교육
존 엘리아스 지음 | 한국교육연구네트워크 옮김
276쪽 | 값 14,000원

02 교육은 사회를 바꿀 수 있을까?
마이클 애플 지음 | 강희룡·김선우·박원순·이형빈 옮김
356쪽 | 값 16,000원

03 비판적 페다고지는 세상을 변화시킬 수 있는가?
Seewha Cho 지음 | 심성보 외 옮김 | 280쪽 | 값 14,000원

04 마이클 애플의 민주학교
마이클 애플·제임스 빈 엮음 | 강희룡 옮김
276쪽 | 값 14,000원

05 21세기 교육과 민주주의
넬 나딩스 지음 | 심성보 옮김 | 392쪽 | 값 18,000원

06 세계교육개혁: 민영화 우선인가 공적 투자 강화인가?
린다 달링-해먼드 외 지음 | 심성보 외 옮김 | 408쪽 | 값 21,000원

07 콩도르세, 공교육에 관한 다섯 논문
니콜라 드 콩도르세 지음 | 이주환 옮김
300쪽 | 값 16,000원

08 학교를 변론하다
얀 마스켈라인·마틴 시몬스 지음 | 윤선인 옮김
252쪽 | 값 15,000원

09 존 듀이와 교육
짐 개리슨 외 지음 | 김세희 외 옮김
372쪽 | 값 19,000원

10 진보주의 교육운동사
윌리엄 헤이스 지음 | 심성보 외 옮김
324쪽 | 값 18,000원

11 사랑의 교육학
안토니아 다더 지음 | 유성상 외 옮김
412쪽 | 값 22,000원

코로나 시대,
마을교육공동체운동과 생태적 교육학
심성보 지음 | 280쪽 | 값 17,000원

혐오, 교실에 들어오다
이혜정 외 지음 | 232쪽 | 값 15,000원

수업, 슬로리딩과 함께
박경숙 외 지음 | 268쪽 | 값 15,000원

물질과의 새로운 만남
베로니카 파치니-케처바우 외 지음 | 240쪽 | 값 15,000원

그림책으로 만나는 인권교육
강진미 외 지음 | 272쪽 | 값 18,000원

수업 고수들
수업·교육과정·평가를 말하다
박현숙 외 지음 | 368쪽 | 값 17,000원

아이들의 배움은 어떻게 깊어지는가
이시이 쥰지 지음 | 방지현·이창희 옮김
200쪽 | 값 11,000원

미래, 공생교육
김환희 지음 | 244쪽 | 값 15,000원

들뢰즈와 가타리를 통해 유아교육 읽기
리세롯 마리엣 올슨 지음 | 이연선 외 옮김
328쪽 | 값 17,000원

혁신고등학교, 무엇이 다른가?
김현자 외 지음 | 344쪽 | 값 18,000원

시민이 만드는 교육 대전환
심성보·김태정 지음 | 248쪽 | 값 15,000원

평화교육
과거, 현재 그리고 미래를 그리다
모니샤 바자즈 외 지음 | 권순정 외 옮김
268쪽 | 값 18,000원

대전환 시대 변혁의 교육학
진보교육연구소 교육과정연구모임 지음
400쪽 | 값 23,000원

교육의 미래와 학교혁신
마크 터커 지음 | 전국교원양성대학교 총장협의회 옮김
332쪽 | 값 19,000원

남도 임진의병의 기억을 걷다
김남철 지음 | 288쪽 | 값 18,000원

프레이리에게 변혁의 길을 묻다
심성보 지음 | 672쪽 | 값 33,000원

선생님, 통일이 뭐예요?
정경호 지음 | 252쪽 | 값 13,000원

함께 배움
학생 주도 배움 중심 수업 이렇게 한다
니시카와 준 지음 | 백경석 옮김 | 280쪽 | 값 15,000원

다정한 교실에서 20,000시간
강정희 지음 | 296쪽 | 값 16,000원

즐거운 세계사 수업
김은석 지음 | 328쪽 | 값 13,000원

밥상혁명
강양구·강이현 지음 | 298쪽 | 값 13,800원

학교를 개선하는 교장
지속가능한 학교 혁신을 위한 실천 전략
마이클 풀란 지음 | 서동연·정효준 옮김 | 216쪽 | 값 13,000원

선생님, 민주시민교육이 뭐예요?
염경미 지음 | 244쪽 | 값 15,000원

교육혁신의 시대
배움의 공간을 상상하다
함영기 외 지음 | 264쪽 | 값 17,000원

도덕 수업, 책으로 묻고 윤리로 답하다
울산도덕교사모임 지음 | 320쪽 | 값 15,000원

교육과 민주주의
필라르 오카디즈 외 지음 | 유성상 옮김
420쪽 | 값 25,000원

교육회복과 적극적 시민교육
강순원 지음 | 228쪽 | 값 15,000원

비판적 미디어 리터러시 가이드
더글러스 켈너·제프 셰어 지음 | 여은호·원숙경 옮김
252쪽 | 값 18,000원

지속가능한
마을, 교육, 공동체를 위하여
강영택 지음 | 328쪽 | 값 18,000원

백워드로 설계하고 피드백으로 완성하는
성장중심평가
이형빈·김성수 지음 | 356쪽 | 값 19,000원

우리 교육, 거장에게 묻다
표혜빈 외 지음 | 272쪽 | 값 17,000원

교사에게 강요된 침묵
설진성 지음 | 296쪽 | 값 18,000원

참된 삶과 교육에 관한 생각 줍기